# 学术论文写作与发表指引

（第3版）

王雨磊 著

海豚出版社
DOLPHIN BOOKS
CICG 中国国际传播集团

图书在版编目（CIP）数据

学术论文写作与发表指引 / 王雨磊著. -- 3版.
北京：海豚出版社，2025.6（2025.9重印）. -- ISBN 978-7-5110-7423-2

I. H152.3
中国国家版本馆CIP数据核字第2025E7G715号

## 学术论文写作与发表指引（第3版）
王雨磊　著

出 版 人：王　磊
责任编辑：张　镛
封面设计：徐　超
排版设计：九章文化
责任印制：蔡　丽
法律顾问：北京市君泽君律师事务所　马慧娟　刘爱珍

| 出　　版：海豚出版社
| 地　　址：北京市西城区百万庄大街24号　邮　编：100037
| 电　　话：010-68325006（销售）　010-68996147（总编室）
| 印　　刷：河北文盛印刷有限公司
| 经　　销：新华书店及网络书店
| 开　　本：710mm×1000mm　1/16
| 印　　张：15.75
| 字　　数：230千
| 版　　次：2025年6月第1版　2025年9月第2次印刷
| 标准书号：ISBN 978-7-5110-7423-2
| 定　　价：49.00元

**版权所有，翻印必究；未经许可，不得转载**

# 前　言

为什么学术论文不好写？这个问题困扰着很多人。本书的写作训练方法已经帮助很多"学术写作困难者"摆脱人生困境，逐渐步入学术正轨。针对过去教过的学员，我也曾经复盘：哪些人会成功上岸？哪些人依然在水中挣扎？对此，我总结出三个重要因素。首先，现在市面上缺少优秀的学术写作方法论著作。我出版并反复修订本书，就是希望把有效的学术写作方法论总结并呈现出来。其次，那些成功上岸的学员，不管资质和基础如何，都有一个共同的宝贵品质，那就是受教。他们不是只听一个热闹，而是敢于直面自己的问题与差距，谦虚地把自己放在一个适当的位置上，以便让老师的教诲及其方法论可以尽快进入自己的心灵，并进一步产生学习生产力。最后，学习与改变不是一蹴而就的，在学习结果尚未奏效、写作习惯尚未闭环之前，他们敢于发心立志，并且在刻苦学习以后即刻付诸实施，持续迭代，尤其是在遇到学习困难，受到生活挤压之时仍然奋然前行，用持之以恒的行动捍卫自己的心志。待到瓜熟蒂落，果实自会说话。

因此，在你读完本书之后，请尽快操练起来。只有如此，本书中的所有研究方法和写作技艺才会成为你的真本事，你的学术生活也才会真正得以改善。如果你没有听众和同行者，可以加入我们书院小伙伴的打卡队伍，将自己的阅读、学习与改变等，定期分享到guanlinshuyuan@126.com。期待你的来信!

　　如果你将来学会了我的方法论,我建议你将这些方法论赋能给更多小伙伴和后来者。老子说,"既以为人己愈有,既以与人己愈多"。希望你也能够享受这种给予的快乐,体会到我创办冠霖书院的旨趣。

　　祝你们学术有成,人生无限!

王雨磊

2024年10月31日于冠霖书院

# 目 录

前 言 ..................................................................................... 1

## 第1章 构建写作心态 ............................................................ 1
一、破除学术写作的错误心态 ........................................... 1
二、摒弃"学生心理",培植"学者心态" ........................... 2
三、学术写作就是小声说话 ............................................... 4
四、建立对学术写作的真实兴趣 ....................................... 6
五、构建良好的写作习惯 ................................................... 8

## 第2章 体悟学术写作 ............................................................ 11
一、从文字与写作的重要性谈起 ....................................... 11
二、认识论视角下的学术写作 ........................................... 14
三、学术写作是学术劳动的变现 ....................................... 16
四、锻造写作基本功才是硬核 ........................................... 21

## 第3章 深度拆解文献 ............................................................ 27
一、研读文献对于学术写作的重要性 ............................... 28
二、研读文献的基本原则 ................................................... 30

三、初学者的阅读障碍与破解方法 ............................................. 36
　　四、文献拆解六步法 ............................................................. 40

## 第4章　穿引研究综述 ............................................................. 46
　　一、研究综述的学术区位 ....................................................... 46
　　二、研究综述的程式与原则 ................................................... 49
　　三、研究综述的"三起三落"方法 ........................................... 53
　　四、穿针、引线与打结 ......................................................... 58

## 第5章　规划研究选题 ............................................................. 63
　　一、选题规划的必要性与常见问题 .......................................... 63
　　二、研究选题的标准与原则 ................................................... 67
　　三、选题规划的过程与方法 ................................................... 72
　　四、研究选题过程示例 ......................................................... 76

## 第6章　在对话中发问 ............................................................. 81
　　一、学术的创新与对话 ......................................................... 81
　　二、研究发问的内涵与学术化 ................................................ 84
　　三、问题聚焦的基本原则 ...................................................... 86
　　四、学术发问示例 ............................................................... 89

## 第7章　撰写开题报告 ............................................................. 95
　　一、开题报告的常见问题与破题思维 ....................................... 95
　　二、开题报告的心法与诀窍 ................................................... 98
　　三、开题报告的具体模块写作 ............................................... 100

## 第8章　统筹申报项目 ............................................................. 107
　　一、项目申报的常见问题与方法论重塑 ................................... 107

二、学术市场视角下的项目申报体制 ...... 112
　　三、选题的务虚、挖掘与定题 ...... 116
　　四、项目申请书的模块写作 ...... 121

## 第9章　培植写作立意　133
　　一、立意培育的方法论 ...... 134
　　二、立意生长与非正式写作 ...... 137
　　三、深层主见挖掘与立意审查 ...... 141
　　四、将立意贯彻为表述逻辑 ...... 144

## 第10章　搭建论文框架　148
　　一、论文框架的常见问题 ...... 148
　　二、起承转合与"洋八股" ...... 150
　　三、论文框架搭建的结构化表达 ...... 154
　　四、框架塑造的"独孤九剑" ...... 160

## 第11章　调改论文模块　164
　　一、七步倒装论文模块 ...... 164
　　二、摘要撰写方法 ...... 166
　　三、如何写引言 ...... 168
　　四、如何撰写结论 ...... 169
　　五、如何凝练标题 ...... 170
　　六、如何写关键词 ...... 174

## 第12章　整体修校文本　177
　　一、学术写作的修辞自觉 ...... 177
　　二、文心文气文脉 ...... 181
　　三、修改文章的方法论 ...... 185

四、如何校对文章 ........................................................... 189

## 第13章　聚焦学术市场 ........................................................... 194
一、学术市场及其价值规律 ........................................................... 194
二、价值重构的三部曲 ........................................................... 197
三、厚积薄发 ........................................................... 203

## 第14章　熟悉期刊运作 ........................................................... 207
一、社科学术期刊的基本信息 ........................................................... 207
二、期刊编发流程 ........................................................... 212

## 第15章　换位理解期刊 ........................................................... 217
一、换位思考期刊的生存与发展 ........................................................... 217
二、理解期刊的分类与平均发表水平 ........................................................... 219
三、你能为期刊带来什么 ........................................................... 221
四、期刊的三项审稿标准 ........................................................... 222

## 第16章　提升发表质效 ........................................................... 226
一、学术发表的创造、分享与认受 ........................................................... 226
二、学术发表的方法论 ........................................................... 230
三、青年学者的发表提升策略 ........................................................... 233
四、有效投稿的方法 ........................................................... 236

# 第1章　构建写作心态

在真正开始学术写作的学习之前，我们必须破除写作心理上的困境。在我所教过的大量学生中，很多人并不是没有写作能力，而是他们的能力被自己或他人"封印"了。如果不能解除写作上的心理难题，就如同没有培植土壤，再好的选题和研究写作能力都无法生根发芽。

## 一、破除学术写作的错误心态

学术写作并不是只有具备顶级智商才能做得到。绝大多数的初学者，都不同程度地存在写作的心理障碍，普遍认为自己缺乏写作能力，甚至怀疑自己的智商。一些重度怀疑者，尤其是处在延期毕业阶段的博士，会因此产生极为严重的人生危机。有些读者最开始看到我的学术成果，再读完本书以后，便自暴自弃了：我不可能像王老师一样写出学术论文。然而，以我多年的教学经验来看，这些怀疑都是夸大了困难，低估了自己的潜力。实际上，这是一种幻觉。我在书院辅导了各类资质的学生，其中不乏很多资质一般的学生，但是最后绝大多数学生都做出了预期的成果。

很多学员，一旦因为自己写不出论文就开始怀疑自己的智商，他们还会连带扩大怀疑范围，甚至认定自己是一个一无是处的人。事实上，这种怀疑不仅不能帮助自己回归学术写作的正途，还可能将自己的人生推向深渊。更何况，真实的情况压根不是当事人所怀疑的样子。这只是由于学术一时无法取得成绩所产生的心魔在作祟。事实上，能够读到本书的读者，绝大多数是研究生学历以上，少数是悟性与能力很高的本科生、专科生，无论如何，不存在智商不够用的情况。

在初学者，尤其是那些尚未毕业的博士看来，学术写作神乎其神，是一座难以攀登的高山，但是实际上，学术写作所需要的是科学有效的写作方法，以及长时间的积累与稳定而有规律的刻意训练。大量的教学案例证明，绝大多数的学生只要掌握良好的学术写作方法，再加上必要且持续的努力，经过一定时期的学术积累和有效训练，最终都能够完成自己的学术写作任务，甚至超水平发挥。

很多学生是在就读博士的第六、七年找到我的，在运用了我的学术写作方法和心法以后，有些学生几个月就把博士毕业论文写出来了，最后如期毕业了。归根结底，这些学生并不是不能写、不会写论文，只是他们总是自我否定，认为自己不行，认为自己写的文章很差，而这种自我否定的心态导致当事人更加不愿意下笔，于是形成了一种恶性循环。而我教学所做的第一件事是，打破过去的思维惯性，从深层唤醒他们的潜力，让他们找回内心的力量，并且通过一定的科学训练，把偶然迸发的进步固定下来，养成有效制约过去负能量、坚持写作的良好习惯。

## 二、摒弃"学生心理"，培植"学者心态"

更多的时候，学术写作之所以难以进行，是由于很多人始终将自己定位为学生，而非学者。进而，他们将学术写作下意识地视为"写作业"，而凭这种写作业的心态是绝对无法将论文写好的。作业和论文最大的区别是，前者是有标准答案的，学生们总是期待老师可以给出一个标准答案，然后自己无限靠近甚至抄写答案；而后者则是创造性的输出，也就是说，论文写作不仅不可以有标准答案，反而需要建立在质疑标准答案的基础之上。因为真正的学术研究都是需要创新的，需要在过去的旧知识之上，创造新知识，推动人类认识的进一步提升。

学术写作正确的做法是，将写作者定位为学者。即便你只有本科学历，甚至没有本科学历，你仍然可以将自己定位为一名学者，只要你是在进行科学有效的学术研究，然后将自己的真知灼见如实记录下来、呈现给世人。至于这项研究的最终有效性，则需要学术界进行客观鉴定。换言之，学术界发表出来的成果也并非一定就是金科玉律，它们仍然是阶段性的研究成果，需要学术集体予以验证和确认。学术面前，人人平等。

学术写作者应该持有一种"知识创造者"的心态，而不能是"知识消费者"的心态。很多学术写作的初学者往往是以知识消费者的心态在写论文，有时候会"戴上理论的帽子"，模仿他人的知识与文本，或者说做一个别人研究的留声机与复印机。这些做法都是有害的，因为学术研究和写作发表的本质是为了增加学术界对某个领域和对象的专门认识，如果一个作者不能有所创造，那么，学术界的相关模块就没有必要为他预留空间，这也是学术市场的价值规律之所在。因此，不管你现在的身份、职称和角色是什么，在写论文的当下，你就是一名生产知识的学者，就是在对这个领域的学术创新负责。

我在书院中的很多教学工作，实际上就是在培植学生们的"学者心态"。既然是学者，就要敢于质疑，要有自己的深层主见，要对自己的阅读成果、研究过程和发表结果有所坚持，有所为，也要有所不为。我经常鼓励学生们读《论语》，也是期待学生们从夫子的言行中领悟学者的心性，并从中建构自己的学术修养。

很多人读到这里，可能觉得这种方法论很虚，甚至很难相信阅读儒学经典有助于培育学术素养。然而，实践证明，那些贯彻落实这一学术方法论的同学最后都成功了。我有一名博士学员，毕业以后，由于各种原因，始终不够自信，甚至有些畏葸不前，学术上一直没能有所建树。针对她的个人心性和具体情况，我告诉她《论语》中的一句话"君子不重则不威，学则不固"，在后来的日常学习中以及需要抉择的重要时刻，这句话给了她很多力量与定能，并且护送她一直到独自发表出人生的第一篇CSSCI期刊论文。

读到这里的朋友，可以仔细想一想你身边的大学者，他们日常是如何思考与行事的。尽管你现在可能仍然是一名"小学者"，但是并不妨碍你用大学者的行事风格自处。事实上，不是大学者成为大学者以后，才会如此思考行事；相反，恰恰是因为他们如此思考行事，最终才成为大学者。对此，大家一定要敢于立志。很多博士生之所以心理崩溃，就是因为他们不敢，明明当初在报考博士之前，壮志凌云，结果一旦遇到实际的学术困难，就垂头丧气，这断然是不可取的。当然，还有一点很重要，他们可能从来都没有意识到，或者被告知：每一个人都有机会成为大学者。而且只要认识到自己的学术是为了更好地成就社会功德，而不仅仅是为了自己的私人成就，当下，你就是走在成为一名大学者的路上。

一旦领悟了这一点，你会发现：很多问题，迎刃而解。

## 三、学术写作就是小声说话

学术写作就是说话。我们不可以在日常表达以外建立一个言不由衷的表达体系，否则就会越写越歪，甚至走火入魔。最好的学术写作都像是在说话，是很自然的信息流淌。而文本，不过是语言的书面形态，尽管文本形态比语言形态更加正式、规范和考究，也更能够经得起时间的磨炼与考验，但是它仍然就是说话，就是一种自然而然的人际沟通，只不过学术表达的对象感更宽泛，更具一般性。因此，对话感是学术表达的核心基础。

在书院教学中，我特别强调，要让学生们尽快建立一种自然的表达状态。为此，我经常建议我的学生们自己开会，甚至要在书院里"上黑板"。所谓"上黑板"，就是到我们的讲台上将自己的学术成果展示出来，哪怕成果还比较少。这个展示过程中，最重要的听众有两个人：第二重要的听众是老师，老师听完了学生的汇报，可以知晓学生的学习进度；而第一重要的听众其实是学生自己，在讲的过程中，可以将自己原本的学习成果进行一次充分检视：哪些是可以讲并能讲得出来的，哪些是讲不出来的，哪些是讲出来未必会被别人认可的,哪些是想讲却还没有讲出来的。这种讲解,就相当于"出口拉动内需"的外贸发展过程,通过一次次的锻炼,学生们的表达能力和自主学习能力就慢慢建立起来了。

有时,为了增强学生们的沟通感,我还会建议某些同学定期与其他同学深聊,甚至逐个了解对方的学术写作进展。这是因为每个人的情况不同,深层的表达习惯也不同。而学术写作和相声、唱歌、绘画等其他表达方式一样,都需要深度嵌入表达者的态度、观点、思维、价值和底层思想等,因此,我们必须深刻地省思自己要表达什么,进而将这种表达的内容放置在有效的逻辑与形式之中,然后通过对内容与结构的不断优化,逐渐提升表达的信度与效度。

以上文字阐释了"学术写作就是说话"。与此同时,我还要继续强调"小声"。为什么说学术写作是小声说话,而不是大声说话?大声说话者如大众媒体,他们是面对群众的,而群众的构成是非常复杂的,而且其中一些人的注意力是很容易分散的,因此大众媒体的做法就是大声说话。对于某些媒体而言,声音越高越好,用词越夸张越好,尤其是那些需要流量的自媒体,他们甚至会通过扭曲事实来攫取听众的注意力。

学术写作则不然。学术写作的听众是小众的、内行的、同质的,也就是说大家都在同一个圈子里,大家的信息基本上是高度共享的,而且学术圈层的人都是文字素养较高者,都是知识分子,大家的阅读能力和知识水平都很高,因此,学术听众往往不需要你过分夸张,甚至说学术写作的修辞恰恰是需要克制的、警醒的、微妙的。这种修辞特征,决定了学者们只需要将自己的研究成果简单高效地传递给读者即可,而且这种传递也是要克制、深刻且规范的。学者只需要将自己的"边际贡献"(也就是常规共享知识以外的额外信息)传递给读者即可,这也就是我所谓的"小声说话"。

错将学术写作视为大声说话的初学者,通常容易将自己的表达变成一种较为浮夸的修辞,这会让当事人及其作品显得很外行。因此,我通常要求我的学生们渐次练习较为微妙的、直指要害的"小声说话技艺",并进一步将这种修辞方式传递进学术写作的状态之中。

具体来说,这种"小声说话"包括但不限于以下几种特征。第一,松弛。小声说话首先是要将自己的表达状态松弛下来,聚焦于自己的核心表达,然后调动综合修辞资源,直达表述目标。第二,舒缓。好的学术表达都是娓娓道来的,它并不追求速度与激情,也不渴望直接而痛快地宣泄,而是一种基于理性成果的克制表达,通过细密的学术逻辑轻而慢地将学术成果舒缓表达出来。第三,简洁。好的学术写作都建立在极简主义的风格上,通常这种表达只需要将最核心的观点简练地概括好,完整、清晰、严谨地表述到位,进而通过科学有效的论据及论证方式,呈现给读者即可。第四,平视。学术写作需要作者将读者视为平等交流的对象,这与讲课有所不同,讲课是教师自上而下地向学生传授知识,学术写作重在平行地交流,主要是同行之间的横向互动,因此,写作者要有平视权威的勇气,也要敢于质疑过去的发表者,进而在科学研究的基础上,表达自己独创的学术观点。

以上只是点出来学术写作的小声说话技艺风格,希望读者在读到此处时,可以暂停下来,通过一些学术范例,仔细体会以上修辞特征,举一反三。

## 四、建立对学术写作的真实兴趣

很多学生畏惧学术写作,原因有很多,其中一个最为常见的深层原因是,没有建立对学术写作的真正兴趣。固然,在学业和职场中,学术写作是一项任务。很多人学习学术写作,也只是为了毕业或职称晋升,但是归根结底,学术写作的本质并不是为了这些外在的目标,而是为了学术研究和知识呈现。所以,任何一位学术写作者,都需要在学术过程中找到有效的自我价值感所在,也就是说学术写作所表达,应该是根植于内心深处,是自己真正想表达的所在。更何况,学术研究本身就是一件很有趣的事情,这种有趣就体现在探索过程之中,即便没有结果,学术研究的进展本身就是一个让学者享受的过程,那是一种纯粹的、发自肺腑的喜悦感和成就感。退一步说,这也是一种可以后天刻意培养的知识生产的内在价值感，是很多学术写作者都应该自行掌握的"内功心法"。

我经常对学生说，是你在写论文，不是论文在写你。这话的深层含义是，你才是语言和文字的主人，你应该考量：你在写作时的深层主见是什么，你的研究问题是什么，你的答案是什么，你希望在研究现状上做出什么新的研究创造，你如何表述这些新的贡献，更进一步说，你希望为这个世界带来什么新的知识，你的学术愿景是什么。

只有真正回答了上述问题，你才可以建立起对学术写作的真实兴趣，也才可以更好地理解学术写作，明白学术研究是一项需要生命投入的激情事业——它需要你自主地建立对这个世界的知识规划，并在理性客观的研究之后，输出有实质性的、对学术界和所在领域有所建树的观点，不臣服于所谓的大师与权威，也不单纯做一名知识的搬运工，更不做信息的简单载体与纯粹容器。

学术写作是一个创造性的过程，我在这里可以先讲一个八字心法："有中生无、无中生有"。当你从大量的文献阅读这个"有"中去探索知识，再对知识的现状进行有效梳理和针对性评判以后，你就可以产生一个现在研究之所"无"——它需要有、应该有却并没有的一个知识需求点，或者说"知识痛点"，然后从此出发，向着未知前进，进行有效的研究与探索，这就是"有中生无"。然后根据现在探究出来的这个学术界之所"无"，再另行生长出一个具体的、可行的和有前景的新学术成果，或者是一个研究计划，这就是一个新的"有"——在现在的学术界还不知晓的前提下，提出一个新的学术见解，于是就形成了所谓的"无中生有"。我经常对学生说，学术研究是一项在人类知识边缘疯狂探索的孤独旅程，因为它必须是对现有知识的扩展，也必须是对现有世界真正有益的扩展，这个过程是非常艰辛的，很多研究也会陷入死胡同，或者说大部分的科学研究在绝大多数的情况下都有可能进入死胡同，真正成功的研究只占其中一小部分，我们今天看到这些成功发表的成果，只是最终幸存下来的，更多的不成功研究其实都溺水而亡了。因此，真正能够做出对社会与大众有益的学术成果的学者，是非常可敬的。

## 五、构建良好的写作习惯

很多学员最初的学术论文写作问题往往并不严重，或者说他们也知晓一些基本的学术写作方法，但是为什么到最后陷入了不可教、不能学的状态？有些学员在入学时特别优秀，最后却陷入了延期毕业甚至不能毕业的状态，或者说一个极为优秀的硕士生为什么变成了一个日渐颓丧的博士生？还有一些学员在学习了我的学术写作方法以后，过了一段时间又"退回原形"了，甚至重新变得抑郁且自我怀疑。究其根本，他们都是没有建立良好的学术写作习惯。良好的学术写作方法还需要良好的学术写作习惯予以配合，才能将别人的方法沉淀为自己的能力。

很多学员这样回答我：王老师，不是我不相信您，是我不相信我自己。其实这种状态的学员，往往都不是一天两天的问题了，大量的学习负反馈让他们无从下手，即使面对正确的学习方法，也无从起步。因此，对于这种状态的学员，我的解决办法通常是，先不要理会这些问题，先从我的入手方法做起，在日积月累中，逐渐建立学员的正反馈，积跬步以至千里，最终建立正向写作习惯。

关于正向的学术写作习惯，下文尤其是第2章会详细讲解学术写作的方法论，请各位读者一定不要将这些文本看作信息，而要看作改变自己学术写作习惯的抓手。各位读者在读到这些文本的时候，不要过分计较词句，而是要结合自身学术情况，切实地探讨如何才能将自己的学术写作习惯建立起来。而且，更为重要的是，一定要行动起来，把下文所提出的方法论都落实到位，反复操练。

在本章的最后，我再讲解一些通行的学术写作习惯。写作是需要全身心投入的专注劳动，大多数情况下，写作状态并不是马上进入的，为了保障写作的持续性和有效性，最好建立一个适合自己的写作程式。所谓写作程式，也就是写作的日常结构，即自己适合在什么时间、什么地点、什么状态、什么节奏中写作。明确自己的写作程式，有助于更好地提升学术写作效率。

具体来说，第一，最好有一个相对固定、封闭且适宜写作的环境。在这个写作空间中，最好有固定的桌椅、用具，尽可能摒除与写作无关的其他物品，以保证写作的专注性。

第二，应该挑选头脑清醒的时间写作。很多作者喜欢在清晨和晚上进行写作，因为在这两个时间，大脑比较清醒，同时不容易被其他因素干扰。当状态不佳时，最好不要勉强，否则，写作效率低下不说，还容易引起心理障碍。

第三，应该保持轻松、愉快的创作心态。说到底，写作是一种创造性活动，而人在愉悦的状态下最具有创造力，要尽可能地享受写作，而不要抵触写作，避免将写作当成一种苦差事。为了写作能够顺利、有效完成，写作者首先要建立一个积极健康的心态。

第四，按时写作，保持规律性。尽可能坚持每天写作，保证写作的规律性，这样可以保持一种持续状态，同时每次写作不一定非要透支写作兴趣，这样一来，就可以将写作化整为零，将写作制度化、规律化，让写作成为生活的一个有机部分，既能保证写作的有效性，又不至于影响生活的其他部分。

以我个人的博士论文写作过程为例，当年我下乡扶贫时，一直坚持写田野笔记和相关阅读笔记，这两种笔记都不是以论文写作的形式进行的，都是零散的、伴随着阅读和观察来进行的写作，是我观察、阅读和思考的结果，然而，等我进行正式的博士论文写作的时候，这些文字也就成了重要的基础性材料。如果没有这些当初写就的笔记，我在日后博士论文写作的时候也就没有了进一步提升和改善的基础。做田野笔记和读书笔记的要诀是：每天晚上坚持写，即使再累都要坚持，尤其是刚进入田野的前些日子，是大脑刺激最为强烈的窗口期，最容易有比较鲜活的田野灵感，务必要记录下来。笔记和灵感记录，这些非正式写作，对于正式写作是非常重要的。非正式写作既是发表的仓储，也是在唤醒观点，让自己思考得更清楚。

第五，要把阅读、观察、思考和写作统筹在一起，不要割裂进行。写作是研究过程的自然表达，是阅读、观察、思考等研究过程的一个有机组成部分。写作并不是单向的内容输出，也是一种双向的思维启发，观察、阅读、思考等与写作是紧密地结合在一起的，单纯地只进行其中一项活动，都会割裂研究的完整性。伴随着阅读的写作，便是读书笔记，伴随着观察的写作，便是田野笔记，而伴随着思考的写作，就是思想随笔。写作不拘形式，任何形式的写作最终都是论文写作的基础和源泉，而且这些伴随着阅读、观察和思考的写作往往更加真实、鲜活，它们往往是日后学术论文写作的核心要件。

# 第2章 体悟学术写作

光有写作心态还不够，我们还必须深刻理解学术写作的本质。很多初学者最开始写作的时候，总是幻想通过"干写"的方式，逼自己码字，而这是几乎不可能的。即便堆积出文字，也是没有灵魂的血肉模糊。学术写作是一种表达，它需要服务于写作者的任务与初衷，从更为根本的意义上说，学术写作是"用"，而每一个写作者都必须理解科学研究这个"体"，体用合一之后，才谈得上真正的学术写作。

## 一、从文字与写作的重要性谈起

文字是文明的根本载体，没有文字，就没有文明。在文字发明之前的洪荒年代，也许有"文"，但是无法"明"。文字是文明的基础要件，整个社会的运行依赖文字系统，没有文字，人类无法纯粹依靠语言进行深入和广泛的社会交流。尤其是在现代社会，人们获取知识、信息，彼此进行交流都更加依靠文字，甚至大部分的职业活动都需要文字的参与，尽管图像和互联网技术让语音、图像互动成为可能，但是文字依然占据着社会文明的核心地位，是社会运转的高级零件。而且，越是复杂高级的社会交往，越是离不开文字。因此，文字是文明社会的核心交流手段。

人类知觉与沟通的方式有几个层次。第一个层次是感觉。最初人类只有经验感觉，而纯粹的经验是无法言说的，如果人类只有经验而无语言，彼此是不能交流的。因此，在这一层次中，人类是原子化的，人们的经验是彼此不通联的孤岛，就像不通语言的婴儿，婴儿只有纯粹的朴素经验，饿了、困了，他都不能言语，无法告知父母，只能靠哭泣释放信号。

第二个层次是言语。为了传递和沟通经验，人类发明了言语，言语可以表达人类的经验，并且让他人知晓。比如，下雨了，着火了，人们都有相应的地方性言语来表达它们，通过这些言语，人们知道彼此在说什么，发生了什么事情。如果人类不是为了沟通，则不必发明言语，而当你需要他人知晓你的事情时，言语则是必需品。

从这个意义上说，语言也并非人类独有，兽有兽语，鸟有鸟鸣，虽然人类不知道这些鸣语的确切含义，但是这并不妨碍它们同类之间进行交流。人类在原始形态可能没有文字，但是有歌曲、神话传说，这些歌曲与传说尽管不能写成文字，却都是良好的沟通工具。即使到现在，有些少数民族依然没有文字，而只拥有自己的语言。而在农村，有很多老人也不识字，他们只能通过语言与他人沟通。

文字是符号化了的言语，是人类第三个层次的知觉和表达形式。为什么说文字是符号化了的言语呢？因为随着人类沟通深度、跨度和广度的增加，单纯靠言语已经不能满足沟通需要，而必须借助符号。姓氏在最初就是一种符号，一种表达血缘共同体的符号。人们通过使用同一个图腾，来表达自己归属于同一个氏族。图腾是最初的符号，慢慢地，姓氏符号开始多样化，具有了更加复杂的内涵，比如封地，君主赐姓。徐世勣，也即隋唐英雄传中常说的"徐茂公"，归顺李渊以后，被赐姓李，于是他改名叫作李世勣，后来为了避讳李世民的"世"字，他又改叫李勣。

写作是一项重要的社会生存技能，尤其是在现代社会。拥有良好的写作能力，往往意味着拥有更强大的社会沟通能力，也就因此会拥有更好的工作机会。如果只是把精辟的观点放在脑海中，那么，它们将转瞬即逝，很难传递给他人，更难保存下去。只有把自己的观点写成文字，人们才有机会把自己的思想、观点和信息传播开来，甚至流传下去。

良好的写作能力可以减少你被人误解的可能性，提升你的意见获得认可的概率，尤其当你需要说服他人时。比如你是一个投资项目的负责人，你需要向公司潜在的投资者作报告或者向公司高层提议这个新项目，并且希望获得他们认可时，写作能力的价值就更加凸显。

不仅如此，写作本身会促进人们思考，有助于梳理琐碎、繁芜的社会事实，让人们能够更有条理地进行沟通表达，进而提升他们的抽象思维能力。简单来说，写作从三个方面更好地帮助人们的生活：

第一，写作帮助人们记忆。所谓历史，实际上就是那些被人们记录并沉淀下来的事件。如果没有写作，我们将不知道我们的过去，不知道过去，我们就不知道我们从何而来，不知道从何而来，也就不知道我们该往何处去。今天我们正是通过前人保存下来的各种书面材料，得以认识我们个人经验之外的社会，理解整个世界、宇宙、社会具体如何运转。我们并没有去过月球，可是我们知道那里是一个没有水的地方。这是因为我们阅读了相关的令人信服的书面报告。

第二，写作帮助人们彼此理解、达成共识。设想一下，我们每天只有24个小时，却要接受整个世界的信息，我们只有通过文字才能彼此理解。当我们试图使用文字即写作的方式来与他人沟通的时候，实际上就是在理顺自己和他人的看法。写作是言说的沉淀，要比言说更为深刻，而且写作必须更经得住检验，所以，写作需要更多的辅助知识、底层信息，为了写清楚事实，写作者必须深思熟虑，必须认真梳理他人的观点和社会事实。因此，写作的过程更能帮助人们澄清自己与他人的观点并互相达成共识。

第三，写作帮助人们形成知识理论。写作的最高级形式是建构理论，将信息提炼和升华为知识理论。为了更好地将事实呈现出来，写作者需要检视自己对某一问题的认识，并对写作对象的有关信息进行深度加工，进行必要的抽象、归纳、提炼，在描述事实的基础之上，进行深度阐释，而这个阐释的过程会促进写作者更好地形成观点，甚至是理论。理论与知识也正是在人们不断写作的过程中形成的。

## 二、认识论视角下的学术写作

写作分为很多种类型,既有文学创作,也有论文写作。本书只谈学术论文写作。学术论文的根本目的在于生产知识。所谓知识,就是人类理解宇宙、世界、社会、人生的所知所识。因此,学术论文也就是那些从广义上说能够增加人类所知所识的文字形态。也就是说,学术论文等学术作品,本质上都是为了增加人类对这个世界的认识,它们是认识论意义上的改造世界。

人类认识有两个层次:感性认识与理性认识。感性认识就是"知其然",而理性认识就是"知其所以然"。感性认识是基于对事物表象的感官认识,比如看到的风景,听到的音乐。理性认识则基于对事物的内在的、深层的、根本属性的理性思考。风景何以宜人?那是因为它能带来舒适,让人舒爽;音乐何以美妙?那是因为它符合乐理规律,能给人以愉悦。比如关于地形、地貌、地球等的知识,我们称之为地理;关于物体运行的规则、定律,我们称之为物理。由此可见,知识的最终储藏状态乃是理性认识,是要通过感性认识,上升到对事物乃至世界、社会和人生的稳定看法。

这并不是说感性认识不重要,因为凡事都有其外在的、形而上的具象,而感性描述是读者与作者信息同步、认知协调并且最终互相理解的基础。如果不首先掌握这些具象,我们将无法进一步获取理性认识,因为感性认识是理性认识的基础。所以,在论文写作中,对研究对象的描述非常重要,也就是说,学术论文写作首先需要学会"讲故事",因为把故事讲清楚,是"讲道理"的前提和基础。缺乏了感性认识作为基础,读者就无从跟随你的经验,进一步理解你的理性归纳。

但是,好的经验研究往往不会止步于讲故事,而是要在讲故事的基础上,讲一讲道理,这个道理,其实就是理论。所谓理论,就是系统、条理且建构性地反思某种立场、观点和方法,也就是说,理论是一种系统化的知识。这么说可能有些抽象,打个比方,理论就像一束照进现实黑箱的光。尽管在光线照进来之前，我们也知道黑箱的存在，但是无法有效地理解它。佛经上讲色与空的道理，也是一个意思。所谓的"色"，是眼睛能够看得见的表象，它生成的我们对世界的看法就叫作"相"，但是这个"相"是虚妄的，要破除它对我们的障蔽，就要依靠超越色、相的"般若"——也就是智慧。

获得理性认识的标志是，知其然，也知其所以然。比如说，一个婴儿哭了，你看到他哭了，但是你并不知道他为什么哭，那么你就没法解决这个问题。婴儿哭泣这个表象后面，可能有好多原因，笼统地说，大概有四个原因：饿了、困了、排泄了、不舒服。尽管只是哭这一个表象，但是要弄清楚这背后的来龙去脉，就得靠理性认识，至于到底是哪一个原因，以及更为深层的原因又是什么，这就涉及系统的婴儿养育知识、婴儿生理知识等。因此，以知识生产为己任的学术论文必须以理服人，而不是以情动人。

既然学术研究是为了知识生产，那么，学术论文写作也就应该以增加人类知识为最终目标，尽管每个学者的每篇文章都只是推进人类知识的一小步，但是集腋成裘、积沙成丘，汇合起来，就是人类知识的海洋。

学术研究以知识生产为己任，同时参与学术共同体的分工，也就是说，学术生产有自己的知识共同体，有其学术共同体约定俗成的规范，也有为了更好地进行知识生产而设立的配套制度，以及学术共同体的风气、习惯与交流态度，比如学术期刊施行的双向匿名评审、学术批评等，这些都是为了更好地进行知识生产；为了鼓励学术创新、避免学术抄袭，学术界也有一系列的奖惩制度。

学术论文就是这样的一种理想类型，它多数情况下是基于概念和命题——当然也包括描述，但是这些描述是次要的，并不是学术论文的最终目标，学术论文的最终目标是讲清楚社会事实背后的那一套道理。换句话说，学术论文一般是要追求理论贡献的，它需要阐明所讲概念的内涵与外延，阐明各个概念之间的关联、在不同情况下概念的变异，以及它们的相关条件、机制后果等。

本书所谈的学术论文主要指的是基础研究，而非应用研究。基础研究与应用研究的最大区别在于其提出问题的方式不同，在具体的研究设计、程序和方法上，则相差不大。基础研究的目标是提出相对于现有知识不同的新知识，以便于解决现有的知识不能解决的问题，比如爱因斯坦的相对论是为了解释牛顿的经典力学不能解释的问题。而应用研究是针对具体面临的实际困难，这些困难往往是决策困难，比如要不要提高种粮补贴的比例。基础研究的终极目的在于增加人类知识，而应用研究的目的在于运用现有知识，解决现实中面临的问题。应用研究的生产者往往是智库、研究室、决策部门等。基础研究只涉及认识，也就是说，回答完认识问题就可以增进人们对这个问题的理解，而应用研究则涉及社会行动，通过研究，可以为我们的行动、社会决策提供价值参考。

通常来说，学术专著都属于基础研究，而调研报告、横向课题等知识形态都是应用研究。按照高校的划分方法，学术研究通常是纵向课题，而应用研究多数是横向课题。基础研究与应用研究是两种不同的知识生产形态，其目标不同，故而生产方式也大为不同。由于基础研究相比于应用研究，更加注重知识的生产与推进，因此，本书所谈的研究主要以基础研究为主。此外，本书所涉及的学术论文主要包括硕士论文、博士论文以及学术期刊发表的文章等。

## 三、学术写作是学术劳动的变现

为什么很多人理解了许多写作方法，或者是读了很多书，仍然不会写作呢？这是因为，写作并不是一个单向度的码字过程。学术写作实际上是科学研究的变现，它是将研究者平时的学术积累实现变现的过程。就像你只有平时多往银行里存钱，到用的时候，你才能取出足够的钱。归根结底，学术写作是学术劳动的变现，没有学术劳动却想有学术发表，简直就是痴心妄想。很多找我咨询学术写作的学员，从学术生产的角度看，他们没有从事相应的学术劳动，只看到了学者们在高水平期刊上发表的作品，但是没有意识到这些作品都是早期学术劳动的变现，都凝结了学者们无差别的学术劳动，而且这些还只是产生了成果的学术劳动，对于真正的学者而言，他们实际上进行了更大量、更复杂、更系统的学术劳动，甚至包含了外人看不到的缄默劳动，以及探索新知过程中试错的无成果学术劳动。

为了让写作更加具有生产力，你应该在平时就进行有效的学术积累，开展必要且有效的学术劳动。学术劳动的具体做法，包括但不限于如下一些方面。

第一，进行大量的、定向的和有效的文献积累。我经常跟博士生们说，如果你在读博士的时候，没有拆解过1000篇论文打底，那么，你的博士论文多半是写不好的，因为只有进行海量的文献研读以后，你才有足够的底气和支撑去做最基础的选题和立意等研究步骤。同时，如果你希望在学术领域中有所建树，那么，你的学术积累必须是定向的，因此，在国家社科项目申请书活页的最初部分，申请者就被要求对相关领域的学术史和研究现状进行有效梳理，这些梳理必须是基于扎扎实实的定向积累，否则，几无申中可能。进一步说，这种积累还必须是有效的，因为只有对这个领域做出了自己独特的拆解、爬梳和归纳等步骤，才能在文献的基础之上提出自己独到的见解，也才能在此基础之上提出新的研究问题，写出新的研究作品，作出新的研究贡献。为此，所谓的文献积累必须是基于思考、研讨和论证等环节的基础之上的，这样才可以夯实科学研究和学术写作的基础。

第二，必须掌握本学科或上位学科、相关领域的基础理论和方法。这要求学术写作者必须深刻领会本学科、本领域在进行何种意义的议题，以及针对这些议题形成了何种理论或者认识论层面的定见；同时了解相关从业者都在使用何种方法和手段，这些手段和方法的效度又如何。关于理论和方法的探讨，我们以后可以专门另辟新径，不过对于任何领域的博士生来说，这都是必修课，缺少这两方面的积累，科学研究和学术写作都只会是低效的，甚至是无效的，这也是很多博士生最后写出来的博士论文流于常识、无法通过答辩的重要原因之一。

第三，必须开展特定的研究过程，并且保证这些研究过程是科学有效的，以及这些研究结果也一定是有所突破和创新的。否则这些成果就只是维持研究现状，并不会对所在领域产生新的推动。很多博士生之所以写不出论文，是因为他们并没有进行必要的研究过程，而一个观点和深度积淀的成果诞生，需要经历很多长效的研究过程，所以，对于那些博士生来说，最迫切的事情是，构建自己的研究方法，开展并推进自己的研究进程，让那些议题和研究结论更快地成长起来。

第四，必须形成相应的深层研究主见，确立有效的学术观点。对于学术写作的很多初学者而言，最为致命的是，他们在写作的时候，并没有深层主见，只是将一些事实、材料和文献随意地拼接在一起，有的甚至连拼接都没有，只做简单的堆砌。而真正的学术写作，是将自己的深层主见呈现出来。因此，我主张，在研究的过程中或者在写作进行了以后，需要不断对自己的深层主见进行提炼，深度反思自己到底要表达什么，以及这种表达的结构与效度如何。文章的基础框架、各种素材，本质上都是服务于深层主见的表达，如果没有深层主见这个"君"，各种文章零件等"臣"就会无所适从，甚至也无法判断这些部分写作的优劣。我们经常看到同样的素材写出不一样的文章，或者很多优秀的写作者使用最为朴素的素材写出了打动读者的文章，这并非单纯依靠素材和文献，而是因为他们有更为深刻的见解，有一些不可随意变更的主张。这些深层主见是后续写作的本与纲。当然，这些深层主见本身就是需要不断被挖掘和提炼的，而且这是一个不断推进和优化的过程。如果你在写作的时候尚没有深层主见，也可以在写作过程中不断省思与提炼，在建构出深层主见以后，再用它来指导后续论文的写作与修改。

第五，最好进行必要的非正式写作。很多初学学术写作者，通常直接就开始写正式论文，或者把论文的第一稿就当作最终稿来写作，这种写法是很有弊端的。比如，观点很多时候不会整整齐齐地像论文结构顺序一样发生并呈现，有时候可能是后面部分先成熟了，如果你顺着结构写，就很容易把自己的思维过程乃至研究过程打断，而且会卡在某个节点不能继续推进。更为有效的做法是，先进行必要的非正式学术写作。学术写作者可以准备一些在线文档工具，随时随地记录自己的研究过程和灵感火花，尤其是那些正在调研中的人，最好是在进入研究领域的第一天，就认真记录自己的研究过程。对这些研究过程的记录本身就是研究素材，它们是事后还原研究过程的珍贵资料，同时这些素材可以生长为后续的研究观点。我的有些论文观点的雏形就是在实地调研的第一天产生的，只是后来再不断丰富完善，并且用科学合理的研究方法予以推进，经由严谨的学术逻辑表达出来而已。

我经常跟我的学生说，在收集素材和非正式写作时，要把自己当作一名导演。在导演的拍摄视角下，大部分影视剧都不是按照事件发生的真实顺序去拍摄的，因为那样非常耗费经费和时间，有时候还不便于工作人员统筹各项影视资源，导演们要根据场地、演员和其他资源的统筹方式去拍摄，有时候剧本第一场戏和杀青戏是在同一天拍摄的，而有些人第一场就会拍摄大结局的戏份。对于学术写作来说，也要如此。大量的拍摄部分，就相当于我们的非正式写作，在非正式写作时，不需要理会日后的写作框架，先尽可能把研究灵感和相关素材充分有效地呈现出来。

非正式写作就像是一个仓库，如果你进行了大量的非正式写作，就会拥有非常多的存货，这会让你产生很大的写作信心，在后续的正式写作过程中你可以随时调取仓库中的这些存货，这将是一个非常轻松的过程。同时，由于你已经进行了一遍初稿写作，因此第二次写作就会更加注意观点的逻辑性、完整性等细节，也会有时间进行更为高级且微妙的判断——写得好不好，是否还需要进一步细化等。而且，这个非正式写作过程开展得越早，就可以越早对研究过程予以复盘和修正，反之，到了正式写作时再来调整甚至补充材料，通常就来不及了。

非正式写作还有一个非常重要的"借鸡生蛋"的效果。在你非正式写作之前，你可能还没有什么想法或灵感，但是随着你日渐深入的写作，很多想法就会自己冒出来，越写越有，我称之为"借假修真"。我的很多学生都是通过这个方法找到了自己的深层主见与核心创新。在早期的学术写作过程中，最初可能没有发现什么新知识，但是随着非正式写作的推进与迭代，写作者就可以重新审视这些知识,进而推倒过去的观点,聚焦真正的创新。还有一种现象是,很多人平时只用语言去说,很少把自己的思想变成文字,他们也就不适应这种用文字表达思想的状态,而非正式写作可以提前让作者在较为轻松的状态下实现这种"文白转换",并且以较小的试错成本去调整自己的转述效度。总之,非正式写作是一个非常必要的研究与写作工具,我建议读者们将其与正式写作一样严谨对待,随着写作习惯的日益缜密,将来写作正式的论文,你就会变得非常松弛,那种信手拈来的感觉就会慢慢出来。

第六,必须养成定时定量的学术习惯,建立稳固的研究生活。学术研究是一个长期而艰巨的系统任务,需要研究者具备非常多元且高超的研究技艺,并且能够持续做功并长效输出。而人类是非常脆弱的,单靠即时的激情和发挥,很难胜任这项工作。

不管你是否需要从事学术研究的职业,假如你有一项研究或写作任务,那么,你应该尽早建立阅读习惯。你要固定地进行文献研读,因为文献研读是一个系统工程,有时甚至需要进行地毯式检索与阅读,很难一蹴而就。同时,你要有大量的集中时间阅读文献,因为阅读是一项需要专注、沉浸的工作,阅读的效率要在专注的基础上才会提高,只利用碎片化的时间进行粗浅阅读,尽管也会有所收获,但是很难借此完成创新性的学术研究。此外,为了更好地进行研究,必须固定地跟踪阅读一些好的文献。跟踪文献可以让你一直站在学术前沿,保持必要的学术敏锐度——尤其是专职的科研人员。要保证前沿阅读,一是要跟踪前沿的期刊。一般来说,最好要有几个常看的期刊,对这些期刊不一定全部精读,但是最好浏览一下它们的目录和摘要,然后挑选那些与自己研究相关的文章进行专门研读。不仅要跟踪期刊,还要跟踪前沿的学者,跟踪那些高引用率和传读率的文章。顺着期刊、学者和文章,就可以顺藤摸瓜,建立一个文献系统,最终就能将主要的研究文献基本囊括。

第七,加入或建立必要的学术社群。所谓独学则无友,孤陋而寡闻。学术社群对初学者而言是一个非常重要的支撑,它可以帮助学者进行有效的信息整合(当然也要注意信息茧房效应),同时很多学术口碑、圈层价值观以及结构化的学术要素（比如研究生录取调剂信息等）都会在学术社群中流动。对于学术写作而言，文献研读的效果也可以在学术社群中实现校正。具体来说，参加会议或开读书会，都是比较好的办法。因为一个人读文献，通常会有盲点、死角，往往容易陷入死胡同。读书会的好处在于：一方面，对方可以检验你的阅读成果，假如对方认可你的阅读结论，说明你们都对了；假如阅读者之间出现分歧，要么是阅读者之间有对有错，要么就是你们的研究视野出现错位，而不管怎么样，这些分歧都有助于理清阅读思路。有时通过梳理、解决这些分歧，往往可以寻找到一个学术创新、理论推进的研究议题。

另一方面，读书后的研讨可以激励你再阅读，然后形成一个良性的"阅读—研讨—再阅读"循环。开过读书会的研究者一定会发现，在讨论的过程中，读过文献与没读过文献，差别是非常大的：假如你没有阅读相关文献，你心里会很没有底气，不知道怎么开口；假如你仔细阅读了相关文献，你会特别有表达欲。如果你阅读了，却没有说清楚，要么是阅读不到位，要么是表达不到位，当你需要把知道的东西说出来的时候，你就得逼着自己进行表述，而这个过程是特别容易催动自己思考的。这个过程看起来进步很慢，但是一旦掌握了读书的窍门，你的进步会很大，你的学术层次也会再上一层楼，尔后的撰写研究综述、提出研究问题等工作也就顺理成章了。

## 四、锻造写作基本功才是硬核

学术写作作为科学研究的终端，从最开始的学术阅读到研究过程，再到最后的写作技艺，都是极为重要的。鉴于本书的主题是学术写作，所以，本书重点讲解与学术写作相关的写作基本功，学术研究过程中的研究方法部分，建议读者根据自己的学科和领域等特性自行选择和学习。综观我国当下的高等教育课程设置，令人遗憾的是，学术写作基本功始终没有得到足够的重视。尽管近些年有所改观，但仍然不足以支撑起对于科研从业者尤其是硕博群体的科研写作培育。

学术写作基本功是一切科学研究和学术写作的重中之重,也是学术素养培育的源头活水,必须予以重视,从头夯实。在这里,我讲八项学术写作的基本功。

### (一)文献研读能力

所有学术研究的起点在于文献研读能力。对于文献研读能力的强调,再多也不为过。很多初学者写不出学术论文,主要还是因为没有把文献读好;就算是学术写作的高手,在新开始一项研究的时候,他也需要重新阅读文献、占有材料,将文献加工到学术写作所需要的程度。文献研读本质上就是通过对文献的拆解、加工,有效吸收这个领域的方方面面,在知悉了这个领域的价值观、深度知识和前沿进展以后,就可以走进分支领域,进一步开展有效的研究。后面的文献拆解章节将会详细解释这一能力的实现过程。

### (二)研究综述能力

我在这里使用"研究综述能力",而没有使用"文献综述能力"的原因是,综述本质上是为了研究而做,而不是仅仅对着文献下功夫,同时研究综述还需要研究者深度思考,投入大量的时间进行构思、实施、复盘和迭代等,这个过程不仅是基于文献的,更要统揽研究的全局。研究综述的目标是将研究领域中的经典文献、重要文献和前沿文献等进行系统梳理,然后综述出必要的主题、线索和脉络,并评价出相应的贡献与不足,也就是说,必须基于自己的研究问题和发问立场,把这些文献从海量文献中筛选出来,然后综述出自己的文献地图,以便为后续的学术写作确立起点、奠定基础。博士论文的开题报告和学术类项目的申请书,都是基于良好的研究综述能力。

### (三)议题聚焦能力

在学术写作的综合能力中,有一个非常重要的能力是被大家忽略的,那就是议题聚焦能力。学术写作的本质是表达深层的学术观点,也是因此,学术论文通常是垂直向下追求深度，而不是横向平行追求广度。换言之，学术写作需要在一个非常聚焦的切口中建立对某个具体研究对象的经验深描和学理揭示等。这就相当于我们将研究对象置于显微镜之下，开展学术研究与观点表达。进一步说，当我们做了研究综述这个文献地图以后，要在这个地图上找到一个明确的"研究洼地"——一个需要被研究但又没有被研究（透彻），或者说一个需要重构和重视的研究区块；反过来说，为了研究这个对象，我们也可以它为中心，铺垫和构建一个相应的学术地图，后者有时候更常见。不管怎么说，我们通常需要学会对议题进行聚焦与挖掘，比如《父职的脱嵌与再嵌——现代社会中的抚育关系与家庭伦理》一文（下文简称"父职"一文）就是通过对奶爸带娃现象进行聚焦，并将这一现象上升到"父职"这个学术议题中，再从各个相关领域的文献中构建出一个围绕"父职"的文献地图，构成了该文的学术提问基础。

## （四）学术发问能力

学术提问是学术写作的基础能力，也是最为核心的能力。通常我们审视一篇开题报告或论文，首先就要仔细考察它的问题意识。对于同样的现象和文献，不同的作者可能会提出完全不同的问题，而且不同的学科对于学术提问的规范有完全不同的要求。学术提问能力的背后是长年累月的学术训练，以及对问题的深度思考。学术提问能力是整个学术写作的发动机，也可以说，没有学术发问，也就没有学术作品了。那些通篇堆砌素材的初学者，就是因为没有理解并掌握学术发问的能力。学术发问源于对学术知识的有效推进，以及对学术创新的不懈追求，它也是学术论文的推动线索——为了解决某个特定学术问题，才产生了这篇论文。比如"父职"一文就是为了解释"父亲应该参与育儿这一社会共识究竟是如何生成的"。特别值得指出的是，学术研究的发问通常是基于本学科既有的研究基础之上，是"边际提问"，而不是原始提问，也就是说，它通常是在已知知识的基础上的进一步追问，而不是从一开始重新提问，否则我们的学术就永远原地踏步了。

## （五）对话创新能力

如果一篇学术论文没有创新，那么它也就没有存在的意义了。在学术发表时，创新是核心基础，缺乏了这一基础，就不用谈发表了。我特意在创新能力前面加了"对话"两个字，是因为学术发表中的创新，本质是通过学术对话实现的。这种创新不是实践导向的，而是认识论提升意义上的，是针对某些同行的知识，提出了新的见解与看法，这种看法要么是开创了某种知识类型，要么是修正了过去的某些缺陷，要么是填补了某类知识空白。总之，学术创新是在与文献具体对话的基础上实现的，这也就要求我们必须从文献研读开始，就特别注重对现有知识的梳理，吃透文献，并且找准研究问题与这些文献的距离，最终在新的文章中实现对现有文献的创新与超越。在这里需要特别指出的是，所谓对话创新，通常不是一蹴而就的，而是在发问者多次进行"提问—回答—再提问—再回答"的思维过程中实现的。有时候，研究者最初的提问可能是不太准确的，或者是研究结论不能支撑的，这就要求我们反过来根据研究结论重新调整提问角度和研究综述线索，最终实现学术答问的严格闭环。

## （六）定论立意能力

学术写作的本质是学术答问。我在这里使用"学术答问"而不是"学术问答"，是希望强调学术结论对于学术提问的相对重要性。在提问阶段，学术问题优先于学术结论，甚至是没有学术结论；而在学术写作阶段，学术结论优先于学术问题，学术问题也是围绕并服务学术结论的，或者是在学术结论做出后，研究者廓清、修正和完善研究问题，以便学术结论与学术问题可以精准匹配。

在学术答问的来回往复中，还要注意学术创新。我将反复在研究结论和研究问题之间的摇摆凝练为"钟摆式写作方法"，它需要对研究结论、研究提问和文献创新这三个方面同时负责。通常在最开始写作时，并不能对这三方面充分负责,所以,学术思考与相应写作就需要在这中间摇摆,寻找一个最优解。摇摆结束时,也就是研究定论之时。第一,对研究结论负责。学术写作需要对自己文章的结论充分锤炼并时刻牢记在心,以此作为后续写作的出发点和总中心。第二,对研究提问负责。学术写作必须是一个围绕研究问题展开的求知过程,答非所问的学术研究成果是不会有人问津的。第三,对文献创新负责。学术写作必须基于对学术界目前知识供需关系的深度掌握,在明确了学术界的需求不能被相应的知识供给满足以后,才能确立本研究的立论基础。

### (七) 框架统合能力

在学术答问确立以后,最为重要的是,如何将它们贯彻到论文框架之中,这就需要学术写作的硬核基本功——框架统合能力。很多初学者不懂得框架思维,或者说没有结构化思维的能力与建构力,导致他们的观点在整篇论文中总是模模糊糊的,像一盘散沙。

框架本质上是对研究结论的系统降维,就像一个三维立方体需要被降维为六个二维平面。在学术论文的写作中,框架统合就是通过精密设计的结构将观点降维,生成"框架六面体",让理论变得可理解,让材料变得可阐释,让论证变得有逻辑,让结论变得可信服。进一步说,一个好的框架有如下标准:第一,降维(抽象化水平)适当,能够传递出核心思想;第二,框架的展开是层层推进的,就像叠罗汉,前后相继;第三,各层级框架中的要素是逻辑平行、彼此互斥的,下层框架能够支撑上层框架、上位概念,就像一张桌子的四条腿一般。为此,学者应该在日常的阅读和思考之中,经常锻炼自己的结构化写作能力,尤其是在非正式写作之中,要提前对自己的写作框架进行训练与推敲,一篇论文的宏观框架就是在不断降维与夯实的过程中搭建的。

### (八) 行文表述能力

学术写作落实到最后,就是行文表述能力,这是纸面上的硬功夫,是学术观点具体呈现的所在。良好的行文表述能力包括但不限于如下四个方面:

第一，学术写作是强观点导向的，是论证性的表述方式，而不是记叙文和说明文，更不是散文诗，这是基础性要求。第二，一切围绕中心观点进行表述，在各个小节中，要按照该小节的中心思想来组织文词。通常学术论文的行文不需要过于花哨，可以是每段一个中心思想，然后所有的文词都围绕这一个中心来写。第三，学术写作的行文表述越简单越好，最好是一个杆子到底，把所有相关的表述都清晰地概括和呈现出来，这样整篇论文的核心就清晰，各章节的观点也能够结构合理，层层递进。第四，学术写作的每一个字都必须是扎实的，不能落空，也就是说，作者的每一个字，都要有经验对应性，就像我谈到教学案例，切实地对应着现实书院的教学活动与学员言行。

想要养成好的行文习惯，必须进行长时间的文字锤炼。必要的时间打磨是基础，研习好的作品也是一个良方。我建议大家仔细揣摩一些论文关键部分的长句，比如结论中的关键语句、引文的最后一句、一些点题性表述等，这些文词在学术关键部分起到了支撑性作用。比如，"父职"一文的结论如下：

本文初步勾勒了"父亲应该参与抚育工作"这个伦理共识是如何再生产出来的，以及抚育关系在家庭伦理中的变化与新内涵。原本深嵌于家庭结构与过程中的抚育行为被现代生育制度脱嵌出来，国家、市场与专家系统等将抚育行为重新纳入一个法律化、科学化和专职化的抚育体制中，这使得父亲于法、于理、于情都应该承担抚育职责，而抚育关系的扁平化、多边化和制式化进一步改变了家庭的互动、生态与伦理。本文认为，这一脱嵌与重组的过程，恰恰导致了新世纪的父亲开始系统地参与家庭抚育工作。

# 第3章 深度拆解文献

接着上一章关于学术写作基本功的探讨,我们首先讲一下文献基本功。对于学术写作来说,文献功夫怎么强调都不为过。初入门的学术写作者,面临的第一道障碍就是学术阅读。不夸张地说,很多硕士、博士生直到毕业都没有学会正确的学术阅读方法,更加谈不上学会写作了。在多年的学术写作教学中,我对这一点体会特别深刻。往年我教授研究生一年级的写作课或者专业研讨课时,我都会开宗明义地讲述文献的重要性,并且反复强调要学会阅读文献。这是因为当下我国大学本科教育中相关学术基础的熏陶较为有限,几乎没有相应的学术阅读训练,所以很多学生在乍入研究生阶段时,往往不明所以,到了写毕业论文时才意识到要读文献,届时又为了赶进度,随随便便就把文献囫囵吞枣,再用一些取巧的"技术手段"胡乱拼凑相应的文字,敷衍了事。这当然是非常有害的,如果从研一就开始培养阅读文献的基本功,学习正确的写作方法,这些当年拼尽全力考上研究生的孩子,怎么会写不出合格的毕业论文呢?

归根结底,文献功夫是所有研究和写作的基础。但是很多初学者往往不得章法,因此他们需要一些文献研读的入门方法。本章的文献拆解方法就致力于解决这个问题。这门文献拆解的功夫,已经在冠霖书院的大量学员中得到了验证,很多学员在学会了文献拆解方法以后能够坚持不懈地拆解相关论文,再配合上相应的指导,慢慢地,原本的写作问题逐渐都化于无形了,原本望尘莫及的核心期刊发表,也变得触手可及。因此,读完本章的读者,务必照做、坚持,一定"疗程"以后,自然水到渠成。

## 一、研读文献对于学术写作的重要性

在开展学术研究之前,我们必须认真研读文献:必须先输入,再输出。所有的阅读其实都是未来的写作铺垫。你现在看的文献,就是你将来写的文章之血肉,这是日积月累的功夫。很多基础性的研究素养和能力,都是在阅读过程中形成的。事实上,很多写作者不知如何下笔,多半不是研究素质的问题,更加不是智商的问题,归根结底,就是读书太少、积累不够。

很多人反映自己读完文献就忘,根本无法复述,更加无法转化为写作生产力。这在本质上是缺乏研读文献的功夫。文献研读不能浮光掠影,走马观花,停留在表面功夫,更不能"关键词阅读",必须在平时就做好系统的训练。真正的文献研读,是广泛地吸收文献的学养,体会文献的生态与脉络,并且真正进入学术研究的语境之中——也就是说,看出学术的内行门道。只有自己研读过的文献,才是属于自己的文献,也只有系统研读过文献,才能写出味道纯正的学术作品。

对于学术研究者和研究生来说,进行大量的文献研读是从事科学研究和论文写作的前期阶段与必要储备。通过阅读文献,阅读者可以了解国内外相关领域的研究现状,同时为自己的研究打基础,也就是要了解目前研究进展到什么程度了,别人都在做什么研究,用了什么方法,有什么主要的观点。阅读文献,也就是掌握学术的研究语境。很多时候,作者写一篇文章,如果不熟悉文献,往往会犯一些常识性错误,重新讨论一些前人已经说过多遍的老问题,而且还不一定比前人说得更清楚。我们通常所谓的研究创新,实际上就是在深刻领会文献的基础之上的自然对话。

对于文献研读的重要性,这里可以简单列举几条。第一,文献研读是形成学科基础认知和整个研究价值观的基础阶段,尤其是在研究生(含博士研究生)培养阶段,更加突出。有一些快毕业写不出论文的博士生,抓耳挠腮,不得要法,这是因为他们从研究生阶段就没有养成良好的文献研读习惯,更加没有将本学科的深层理念内化于心,这是重大缺陷,很难在短时间内弥补。对于那些跨学科读博士的学生来说,这个问题更加重要,因为一门学科的发展,通常是在长时间内有线索、有脉络地自行生长,只有通过大量而系统的阅读,并接受圈子的深层浸淫,才能够了解到缄默知识,也才能够写出根正苗红、味道纯粹的好文章。

第二,文献研读功夫是研究综述的基础,也是了解本领域研究现状的唯一手段。每个领域的专家,都是长期浸没在本领域的数据与文献之中,对本领域的基础性文献、重要贡献者、重要理论山头等,都了如指掌。当一名研究者穷尽阅读本领域的重要文献以后,文献地图上的坑坑洼洼必然尽收眼底,如数家珍。因此,我的建议是,必须对你所要进入的分支领域的文献做地毯式搜索,至少要把它们的类型穷尽,只有这样,才能对同行的研究问题、学术贡献和今后可能出现的研究增长点胸有成竹。

第三,文献研读是提出研究问题、做出学术创新的绝对前提。所有内行的研究问题,都基于对现有文献的了解和掌握这一基础之上。有些博士生在开题过程中之所以遇到障碍,是因为他们缺乏必要的学术阅读训练,进而缺乏对自己所要进入领域的足够了解。因此,他们既无法模仿性提出一些底层学术问题,也无法针对这个领域提出具体的有深度的研究发问,只能在常识范围内或者拾人牙慧般提出某些模糊的问题(甚至只是一些概念或范畴)。所以,在文献研读的过程中,必须为自己的研究提问做好详尽铺垫。关于学术提问这一点,我会在后文详细阐释,此处暂不多论。

第四,文献研读是调查研究的指导与根据。我们通常认为调研很重要,然而有效的调研也是建立在充分的文献研读基础之上的。越是经验的,恰恰越是理论的。调查研究并非简单下乡做个观察和走访了之。我们的眼睛是心灵的捕捉者,所有的观察和注视,以及背后的解读和理论加工,都是理论训练的结果。比如两个幼儿在争执一个玩具,他们自己不会觉得这是不礼貌的,只有大人才会觉得这两个孩子在斗争,甚至会说出"大孩子一定要让着小孩子"这样的教训,而这样的教训,尤其是在中国,是儒家长幼有序的伦理熏陶所导致的。更为有趣的是，孩子们压根就没有争夺的概念，他们甚至不会有谁欺负谁的概念，有时只是大人的情绪投射到孩子身上，让孩子产生了"羞辱"等社会化的概念。

回到文献研读和调查研究的关系上来，如果我们文献研读的基础为零，那么将来调研的材料往往都是无的放矢，因为在缺乏理论储备下的观察都只是零碎的、无法聚焦的、无法有效加工的。有一些博士生以为调研完成后，就可以猛力开写了，而实际上，脱离了阅读训练与相应储备的调研，只会是镜花水月。一方面，在调研之前，研究者必须具备相关的理论储备（这本是研一和博一应该做的事情）；另一方面，在调研过程中，研究者必须根据相关阅读和研究设计对研究过程进行动态调整，量化研究的动态调整体现在问卷设计过程中，质性研究则需要在访谈和实地调研中动态调整访谈提纲等研究工具。而在调研以后，还需要继续研读文献，因为调研收集的材料，并不是真正的研究素材，研究者还必须对这些材料继续进行加工，也就是"田野归来再读书"。

总而言之，本书强调，务必对文献进行研读，并将阅读切实转化为写作生产力。也就是说，要对文献进行深度研究、揣摩，以便从中发掘研究议题，领会学术进展，学习研究技艺，跟进后续研究等。进一步，还要对文献进行深度加工，输出具有学术生产力的研究与写作素材。就好比一个厨师在真正做饭之前，不能临时去择菜、切菜，他应该在烹饪环节之前就把相关物料准备好，让整个烹饪工序一切完备，"进入备菜模式"。同样，文献研读的终点也是通过学术阅读，让研究者尽快切换至学术写作的"备菜模式"。

## 二、研读文献的基本原则

### （一）带着研究问题去阅读

读文献，必须与思考结合起来，边读文献边思考。诚如孔子所说："学而不思则罔,思而不学则殆。"思考有助于加深阅读,反思阅读是否有效。

边读书、边思考,至少有两重好处:第一,这些思考就是你将来进行写作、提出研究问题的基础,由于它是你读出来的第一体会,因此是最鲜活的,当然也就是独创性的;第二,这些思考一旦被系统地书写出来,其实就是以后写文章时的研究综述,可以直接拿来用。如何边读书、边思考呢?

第一,带着问题阅读。从研究问题的角度出发,综合考量一篇文章,你会注意到这篇文章是否有效回答了研究问题,研究方法和研究过程是怎么样的,有什么创新和不足,有哪些值得你学习和借鉴的。要带着与作者交流的心态去阅读,有时不妨质疑一下作者。这些质疑如果成立的话,也许就是一篇新的文章。

第二,建立联系。要把新阅读到的内容与以前的知识进行对接。就像一棵知识树一样,你要让新了解的知识嫁接到原有的知识树之上,同时批判性地进行知识重组:哪些补充了知识脉络,哪些修正了原来的知识结构,等等,这样一来,你的知识才不是零碎的,而是系统的。

第三,复述文献。如何才能算是真正读懂文献呢?一个重要的标准就是你能够复述这篇文献,同时能够以自己的话进行评述。复述文献的一个好方法是写读书笔记,通过撰写读书笔记,你可以更准确地描述你的阅读内容,只有写得出来,才说明你真正读明白了。

(二)务必与笔记相结合

阅读的同时,必须配合记笔记,边思考边记录,甚至要摘抄那些经典的句子,再进行单篇文章的综述。这样做的好处是,前者便于深入了解文献,后者便于总体性地把握这篇文章,两者结合起来,基本上可以吃透这篇文献了。

写单篇研究综述,需要将研究者的研究问题、研究目标、研究方法、研究结论和研究贡献等问题进行简要说明,这个过程非常考验阅读者。为了把这些问题写清楚,阅读者必须反复认真阅读这些文献,因为读不清楚,也就写不清楚,一旦写不清楚,就需要反过来再次认真阅读,而写清楚之后,你会发现,再来阅读时,你读得也就更加顺畅了。

其实这些读文献、做笔记的功夫要在平时注重积累,等到真正进行研究的时候,往往没有那么多的时间去精读,所以"功夫在平时"。当你把一篇一篇的文献各个击破,再进行研究综述的时候,你才会"下笔如有神";不吃透文献,写研究综述就会磕磕绊绊,不仅不能够用恰当的语句将文献的内涵与价值进行准确描述,还可能犯一些常识性错误。只有前期扎扎实实地做了精细阅读和读书笔记,后面再去阅读其他相关文章,你的文献研读与写作的效率才能跟着提上来。

值得一提的是,在阅读的过程中,不要轻易放过那些灵感。有时候记录了,也就抓住了;放过了,也就没有了。因此,要多记录,给这些灵感一些绽放的可能。这些通过阅读刺激出来的学术萌芽,将来都可能转化为重要的学术成果。下面是我的一则读书笔记。

阅读笔记示例

| |
|---|
| 《为权力祈祷》,卜正民著,南京:江苏人民出版社,2005年。 |
| 作者通过对晚明士绅向佛教寺院捐赠的描述,展示了晚明士绅社会的形成过程,这是一个国家与社会的分离。佛教绘制了一个替代的世界——不仅是信仰的世界,而且是行动的世界:一个联合事业的世界,通过这个世界,精英身份或地位可以用不依赖于国家的界定方式来塑造。佛教作为一个公共机构和场域,为士绅消极抵制国家公共权威的统治,提供了一个有效场所,从而成为晚明士绅社会一个整合的元素,这种整合方式在明朝灭亡后依然有效。 |
| 明朝晚期,国家与社会已经逐渐呈现出分离的态势,佛教捐赠映射了当时国家与社会关系的紧张:儒教与佛教在世界观上的对峙日益紧张;由于官僚体制的吸纳能力有限,地方经济精英将经济资本转换为政治资本的概率太低;国家的垄断权力与地方非正式权力之间冲突加剧,国家垄断了政治权力,但是权力的真正用武之地在地方,士绅追求功名都是希望从地方上获得威望;帝国逻辑中的公私范畴遭到了地方逻辑的反对和抵制,在国家看来作为私域的地方环境被士绅建构为一个可以再生产家族象征资本的公共空间。这四点紧张反映了晚明地方上出现了特征鲜明的士绅社会,士绅社会是一个由获得功名的精英主宰的社会,其背后是他们各自的家族,士绅的政治基础源于国家,但又在地方具体公共事务上抵制国家,这构成了一个相对独立的地方公共空间。这种士绅传统是否在今天的社会组织中有延伸呢? |

> 帝国逻辑：明朝是一个比较正统的集权王朝，由于它是汉族王朝，所以政治合法性远高于元朝，但是又由于僵化的帝国集权体制，地方政治被统摄到中央集权体制之下，地方事务的发言权不在地方，但地方精英的政治基础又在中央，这就形成了一个受限的公共空间，因为地方精英的生产主动权不在地方，但用武之地却在地方，所以，地方就没有办法获得自治的终极决定权，于是既依赖于国家，又排斥国家。这是士绅的宿命，也是中国地方自治不彰的根本原因。这也是中国有城无邦的根本原因——地方精英再生产的非独立性。

### （三）兼顾一手文献与二手文献

二手文献总是经过压缩、选编等处理的，而且这些文献都是服从于原文的表述需要的，并不是原汁原味的原典。要想了解道家的思想，你就直接读《道德经》《庄子》；要想获取儒学知识，你就直接读《论语》《孟子》。尽管原典读起来费力，但正是因为费力，才能够吸收到原著最本初的营养。

反过来说，所谓的经典是被时间检验过的文本，肯定是优秀的作品，而这些著作的思考方式、思维习惯、发问角度都是值得我们认真学习、揣摩和模仿的。不亲自接触这些文本，你也就无从学起。我强烈建议有长远学术规划的读者，认真从本学科的经典读起，把墨水认认真真吃到肚子里。

关于阅读经典，有几项基本原则：第一，要朴素地阅读文本，知晓作者原原本本的意思，体会作者最本初的表达意图。不要带着他人的阅读成果，用阅读"验证"他人的文献综述。第二，不要轻易扣帽子，用一些似是而非的评价去填充阅读体验，这样你会失去与作者心心相印的契机。第三，要记录最真实的原始感受，这些感受都可能是研究与写作的种子，在适当时机，也许会长成参天大树。

与此同时，我们也要适当阅读二手文献，因为二手文献是一个非常好的阶梯——借由它，可以更好地重返一手文献，回到经典的学术议题。但是，我要提醒大家的是，不要轻易被二手文献的感觉带偏了，因为每一篇文献都有自己的表述意图和行文逻辑，要学会在他人的文献逻辑中发掘自己的阅读标的。

## （四）兼收并蓄，提升国际视野

读书、做研究，最怕的就是视野逼仄。在未来很长一段时间内，英文世界的科研体系、研究成果仍然要领先于中文，这是不争的事实。我们提倡本土化，但是本土化也必须有借鉴的自觉，当然更要有兼收并蓄、吸纳世界的胸怀。因此，在进行文献梳理的时候，不能省略对英文文献的检索与阅读。当然，这并不是说唯英文为上，而是要辩证地看待英文文献，善用他山之石，通过阅读英文文献，提升你研究的层次，让你更具开阔的国际视野。

对于初入门的学生，读英文文献需要一个循序渐进的过程。对此，要有足够的耐心和毅力。一开始肯定比较费力，可能读半天都不明白作者在说什么，这是文献研读必经的阶段。怎么办呢？继续坚持读，万事开头难，就像上坡一样，一开始总是最吃力的，因为启动需要足够的马力，上了一定坡度之后，出于惯性，再往前走也就容易多了。有研究显示，任何文献最初的15%是最难读的，但是你只要读懂这15%，后面篇幅的阅读速度就会变得非常快。所以，要坚持读英文文献，平时就养成阅读英文文献的习惯。

## （五）精读与泛读结合

为什么要精读文献？每一门学科都有自己的经典文献，这些经典文献，实际上就是前人在同样的研究领域，问了哪些经典的问题，做了哪些经典的回答。不仅他们的提问与回答值得学习，他们提问题的方式也非常值得学习。精读是一种立体的阅读，往往需要你去体会、研究和学习文献内容的方方面面。吃透几篇经典文献，会让你对整个学科或领域有深刻的认识。只有通过精读，才能学习到这些文章背后的治学路径，从而为自己的学术之路奠定基础。在学术训练阶段，我们需要锁定经典文献，尤其是某些学科的地标性文献；在进入某个具体领域之时，则需要锁定那些对于该领域极为重要的、学养深厚的文献。锁定文献的过程中，需要综合考量作者的履历、所发表的期刊、发表时间、学术反响、社会影响等。

做学术，和其他工作一样，都是始于模仿，而学术模仿，始于精读。精读是学术研究必备的技能，也是学术发表的重要基础，没有经过精读，最后写出来的文章，基本上就是"汤汤水水"，没有营养，也不会发表到什么高端期刊上，即便勉强发了，也没人看，更没人引用和传播。所以，一定要重视精读这件事，尤其是那些想读博士、以学术为业的同学。

在精选文章之后，一定要采用多种手段进行精读。要多次读、反复读，最好与同学一起读。精读这个"精"，不仅意味着多次、反复，而且意味着你要考察清楚这篇文章的来龙去脉，甚至知道作者是怎么提问的。当你理解了作者的用意、提问方式以及材料运用等诸多方面时，你对文章的理解就会立体，就会更有深度，然后你才能看清这篇文章的"来龙"和"去脉"。在这个过程中，最好有老师引领，否则会事倍功半。

对于另外一些文献，则只需要扁平化阅读，将它们的问题与结论串联起来即可，也就是泛读。比如，在学位论文开题之前，研究者需要熟知自己即将研究的领域的大致范围、主要学术观点、基本研究方法、研究成果的进展，以便进一步确立自己的研究创新和学术贡献。这些文献并不是现成的，需要阅读者进行海量检索、广泛阅读。

广泛阅读是所有学术研究的基础，只有如此，你才能发现自己研究的边际贡献，才不会重复前人的劳动，从而进行必要的学术创新。具体来说，广泛阅读的顺序可以是先读问题，然后读导论，再读结论，最后根据结论确定是否需要通读研究过程。当然，在泛读的过程中，如果发现了一篇好的文献，也要转为精读，尤其是那些引用率较高，被学者广泛讨论的文章。

## （六）保持对文献的警惕与批判

所有的文献都来源于现实，但它们绝不是现实本身。所以，在研读文献时，必须时刻对文献保持警惕，不要变成文献的容器，毫无保留地相信文献，更加不要随意运用所读文献切割现实、套读现实。

每一篇文献都是迟滞于现实的，而且它的产生必定基于某种程度的意识形态，受到发表行业、所属学科的制度约束，同时深受社会道德、作者思维的影响，甚至还存在学术造假的可能。因此，我们必须对文献保持高度警惕。

从这个意义上说，应该多读经典作品，少读质量差的文本。否则，你的大脑容易被"污染"。也许有些水文能够让你更快发表文章，但是你的研究层次恐怕再也上不去了。

尽管我一再强调研读文献的重要性，但是，我必须告诫大家：务必保持大脑的适度留白，以便让思考和自省游刃有余。

### 三、初学者的阅读障碍与破解方法

虽然文献阅读的重要性已经广为人知，但是初学者仍然存在各种各样的阅读障碍与学习困难。我曾经就这个问题做过一项调研，经过筛选以后，我梳理出了学术阅读困难的六个典型表现。

第一，文献读完就忘，读完以后和没读一样，也不知道如何将文献与写作结合在一起，每次写论文还是要重新看，再看了也还是不知道怎么读和怎么写。

第二，读的时候无法抓到文献的重点，每个字都认识，但是连在一块，就不知道作者真正想表达什么。读完以后，脑子里是乱的，也无法进行总结和归纳。

第三，不知道读到什么程度才算读完了，读好了，读到位了。有的文章一读就是一天，有的文章又囫囵吞枣，阅读效度非常低。

第四，无法对文献形成整体性评价，不知道这篇文章好在哪里，为什么它能发表，也不知道跟它学习什么，或者如何才能发出这样的论文。

第五，读完文献以后，没有办法形成文献脉络，每篇文献都是孤立存在的，也无法形成有效的研究综述。

第六，读完以后，不能将文献转化为自己的知识，更提不出自己的问题。

以上六个问题，归结到一个点，那就是，初学者不知道如何让自己的阅读更加具有学术生产力。为此，本书将着重介绍文献拆解六步法，这个方法我已经在过往研究生教学和冠霖书院的教学中大量验证过，不管是资质和基础较好的学生，还是基础训练和积累相对不足的学生，他们都通过文献拆解方法得到了巨大的学术提升。那么，到底什么是文献拆解呢？

文献拆解是将自己视为文献作者的学术同行，然后用知识生产者的心态，以将来学术写作为终点，把目标文献拆解成可供学术研究与学术写作之用的若干模块，进而以这些模块为基点建构文献脉络和学术地图，最终养成良好的自主科研习惯，做出被本学科和相关领域认可的高水平论文。

关于文献拆解方法，有以下几点需要特别说明。第一，文献拆解是以学术写作为最终目标的。所以，所有的文献拆解本身都不是最终目的，而是为了后续的科学研究和学术写作，不是为了拆解而拆解，这一点希望各位在操作时务必谨记，千万不要变成文献的容器——一味将文献装进脑袋里，不停进行机械的文献输入，然后在做研究时特别死板，总是试图验证和演绎文献，口中说的都是教条般的学术词汇，但实际上对于真实的研究对象和社会过程却极为隔膜。这是最要不得的研究状态。

第二，文献拆解的目标是"目无全牛"。虽然我们最终看到的论文是一个整体，但是文章是一部分一部分写出来的，经过若干次打磨和多轮修改，最后组装为一篇完整的论文。文献拆解方法主张，将文章重新拆解为若干个有机的组成部分，就像把一台整车拆解为若干个配件一样，研究者在此过程中需要具备"配件思维"，庖丁解牛，目无全牛。然后在拆解论文的过程中，认真揣摩论文是如何被生产出来的，为将来自己的学术写作奠定坚实基础。

第三，文献拆解必须输出相应的拆解格式。关于这一点我们会在下一节详细展开，这里我想强调的是，文献拆解必须切换至"备菜模式"。比如阅读时最好写出完整的概述与评价等句子，这样一来，你的拆解就能够直接变为有效的综述性文字，甚至可以直接复制粘贴到你未来的论文里。文献拆解是学术写作的基础，不仅是基本功，更是研究工序的一部分，也是提升写作效率的重要环节。

第四，文献拆解是吸收文献营养的过程。拆解和吸收的过程必须是非常具体的，就像小火慢炖，等到拆解积累到一定程度，就会发挥必要的威力。文献拆解不能贪功冒进，必须实实在在地基于文献进行深度拆解。尤其是学术训练阶段，你所拆解的经典文献最好都是本学科顶尖的作者所写，对本学科或本领域产生了特别深远的影响。当然这也要根据阶段而定，如果是后期的聚焦相关选题阶段，可以适当追求速度。此外，这要求在基本功培养阶段，必须对文献精挑细选，尤其是最开始阶段，最好是根据水平和需求选择相应的文献，不能过难，否则会挫伤学习的积极性，建议本书读者从"父职"一文入手拆解文献。

第五，文献拆解不要一味追求速度，更不要过早地横向比较。因为每个人的基础不同，一味地横向比较速度，是没有意义的。因为在还不懂得如何拆解论文的时候，你会越比越焦虑，反而不能专心地理解和拆解文献。在最开始的时候，最重要的是沉浸式阅读，把这篇文献的方方面面都吃透，而不是去考虑结果，等到功夫熟练了，自然手到擒来。比较好的姿态是"小步快走"，一开始先认真揣摩那些好文章，感受这些文章的能量与志气，触摸文献的细枝末节；等你对文献的把握和理解到位了，你就可以加快速度，同时提高门槛，有些文献你就可以不必细拆，更有些文献可以不必放在眼里，甚至直接剔除那些垃圾文献，把精力放在更有效的文献拆解上。如此一来，你的速度、效率和品位都会逐级提升。

第六，文献拆解可以重组学术研究过程。文献拆解可以建立一个规范的、稳定有效的科学研究系统。所谓建立一个科研系统，并不是一个多么刻意的过程，而是通过日积月累的文献拆解，积跬步以至千里。所以，文献拆解必须长期坚持。只有坚持到一定时间，文献拆解才可以发挥绝对的功效，也才能够真正改变一个人的学术认知和科研习惯。因此，在冠霖书院的日常学习中，我们还为学员配备了拆解打卡机制，以便为他们确立并巩固科研习惯。很多学员最终都通过这套拆解工具实现了学术发表的零突破。

就研究生培养这件事来说，文献拆解方法可以让学生通过模仿上手学术写作。如今太多人提创新，但实际上最开始的学术写作都是模仿。那么，究竟要如何模仿呢？其实就是把一篇完整的论文拆解为若干个部分，具体地分析一篇文章的某个模块是如何生成的，以及为了写出这样的模块需要准备什么。把文献拆解和写作模仿放置到一起，会有出奇的效果。因此，我也提倡本科生要尽快通过文献拆解开始学术论文写作训练。虽然他们最开始写得非常简单，甚至有些拙劣，但是经历过这个拆解与写作的过程以后，他们会对学术写作产生最基本的认识，对本学科的基本概念和日常术语有初步了解，并能够相对规范地上手写作。文献拆解如果开始得早，并且坚持得好，它至少可以直接解决三类问题：学术入门问题、研究开题问题、论文写作问题。

就学术入门而言，最大的麻烦在于很多人一直觉得自己是外行。在很多基础较差的学员中，很多人真正的问题就是不会阅读，更加不知道这个学科的真正理论与方法是什么。通俗地说，就是肚子里没有墨水，或者说没有把墨水喝到肚子里。所以，我建议硕士一年级和博士一年级的同学尽快掌握文献拆解功夫，尽快建立对本学科的正知正解。一旦进入文献拆解这个程序以后，学生们自然会发现学术写作不过是将大量科学有效的信息予以收集和加工，在进行了必要的资料收集与加工以后，慢慢也就领悟了学者们的良苦用心与研究状态。

在学术开题阶段，更多人面临的主要问题是：不会学术提问。这一方面是因为没有积累，另一方面是因为不会写研究综述，而研究综述的基础也是建立在文献拆解基础之上的。当你做了大量的文献拆解以后，肯定会产生很多学术关注点，这些关注点又会形成一个特定的研究取向，随着大量的文献问题的碰撞与因应，你的脑海中自然会呈现出相对清晰的脉络，直至呈现出一幅学术地图，也就很自然地按照自己的方式去串联整个研究综述的线索，而不是"文献综抄"。在文献拆解的过程中，你自然会进行大量的思考和非正式写作，这些素材都是将来开题的重要来源。项目申报书的写作和学位论文开题如出一辙。国家社科项目申报的第一部分需要申请者进行学术史梳理，而这些学术史梳理从根本上来源于对文献的深度研读与拆解。

对于学术写作而言，文献拆解是学术写作的基础。即便写作任务非常紧迫，你仍然需要认真拆解论文，因为拆解出来的论文是学术写作的源头。文献拆解是一个积累工具的过程。就像你的兵器库里如果有特别多战场必备武器，真的进入实战了，你自然所向披靡。甚至文献拆解到一定量以后，你会形成一个自己专属的个人图书馆，你会将文献按照自己的方式进行分类、整理、加工和排名。对于那些长时间坚持文献拆解的作者，他可以轻松地把自己的拆解笔记转化为文章的组成部分，建构出压倒性的学术势能。很多高产的作者，无非就是把自己长年累月的笔记转化为论文或著作。

对于文献拆解，还可以将它运用到对期刊的理解上，比如我们可以拆解一本期刊，对它所发表的论文进行深度拆析。这样你就可以知道这本期刊的发表偏好和出版品位，寻找它的出版志向，理解它对于学术生态的角色定位和发展性回应等。在此，我简单陈述拆解期刊的九要素：理解期刊的选题幅度，理清期刊的作者队伍，探察期刊的出版抱负，读懂期刊的价值守护，定位期刊的学界位置，辨析期刊的时政关系，体悟期刊的社会角色，鉴赏期刊编辑的审美，熟悉期刊的文章调性。我们以后可以专门探讨。

## 四、文献拆解六步法

为了让文献拆解具有可操作性，我把它总结为六个层次和步骤，读者只要按照这个顺序拆解即可。这六步分为两个部分：前三步（问题层、论证层和结论层）主要是针对文章本身，后三步（借鉴层、批判层和延展层）主要是希望拆解者在学术阅读以外形成更加有效的解读和综述，这也是未来进行长篇综述的基础。具体来说：

第一，问题层。学术发问是所有学术研究的基础，所以，拆解论文首先必须对文献进行问题解读：为什么它会提出这样的问题，它是什么类型的问题，这个问题是作者在什么情况下提出的，它的发问角度是什么，研究立场又是什么。基于对问题层的拆解，可以对文献有一个总括性把握，这是学术写作的底层根基，也是推动学术写作的深层动力，所以找准问题并看到整篇论文是如何提出和回答研究问题，以及论证自己的观点的，这是学术阅读最为重要的工作。

第二，论证层。这一层是希望文献拆解者整体性地看到学术写作的论证脉络，它是如何层层推进、步步为营地展开的，为了推进这个研究，作者运用了什么研究方法，采取了什么研究路径，又是如何论证观点的。如果看懂了作者的论证脉络，也就知道如何模仿开展研究了，同时也就理解了论文的表述逻辑。

第三，结论层。在论证以后，作者的最终表述目标肯定是研究结论，那么将作者的研究结论概括清楚，就是文献拆解的最终目标，这也是文献综述的重要组成部分。与此同时，拆解者还必须对文章的整体结论进行鉴定和评述：它的学术创新是什么，本文的研究价值究竟是什么，为什么它值得发表。这种对于研究结论的探讨，也是学术写作的重要工作，拆解者只有知道了别人的结论是什么，才能真正懂得自己的研究最终应该做到什么程度。有很多初入门的研究生，不知道做成什么样才算好的研究和论文，甚至有些学生还不知道怎么才能让自己的学术论文具有学理性。这些功夫只有在对具体文章的结论进行深度拆解以后，才能彻底领会并活学活用。

第四，借鉴层。拆解文献必须深入文献的研究机理和表述逻辑，所以，务必弄清文献的来龙去脉，感受文献的"腔调"：语调，文风，感觉，价值观，想法，用词，话语等。对文献进行基本拆解以后，还要继续对文献的底蕴和营养进行着重吸收，也就是说，要弄清楚文章到底有哪些地方值得借鉴。这一点尤其值得研究生和初入门的学术写作者认真对待。同时也要思考一个问题：为什么这本期刊会接收并发表这篇论文？它是一篇什么层次的论文？是这本期刊的通常水平，还是特邀文章？理解了这个问题以后，就知道了这篇论文的真实水平，也就知道了将来如果自己想要投稿，需要达到什么水平。

后面这个问题至关重要，一直有学员问我：自己的论文能不能发表？我就会问：你具体想发表在哪本期刊上？如果你想发表在这本期刊上，你必须对它的平均发表水平进行测量和权衡，因此，拆解出一定数量的该期刊论文，是最简单的办法。一旦你自己亲自拆解了这本期刊最好的论文、一般的论文和最差的论文，你自然也就知道你的论文能不能投中，以及如果你想投中，你应该如何修改。

第五，批判层。这一层重点是希望拆解者保持一种批判的立场，不要彻底被文献带走了。很多初学者很容易完全认同文献，甚至自己的思考变成文献的演绎物，自己也成了文献的留声机，这是非常要不得的。如上所述，文献拆解者必须保持必要的警惕与批判，这样不仅可以更好地阅读文献，还可以切实推进学术研究。我以前读研时，老师教给我们一个训练方法，那就是在期刊上的文章中寻找错误，不要看这个作业很小，其实这可以训练三件事：一是祛除对已经发表文献的不切实际的膜拜，二是站在专家的角度去审视论文，三是为了挑出具体的错误，阅读者必须打起十二分的精神，直到自己变成专家。虽然这个做法也会有弊端，比如会让学生们对真正"大佬"的文献有所轻视，但是实际操作下来，的确会提升阅读者的信心，让大家理解了评委和编辑的视角，也让大家对文献的制作与发表产生了特别多的心得。如果发现了错误，我们该如何改正呢？或者说即便它没有错误，那么它有没有可提升之处呢？如果攻克了这些难题，也许就会产生一篇新的论文。

第六，延展层。这一层的核心是希望拆解者不要止步于文献阅读，而是多方尝试对这篇论文进行审视和拓展：有没有可能写一篇新论文？就比如我当年写"父职"一文，其实就是因为看到朋友圈里有同行在做母职的研究。延展层也可以有不同的思考，比如你个人有什么体会，你喜欢这篇论文吗，你觉得这个题目怎么样，你对摘要的写法有什么新的灵感，等等。总之，你需要对这篇论文进行深度思考和大幅度延展，以便为你自己未来的学术写作进行铺垫。

| 文献拆解六步法 |
|---|
| 1. 问题层：文章的研究问题是什么？它是一个什么类型的问题？作者是如何从文献回顾中确立自己的发问角度和立场的（文章是如何提出的）？ |
| 2. 论证层：文章运用了什么研究方法？调用了哪些研究论据？它的论证逻辑（论证起点、遵循路径以及终点）是什么？ |
| 3. 结论层：文章结论是什么？它从什么意义上进行了学术创新？本文的研究价值何在？ |
| 4. 借鉴层：文章有哪些值得你借鉴的地方？为什么它可以发表在这本期刊上？它在同行中属于什么水平和层次？（可以摘抄你认为比较精彩的章句） |
| 5. 批判层：文章有哪些不足之处（如果有）？如何才能继续提升这篇论文的层次？你发现了什么错误？ |
| 6. 延展层：如何在此基础上继续这项研究（写一篇新论文）？你有什么阅读的心得（任何意义上的）？你有哪些困惑（宽泛层面上）？ |

下面是少格博士对《父职的脱嵌与再嵌：现代社会中的抚育关系与家庭伦理》一文的拆解示例。

1. 问题层：文章的研究问题是什么？它是一个什么类型的问题？作者是如何从文献回顾中确立自己的发问角度和立场的（文章是如何提出的）？

研究问题："父亲应该参与育儿"的社会共识是如何生成的？
问题类型：从研究类型来看，是一个解释性问题；从研究方向来看，是一个家庭社会学问题。
如何提出：首先，文章通过对比传统父亲角色与现代父亲角色，引出"现代父职转型"的议题，进而追问"父职转型"背后的原因——父亲在传统社会中总是"缺席"抚育工作，为什么今天的年轻父亲们开始系统参与儿童抚育。其次，文章梳理了现有文献采用的两种解释路径，分别为"资源论"和"权力论"，认为二者过于强调家庭生活中的经济理性和权力博弈，忽略了在中国社会和家庭中更为根本的伦理因素，从而顺理成章地提出从家庭伦理的角度重新审视父亲角色的现代变迁。

2. 论证层：文章运用了什么研究方法？调用了哪些研究论据？它的论证逻辑（论证起点、遵循路径以及终点）是什么？

研究方法：质性研究。
研究论据：论证过程中使用了访谈资料、报刊文章、法律条文、经典著作等材料作为论据。
论证逻辑：
第一步，描写父职角色变迁的结构性背景，即社会和家庭的变迁。

第二步，从国家、医院、市场三个方面探讨现代社会对家庭抚育伦理的形塑，以及对父职的建构（儿童的国民化与抚育事实的法律化、孕产行为的医学化与抚育知识的科学化、育儿消费的市场化与抚育过程的专职化）。

第三步，从亲子关系和夫妻关系等方面出发，探讨家庭内部生态的变化对父职的影响（抚育关系的扁平化与父职的情感劳动、抚育关系的多变化与夫妻关系、抚育关系的制式化与父职焦虑）。

3. 结论层：文章结论是什么？它从什么意义上进行了学术创新？本文的研究价值何在？

结论：在社会现代化的进程中，父职脱嵌与重组的过程，导致了父亲开始系统参与抚育工作。具体而言，国家、市场与专家系统等将抚育行为纳入一个法律化、科学化和专职化的现代抚育体系之中，这使得父亲于法、于理、于情都应该承担抚育职责，而家庭中抚育关系的扁平化、多边化和制式化进一步改变了家庭的互动、生态与伦理，强化了父亲参与抚育工作的必要性。

创新与价值：国内家庭社会学研究在探讨现代家庭问题时，大多延续西方学界传统，试图从资源理论和权力理论等个体化理论来理解中国家庭，本研究提出应当将家庭生活作为整体的社会过程来考察，并创新性地从家庭伦理视角解释中国社会背景下的父职变迁，为国内父职研究和家庭研究提供了新的研究路径。

4. 借鉴层：文章有哪些值得你借鉴的地方？为什么它可以发表在这本期刊上？它在同行中属于什么水平和层次？（可以摘抄出你认为比较精彩的章句）

借鉴：
（1）文章在引论部分用精练的语言完成了"介绍背景、提出问题、文献对话"三个任务，完整、清晰且不拖沓，这种写法值得模仿。
（2）文章的问题提出方式值得借鉴，采用"历史比较"的方法进行"差异性发问"，即首先提出"现代社会某种现象和以往的不同之处"，其次追问"为什么会产生这种变化"。这一做法非常具象化地帮助我理解了赵鼎新老师在《质性社会学研究的差异性发问和发问艺术》中所讲的"质性研究的发问方式"。

5. 批判层：文章有哪些不足之处（如果有）？如何才能继续提升这篇论文的层次？你发现了什么错误？

（1）文章第四部分第三小节（标题：抚育关系的制式化与父职焦虑）的内容可以再丰富一些，可对抚育关系制式化和父职焦虑之间的关系进行更为翔实的论证。（2）结论部分第二段第一句话不通顺，有语法错误，改为"本文初步勾勒了'父亲应该参与抚育工作'这个伦理共识是如何再生产出来的"更合适。

6. 延展层：如何在此基础上继续这项研究（写一篇新论文）？你有什么阅读的心得（任何意义上的）？你有哪些困惑（宽泛层面上）？

对后续研究的思考：

（1）文章在结论部分表明，"真正参与抚育工作的父亲们仍然有一定的阶层性"，后续研究可以关注父职的阶层差异，比如父职的阶层差异是什么？这种阶层差异是如何产生的？

（2）这项研究关注父职的现代变迁，那么母职在今天发生了什么样的变化呢？是否也可以从家庭伦理视角来展开研究？

阅读心得：自从接触质性研究以来，我习惯性地认为，质性论文写作的核心特征就是访谈材料或观察材料的呈现，甚至误把这种呈现当作质性研究的最终任务。通过学习这篇论文，我发现质性论文最重要的是通过论证，厘清对一个事物的认识、增进对某种现象的理解与解释，并且这种认识、理解与解释应当有"质"上的增量。另外，质性论文的论据并不拘泥于直接的访谈材料，任何可以帮助我更好地论证观点的材料都可以为我所用。

困惑：在文章中第一次了解到"家庭伦理"视角，非常感兴趣，但是理解得不够透彻，需要阅读更多相关文献进一步学习。

文献拆解这门功课，是我为了学术写作教学研发出来的，尤其是针对那些基础相对薄弱、初入门的学生们。对于那些对学术研究较为陌生、学术写作尚未入门，同时又很想短期内提升学术写作能力，尤其是近期就有学术写作任务的人来说，文献拆解绝对是必要的工作。等你真正进入学术阅读和科研写作的状态了，你可以自行迭代，可以不拘泥于具体的形式，文献拆解六步法中的问题，你也不必每一个都完全回答。

# 第4章 穿引研究综述

## 一、研究综述的学术区位

从具体的学术功用来看，研究综述是很多学术论文的重要组成部分，也是项目申请书的战略支撑与论证起点。那些论文发表和项目申请失利的科研者，那些学位论文起步艰难、进展缓慢，甚至徒劳无功的博士生，有相当多的人是没有意识到，问题出在自己没有掌握研究综述的方法，没有将研究综述的学术威力发挥到位。对于那些初入学术的人来说，研究综述更是重要的核心基本功，不会写研究综述而直接写作论文，等于是空中楼阁，不可能写出好文章。这是因为所有的学术创新都是以研究综述为基础的。

本书使用"研究综述"而非"文献综述"作为教学概念，并不是说两者是完全不同的两个概念，而是为了强调文献综述需要在研究中进行，研究综述不仅是针对文本的简单的概括和提炼，更是基于整个研究的深度思考，甚至贯穿研究过程和前期的选题立意过程。研究综述是一个梳理、思考、归纳和整理的过程，而不单单是文本的集合。研究综述必须伴随着拆解、笔记和文本，乃至经验、思考和研讨等。同时，研究综述相当于构建一个文献数据库，对于开展科学研究的战略意义是无可替代的，也是需要长期积累、建构和维系的。最为重要的是，研究综述必须具有"选题基因"，也就是说它必须是一颗"受精卵"，而不能是"死蛋"。不管它的最初体积与容量有多大，最终都可以孕育新的生命——支撑新的文章选题及写作。

很多新手写研究综述多半是把有相关关键词的文献堆积起来就算了，这种文献堆积的做法，是写作的大忌。就像建房子只放砖头不放水泥，砖头垒得再高，缺乏水泥的有机黏合，最后一推就倒。研究综述最大的写作误区是，很多人会把研究综述写成"一座孤岛"，研究综述和整篇文章没有太强的关联，好比饺子的皮与馅彼此没有捏合。造成这种写作误区的根本原因是，作者没有意识到研究综述在整个文章写作中的功用。

事实上，研究综述是通过综述前人的文献，给自己的研究一个再出发的起点。从一篇文章的结构来看，研究综述是一个非常重要的承上启下的有机组成部分。研究综述连接了学术界与作者自己的研究，就像一个路由器，让文章能够"在线"。事实上，当一篇研究作品发表以后，随着被学术界的认可，这篇文章也会成为别人研究综述的对象。因此，研究综述其实是在画一张文献地图，它的起点是前人的文献，终点就是作者所写的文章。具体来说，一篇研究综述应该回答如下问题：对于你将要研究的问题，学术界已经有了哪些研究？这些研究进展到什么程度了？其贡献和不足在哪里？如果要继续推进的话，还需要做什么？相比于你的研究，前人的研究有没有类似的？如果有了，和你的研究有什么相同？又有什么不同？它们与你的研究是一个什么样的关系？你的研究是开创了新的研究、推进了既有的研究还是驳斥了既有的研究？

从文章写作的具体过程看，研究综述是学术议题的源泉。通过综述文献，可以梳理出你所探讨的学术话题的来龙去脉。这样一来，不仅向读者提供了本文的研究基础、论证起点，也建构了行文写作的合法性：为什么你的研究值得做。研究综述往往表明，你所关注的研究在文献上是不足的，需要进一步研究。这样一来，作者也就通过研究综述，和读者达成一个共识：既有研究需要进一步推进了。

从学科建设的角度看，进行系统的研究综述可以避免重复的学术劳动，也是对同仁学术贡献的尊重。否则，每个人都自立山头、从头开始，就会陷入"学术内卷化"——尽管学术作品层出不穷，但是学术质量、学术观点并没有同步提升。对于整个学术界来说，也是一种效益损耗。而放眼学界，但凡那些发展较好的分支学科，研究综述一般都比较系统、扎实。

从一篇文章的具体发表过程来看，研究综述也非常重要。很多作者可能不了解，学刊编辑初选论文，有一个重要标准，就是看来稿的研究综述。作者肚子里的墨水，往往在评述文献的过程中一览无余。一个科研工作者，必须具备进行文献检索与评述的基本能力。如果一篇投稿，参考文献中连一篇像样的学术论文或著作都没有的话，那么，这篇文章的学术旅程基本也就告终了。尤其是在编辑和读者不太熟悉作者的情况下，研究综述是一个比较重要的参考指标。研究综述的层次和格调往往显示了作者的学品、学力与学养。透过作者所回顾的文献，我们可以看到作者的学术历程、学术交往和学术境界。所以，研究综述不仅仅是个技术活，更是学术生活中一个必不可少的有机组成部分。学术研究者应该系统训练自己阅读文献与回顾文献的能力。研究综述写得好，可以体现作者的学术技艺与写作素养。研究综述做得好，不仅表现了作者的文献检索能力，也展现了作者对这个研究主题的把握，体现了作者的格局与视野，勾画了作者的研究愿景与路径。因此，如果有些同学准备冲击顶级期刊，对于那些会拉低编辑对你论文评价的期刊和论文，要减少甚至避免引用。因此，在撰写研究综述时，要尽可能地让研究综述为自己加分，而不是减分。

从务虚的层面说，人类知识的生产是一个从无到有、从少到多的渐进过程，是由无数学术人的不懈努力积累而成。你一砖、我一瓦，知识大厦才日益高耸。人类的知识就像一个圆圈，越扩越大，我们不妨将之称为"知识圆"。当人类知道的越多，就意味着他们不知道的也越多。因为随着"知识圆"半径的扩大，它的周长也在成比例扩大。

不论是自然科学，还是社会科学，都是人类认识世界的学术积累，都要遵循"知识圆"的演进规律，在学术共同体的努力之下，尽可能地把"知识圆"的半径扩大，在已知的基础上征服未知。但是，在征服未知、开疆辟土之前，先得知彼知己。研究综述，就是"知己"的过程，它是进攻前的防守，非常基础，也非常重要。每一个科学的认知对象都有一个专属的"知识圆"，文献综述实际上就是在认识未知之前，廓清"知识圆"的边界，整合、梳理"知识圆"以内已知的知识，为进一步扩大人类的认识半径奠定基础。

具体来说，文献综述要把前人就某个认知对象已经研究过的知识进行梳理、回顾，然后分析其程度、层次及问题，以便决定是否需要进一步研究，如果"前人之述备矣"，那就别再做无用功了；反之，如果你通过梳理文献，发现了前人研究的局限与不足，那么，你就可以据此确立新的学术生长点，进一步展开自己的研究，这就是学术对话点，就是潜在的学术生长点。

某国曾有一人重新发明了微积分。听到这个新闻，大家都觉得这个人很厉害，但是，这也侧面说明研究综述的重要性：假如他能够提前知道微积分，然后在微积分的基础之上，继续从事研究，也许他可以更早地开拓新的研究领域，或许可以做出足以得到诺贝尔奖的成就。

## 二、研究综述的程序与原则

研究综述比材料分析更难写，因为材料分析即使很多，也是"实"的，是什么就是什么，基本上不会有太多弹性空间，而研究综述则不然，如何取舍、排列和评述，它的写法很大程度上取决于作者的思考脉络。同样一篇文献，不同的读者有不同的理解和体悟，也有不同的洞察与评述，其中的差别就是学术技艺与写作素养的差别。

### （一）研究综述的基本程式

第一，筛选并甄别文献。相关的文献可能是海量的，并不是每一篇都值得回顾，要用心甄选出那些值得你综述的文献，不必单纯地求多求全。在具体的论文写作时，可以根据具体的研究选题、所对话的理论、相关的学科范畴、表达主题等因素来甄选文献。总之，研究综述是按需索取，在将文献选中之前，你必须明白它在你的研究综述乃至整篇文章中到底能够起到什么作用。对于那些与研究问题密切相关的文献，一定要综述，尤其是在你研究的领域中做得比较出色的、有突出贡献的文献。如果遗漏了这些文献，那么文章在发表时往往会遭遇困难，编辑和匿名评审（有可能就是相关文献的作者）会据此认为作者对这个领域不够熟悉。

寻找文献时，通常大家都会选择关键词检索，这种技法可以开启一项研究，但是也会把一些隐蔽文献遗漏掉，比如那些未能标识关键词的文献。大家可以采取综合的文献搜集手段，比如找一些优秀作者的文献综述、相关课程的教学文献库，也可以找前辈求助请教。

第二，编织文献地图。很多文章喜欢堆砌文献，常常通过"××认为""××说"等将文献罗列出来。这种做法不仅很难达到研究综述的目标，也会给读者造成阅读负担。这样做，只是把各个文献蜻蜓点水地提出来，堆在那里，仍然是一堆未加整理的散点，读者不得不自行串接这些零散的文献点。这实际上只是文献提示，而非研究综述。

如果你仔细梳理文献，就会发现不同的文献之间是有各种关系的。第一种关系，同意关系，也就是这些文献可以"合并同类项"，它们的研究结论一致，或者殊途同归。第二种关系，继承关系，一篇文献是在另一篇文献的基础之上做的。第三种关系，反对关系，相互之间结论相悖。第四种关系，并列关系，两篇文献是各自在自己的问题上做出了回答，它们合起来就可以构成更大一类问题的答案。在综述文献时，你要仔细辨析并整理这些文献的关系，然后用一个有逻辑的线索把它们串起来。经过你穿针引线之后，整个研究综述就像是一个整体，就是一面墙，而不是一堆砖。

第三，以研究问题为基点梳理文献。每个研究议题都有一个属于它的"知识圆"，研究综述者首先需要定位自己的研究原点，它是研究综述的坐标原点。研究综述要不断权衡文献与知识圆心的距离——尽量选择那些与知识圆心较近的核心文献。然后，以研究问题穿针引线，将文献以条理化的方式组织起来，展现作者的逻辑推演过程。

在此过程中，不要追求原封不动地还原文献，而要对文献进行必要的二次加工。研究综述不是拍照片，而是要根据你的研究问题重新设定写作基点。

研究综述相当于研究者站在高坡上，告诉坡下那些还没研究的读者，你在坡上看到了什么风景。这时，作者必须告诉读者，自己的研究"视线"何在，如果只有视，没有线，坡下的读者就会听得稀里糊涂，不得要领。这个视线的延展就是作者的研究与观察视角，是文章逻辑推演的思维条理。具体来说，在研究综述之时，必须在心中明了：本文的研究主题是什么，你所涉猎的文献都有哪些，这些文献在传递哪些信息，如何运用这些文献，它们构成了什么样的文献愿景。

第四，准确地评述文献。研究综述务必对文献进行精准和恰当的概括。要对文献进行准确描述、客观评价，指出其学术贡献与研究不足，并以此作为自己研究的起点。值得一提的是，评述时要客观公正，不要刻意贬低前人的研究，以便拔高自己的研究。为了精准和恰当地概括，作者有必要熟知这些文献，核心文献最好反复阅读。未读原文则最好不要草率回顾，否则，很容易对文献进行不恰当的阐述，产生低级错误，甚至以讹传讹。

第五，建立文献与文章的关联。建立文献与文章的关联，实际上是让研究综述发挥作用的根本途径，但是它常常被遗漏。好的文章都非常善于从研究综述平滑地过渡到自己的研究，让读者明确：在前人的文献之后，本项研究应该往哪里走。好的学术研究都是站在前人的肩膀上，而这个关联部分的作用就是点出"肩膀"的位置所在。写好这一点，往往就可以夯实文章的理论基础，进而奠定本文的"写作正当性"。前人研究之不足，正是后人推进学术的潜在创新点。后续研究，或接力，或反驳，也是学术对话的自然推进方式。

（二）研究综述的基本原则

为了写好研究综述，初学者还需要注意如下基本原则。

第一，研究综述应该在平时就有所准备。研究综述的真功夫在于，你的确读了很多专业文献，而且认真消化了它们，然后在了然于胸的情况下对它们进行评述。这样的研究综述就会炉火纯青，驾轻就熟。因此，平时就要养成文献研读的习惯，并且及时输出阅读素材。很多人研究综述做不好，就是因为没有事先开展必要的文献研读：有些人停留在文献笔记的阶段，有些人停留在文献的搜索阶段，还有些人停留在"关键词阅读"阶段。功夫在平时。只有平时就把文献综述的基础物料备好，到了研究设计、资料分析和理论加工等环节，才可以有效地以一个缜密的逻辑将综述串联、叙述出来。

第二，研究综述按需即可。很多人在编织文献地图的时候，都有一个困惑：多少文献才算足够？这其实是一个伪问题：一方面，综述体量没有硬性要求——当然每个期刊会有一个大致的"平均综述规模"；另一方面，文献够不够，要根据文章的表达需要来确定。就如同地图一样，你既可以放大比例尺，也可以缩小比例尺，而放大还是缩小，都是为了更好地呈现某块区域的具体情况。当然，不能遗漏关键文献和重要文献。

第三，尽量引用经典的、重要的文献。学术文章的规格首先就体现为你在与谁对话。你所参考的文献，就是你这篇文章的朋友。从你的研究综述里随机找三篇文献，取平均数，就是你的文章层次。所以，轻易不要引用太差的文献。那些来源不严谨的文献，更加不能引用。

第四，研究综述也是"你的孩子"。研究综述是你自己的文章，不是他人文章的复制，也不是他人文章的"再生"，你要运用这些素材写出你自己文章的生命力。即使是综述别人的文章，那也是你在综述。既然是你在写，就要写出你自己的味道和体会。研究综述中的文献也不是天生就贴合的，所有的文献串读和写作，都是作者后天的主动加工过程。在写作过程中，要让文献能够在综述中各司其职，在行云流水之间将既有的文献融合进自己的文本之中。

第五，研究综述应该具有可读性。对于文献的转述和评价，不能是支离破碎的，也不能佶屈聱牙，而应该具有可读性，让那些没有读过相关文献的读者也能够知晓文献信息与研究脉络。研究综述的写作要对读者友好一些，如果你拿捏不住分寸，可以想象你的综述是在向学弟学妹传授知识。

第六，考虑引用的性价比。很多作者喜欢把所有相关的文献都放上去，这种方式不足为训。不是每篇文献都要综述，尽量多综述"值得综述"的文献、有含金量的文献，把那些优质文献的"金"给提炼出来，转述出来。而且从传播性价比上说，综述的文献越多，读者的阅读成本就越重，就越有可能不能充分理解你的研究，因此少而精的综述性价比更高。再者，很多文献其实做得不够好，从学术激励的角度看，就应该少引用它，而更多地引用那些做得扎实的文献。

第七，研究综述务必规范。研究综述可以用第一人称，也可以是第三人称，但是用词尽量要中庸、真实、客观、公允，同时对于其注释一定要规范。此外，不要在综述中犯低级错误：不要就一个来源引用过多；不要引用过分不相关的文献；不要以偏概全；不要过度引用，等等。

## 三、研究综述的"三起三落"方法

即便我已经把上述研究综述的写法讲清晰了，仍然有学生不明所以。我在书院教学中也发现了这一问题，很多学生学术基础较为薄弱，很难理解研究综述的写作，就算把相关文献发给他们，他们依然不知如何下笔。这些写作困难通常有如下表现。

第一，不知道如何收集相关的文献，不知道如何收集外文文献与资料。

第二，不知道如何对文献进行分类，也不知道如何将文献更有效地呈现出来，只会简单罗列观点，缺乏进行综述和改写的自觉，研究综述生硬机械。

第三，不知道如何概括前人的观点，不会将这些观点转化为写作上的线索。在文章的结构创作时，引言和综述部分写得很不自然，有一种生拉硬扯的感觉。

第四，不知道研究综述要到什么程度，也不知道确定哪些文献需要综述，哪些文献需要舍弃。

第五，不知道如何建立各文献间的联系，也不知道确立现有的文献与本研究之间的关联。

第六，不会写创新性表述，尤其不会针对文献来专门写具体的文章创新，相关创新部分都是对研究问题的简单复述，或者笼统概论，缺乏辨识度。

为了解决上述问题，我总结了"三起三落"的具体综述方法。这个方法是把研究综述的主要阶段区分为三次重要的"起落"，分为六步，名称分别对应着3个以"T"为首的英文单词和3个以"C"为首的英文单词，所以也称之为"3T+3C"综述法。这一方法强调研究综述的过程性和阶段性，强调研究综述是一个不断推进的研究过程，而且不是所有的综述都能引发有效的研究，某些思考和综述可能就止步于某个阶段了，而且还有可能有所反复，因此我们应该运用这种方法去整体性推动自己的思考与综述的进程。

第一，兴趣（Taste）阶段。所有的研究都是源于对某项研究议题和某个具体研究问题的兴趣，所以，导师们都竭力培养学生对学术的热情与兴趣，提升其研究想象力。缺乏兴趣的研究，一定是不可持续的。不过这种学术兴趣一定要根植于社会实践和学术生态中，必须是有效的，而不是单纯的现实兴趣或者难以进行学理化转变的实践导向类兴趣。兴趣阶段是研究综述的起步阶段，也是研究综述的原点。

第二，捕获（Catch）阶段。好的研究首先要能够在学术文献上有一定根基，或者说对某项议题的兴趣能够获得必要的学术承接。具体来说，要看看现在学术界对这个议题的关注度，学术界在使用什么理论和方法探讨这一研究对象，同时相关学者们在使用哪些学术概念，在跟踪哪些研究前沿。这个阶段主要是印证自己的学术判断。通常一个题目能够写下去，这个阶段是非常关键的，越是优秀的学者，越是善于在学术兴趣中捕获相关研究议题，聚焦到有价值的学术问题。大量的研究兴趣通常会止步于捕获阶段，因为现实问题并不一定对应着学术问题，或者无法转化为有效的学术问题。因此，研究开题必须要提前开展，因为在真正找到一个有效的研究问题并论证开来之前，研究者通常要先行试错，甚至反复试错。

第三，话题（Topic）阶段。在前面两个阶段，研究兴趣通常是发散的，研究文献也是多维度的，但是到了这个阶段，通常就需要学者进行必要的学术聚焦了，甚至要收窄研究视野，聚焦到一个相对明确的研究对象和范畴上，以便后期开展深度研究与针对性创新。因此，在话题阶段，研究者需要一个明确且统筹性的学术标签，比如"扶贫研究""父职研究"等，这样的标签可以指引研究者有的放矢地搜集并定位相关文献，进一步以它为中心，评述相关文献。

第四，脉络（Context）阶段。在确立了研究话题以后，你需要围绕这个话题去梳理相关文献，然后从中找到相应的研究脉络，甚至围绕研究话题建构一个专属性的研究地图，在文献脉络中，找到这些研究的来龙去脉。我们通常说，做研究综述要学会"认祖归宗"，实际上指的就是在这个阶段，你要学会在整个学术文献的生态中抽丝剥茧，定位这些文献，然后找到文献的深层关联，再做相应的脉络呈现。如果到了这个阶段，你可以顺利找到相应的脉络的话，那么这项研究可以基本确立了。研究兴趣是自己的，学术话题则是学术界的，只有把自己的兴趣转化为学术话题，这项研究才可以定位到一个成熟的研究脉络和明晰的提问角度，才可以最终培育出有效的研究选题。

第五，追问（Trouble）阶段。好的研究者都是"麻烦制造者（troublemaker）"，他需要对现有的文献及其脉络进行质疑：现有的答案是不是可以回答我的问题？如果是的话，那么，这个类型的问题就不需要继续推进了；如果现有的答案不能满足我的研究提问，那么这样一个追问点，就是未来学术创新的生长点，因为它是一个研究空白——一个现有的研究不能提供答案的问题域。通常这个阶段才是开题的确立阶段。

第六，对话（Conversation）阶段。在经历了相关探究以后，尤其是取得相关的研究成果以后，你就可以确立本研究相较于现有研究的创新点，也就是边际贡献，据此，你就可以提出与现有研究的对话，这个对话的展开与完成，就是学术创新的重要过程。通常来说，这个对话阶段往往需要多次调整，并且在取得初步研究成果以后，需要根据答案对研究问题进行有效修正。

如果一项研究能够完整地走完这"三起三落"的六步，研究综述就算是有效完成了。这里所说的"三起三落"，实际上是在整个研究已经做完了的情况下再对文献进行的整理和回顾，它贯穿了整个研究过程，如果学术结论和研究问题不能匹配的话，它还需要调整。下面我将以我的父职研究为例，具体说明"三起三落"的写作过程。

第一，兴趣阶段。我从2014年开始就一直从事精准扶贫的相关研究，到了2018年下半年时，我基本上把精准扶贫的研究做得差不多了，也已发表了一批还算让自己基本满意的论文。这时家庭研究领域出现了一批关注母职议题的系列论文。我对家庭研究比较熟悉，最早源于我当年在《学术研究》任编辑时做的第一组专栏——家庭社会学研究专题，这些作者与我有断断续续的学术交往，我也就一直关注这个领域的进展，我认为这是中国社会学的基础领域，是特别值得当代学者尤其是男性学者关注的重要研究分支。当时，我在朋友圈转发了一名女性学者朋友的母职文章，并附带说"奶爸也是无处不在的田野"。这一转发得到了包括作者在内的很多同行呼应，加上我在抚育女儿的过程中的确对现代家庭中的父亲角色有了特别多的亲身体会。当时有一首歌《父亲写的散文诗》正在流行，我很喜欢，我心想：不如写一篇"父亲的学术论文"，记录一下做父亲的各类心绪与相关思考，于是就萌发了这篇文章的最初灵感。我把以上这个过程分享给各位读者，是希望大家明白，任何一篇学术论文最初都源于自己的学术灵感，当然这个灵感还不能只是生活直觉，还必须经过一系列的学术加工。

第二，捕获阶段。我开始重读各类家庭社会学的论文和书籍，包括早期读过的费孝通先生的著作，还有其他相关学者的系列作品。带着观察与思考再读这些作品，一方面我有了更加明确的聚焦任务，另一方面原本的阅读体验重新被激活，并产生了更多更发散的灵感。"奶爸"这个词只是生活语言，我需要对它进行学术转换：既然大家关注母职，那么我就用父职这个对称性概念好了，它既工整，又顺口。在这个捕获阶段，我实际上阅读了大量文献，这些文献就像是一张巨大的网，或者说最终变成了一张巨大的网，将我的奶爸研究承接住，不仅让它转化为一个规范有效的学术议题，而且为我的后续研究奠定一个学理基础和对话前提。

第三，话题阶段。随着我对父职这个概念的锚定，我开始对自己的研究问题越来越明确：为什么父职会被社会如此定义？为什么现在奶爸需要（或被要求）参与儿童抚育过程？围绕这一系列问题，我开始重新聚焦费孝通先生的《江村经济》《生育制度》等作品，也重新去关注家庭社会学中关于家庭结构与变化趋势的系列研究。这个阶段其实是伴随着整个研究过程的，在父职话题聚焦之前，我已经尝试过其他话题角度了，但是最终发现父职这一概念最切题。在父职话题聚焦以后，仍然会有新的主题和概念冒出来，但是这些概念反而不如父职，或者它们适合做其他研究。到了调查研究和学术写作阶段以后，话题的重新思考和再聚焦，始终是一个重要的科研议程。关于这一点，我希望读者谨记：研究综述是一个贯穿研究始终的过程，对于话题的审视和聚焦，也是自始至终的课题。

第四，脉络阶段。在我的研究问题落地以后，支撑父职研究的相关学术脉络就开始变得清晰，正如在文章中所展示的，最终我将大量的文献总结成若干个脉络，还将这些文献丛取了名字，比如"权力论"和"资源论"。我这样做的用意，就是让这些文献变成父职研究的脉络。当然，在具体的写作过程中，对脉络的梳理与确定也是一个反复打磨的过程，而且还要将研究问题与学术生态中的元问题进行对接。针对脉络梳理，下一节将会更详细地展开，此处暂时不再延伸。

第五，追问阶段。在进行了大量的文献梳理和调查研究以后，我逐渐将研究问题聚焦为"父职再生产"，这个词在文章中没有直接使用，而只是我的研究中的过程性概念，最终没有采用这个词的原因之一是，中国学术界一直存在对"再生产"一词过度使用、不当使用的现象，以及较为严重的误读。在这里我需要特别指出的是，我虽然没有采取项目制的正式调查研究，但是我也一直在通过各种渠道和形式进行我自己的专属性调研，同时也在权衡要不要发表这样的研究（毕竟我不是专业的家庭社会学研究者）。同时，我也要指出，虽然我把以上过程叙述得很严肃，但是很多学术创作过程都是基于个体经验和生活环境的，并不是一成不变的，我只是用它作为方便的教材，向大家展示研究综述的锤炼过程。总之，在进行了系列研究和思考以后，我把问题聚焦到家庭伦理的议题，我的追问是：20世纪的大部分时间里父亲们并没有普遍参与抚育工作，社会也并没有发展出对父职抚育工作的期待。那么，为什么抚育工作会在今天开始成为新父职角色的重要内涵？为什么父亲们会被认为应该承担抚育工作？这需要深究父职所处的家庭伦理及其背后的社会环境对家庭伦理的形塑。

第六，对话阶段。通过系列思考和初步调研，我提出我的思考结论，最终它在论文结论中的表述为："本文初步勾勒了'父亲应该参与抚育工作'这个伦理共识是如何再生产出来的，以及抚育关系在家庭伦理中的变化与新内涵。原本深嵌于家庭结构与过程中的抚育行为被现代生育制度脱嵌出来，国家、市场与专家系统等将抚育行为重新纳入一个法律化、科学化和专职化的抚育体制中，这使得父亲于法、于理、于情都应该承担抚育职责，而抚育关系的扁平化、多边化和制式化进一步改变了家庭的互动、生态与伦理。本文认为，这一脱嵌与重组的过程，恰恰导致了新世纪的父亲开始系统地参与家庭抚育工作。"这一结论完成了我的研究闭环，重新回到了对过去相关家庭社会学的对话上，然后根据这一结论，我又重新调整了研究综述的呈现与思路。具体的写作过程，我将在下一节用精准扶贫的论文来展示。

## 四、穿针、引线与打结

研究综述最终需要通过文本呈现出来。在这个问题上，仍然有很多学生特别迷惘。本节将具体阐释综述文本如何呈现。在实际教学过程中，我发现，即便我讲解了这些方法论，仍然有学生不懂得如何综述文献，于是我总结了一套较为简便的口诀，叫作"穿针、引线、打结"。这三个词分别对应着"三起三落"的每一次"起落"。

第一，穿针。研究综述的文本在最开始需要从引言中聚焦研究话题，并且将大量的研究发问转化到综述中的话题之中，这好像一个沙漏，大量的沙子从中间那个狭窄的通道中经过，沙子流过的路径，就仿佛一根针从衣角中走过。穿针过程强调的是，要把引言中提出的研究问题接住，并且把本研究的学术话题聚焦并确立起来。

第二，引线。在学术话题确立以后，我们需要将大量的文本转变为一系列凝练清晰并有具体学术观点的线索，随着综述线索的穿插，大量的文本被整理成若干个小节，整整齐齐地码放在一起，并有效叙述出来。

第三，打结。在这些研究线索综述完以后，作者需要对这些观点进行评述，就像缝完针脚以后，再打上结，以便让针线固定，让补丁结实。这也对应着学术对话部分，只有对文献进行了评述并谈及"现有研究之所无"与"本研究之所有"以后，才能确立学术创新，本研究基于文献综述的叙述起点也才真正开始，文章的论证过程就可以据此衔接并开展。

接下来，我用《技术何以失准——国家精准扶贫与基层施政伦理》来具体阐释穿针、引线、打结的过程。该文发表于《政治学研究》2017年第5期，限于篇幅，未保留所引文献。读者可自行下载并对照阅读。

第一，穿针部分。文章在引言部分构建了一个研究话题：国家如何与农户精准互动。文章开篇所述："深具集权传统的国家如何与散落在基层的农户精准互动，是中国历朝历代政权都面临的重要议题。"随着问题的推演，最终落脚为"为什么国家精准扶贫政策到了基层会出现'瞄不准'的现象"。至此，文章的"针"聚焦并确立了。

第二，引线部分。针对瞄不准问题，文章提出了四种解释，分别是技术偏差理论、组织失灵理论、政治权变理论和关系运作理论。针对每一种理论，文章都做了较为详细的介绍，对每一种理论的内容、表现和解释力都做了详细阐释。下文把此部分摘录下来，读者可以认真思考研究综述的文本是如何实现线索呈现的。

> 对于这个问题，目前学术界主要有四种解释。第一种解释是技术偏差理论。技术偏差理论假定存在一个理想的政策目标人群，"瞄不准"的原因便在于政策目标人群与实际瞄定对象之间的偏差，解决的方案便是尽可能地改善相关的政策测量技术，提升瞄准精度。然而，技术偏差理论的解释过于笼统，同时将政策的目标人群过分理想化了，现实社会中可能并不存在一个具象的、边界明显的目标人群，而且它没有充分考虑技术执行者的因素。

第二种解释是组织失灵理论。这一解释聚焦于行政过程,瞿同祖关于清代地方政府的解释就属于组织失灵理论。由于行政组织自身的组织特质和行事逻辑,上下级之间存在着巨大的信息不对称、行动激励逻辑不一致等现象,因此科层组织往往难以真正有效地完成当初设定的目标,而且科层组织与其政策目标的行动逻辑有可能相互冲突,从而导致组织失灵。组织失灵理论在技术偏差理论的基础上,进一步揭示了阻碍政策瞄准的组织过程,但是只考虑技术因素和组织因素仍然不够,还必须将人——不仅作为组织人同时也是社会人——纳入解释框架中。

第三种解释是政治权变理论。这一理论强调政策执行者的主观能动性,由于政策执行面临复杂多样的基层自主性诉求,为了实现自身的行动目标、化解基层矛盾,政策执行者往往有意选择性执行,或者变通执行上级政策。周雪光则使用"共谋"来概括基层政府的类似行为,他认为,"共谋"行为拥有广泛深厚的合法性基础和特定的制度逻辑,是基层政府所处制度环境的产物。中国的行政治理体制存在三重组织悖论:政策一统性与执行灵活性之间的悖论、激励强度与目标替代的悖论、科层制度非人格化与行政关系人缘化的悖论。组织决策与执行过程越是分离,组织决策就会越集中,而组织决策的一统性加剧了执行过程的变活变通:当决策权力以及资源向政府上层机关集中时,经过漫长的行政链条,基层政府就越发需要灵活执行,从而为"共谋"行为提供了组织基础和制度环境。政治权变理论较为充分地揭示了组织架构与行动者逻辑之间的矛盾,并且从理顺组织目标与行动者激励之间的关系入手来克服政策执行者寻租等问题。但这一理论也有其不足之处,它并没有在权变事实的基础之上,进一步揭示行动者如何权变、往哪里权变以及这种权变的深层社会机理。

第四种解释是关系运作理论。这一理论与政治权变理论互为补充,强调在正式制度之外,另有一套非正式制度和非正式关系,这一理论最早可以追溯至韦伯对中国的特殊主义关系的界定。海外汉学研究继承这一视角,并将之聚焦到地方政治的研究中。魏昂德则进一步将之定义为庇护主义关系运作,即通过发展非正式的私人关系,管理者与被管理者都可以获得原先没有的好处,而非正式关系的运作也稳定了正式制度。非正式关系理论揭示了正式组织之外的关系运作对政策执行的影响,但是它也有其自身的局限:它将很多政策行动还原为权力与利益运作下的非正式行动,却忽视了社会关系中那些不能还原的精神层次的现象和元素,这种还原同时将关系视为个人之间的、不受规范约束的社会互动,进而也就遮蔽了社会行动的正当性来源。

概括而言,技术偏差理论和组织失灵理论认为,精准扶贫瞄不准是因为"难以瞄准",而政治权变理论和关系运作理论则认为,精准扶贫瞄不准是因为"不愿瞄准"。为什么他们不愿意瞄准?如何才算瞄得准?政策走样中的个人行动必然有着深刻的政治学与社会学机理,因此,我们就需要发展第五种理论,用以揭示那些为行动者提供正当性基础的社会来源,以及这些来源又如何为政策执行提供相应的政治合法性,这就是本文的研究视角。

第三,打结部分。该文的打结是双管齐下的,一方面,在每一个叙述线索展示完以后,都会对这个部分进行点评和回应,并且在此基础上提出下一种解释方法，以便让各个解释线索之间前后相连；另一方面，在所有线索叙述完成以后，再统一对全部文献进行点评和回应，引出本研究的创造性所在，进而引出本文的研究视角和论证线索。

综述的本质是，站在综述者的立场，准确、清晰和翔实地再现出学术史的经纬。具体来说，第一，评判这些文献的基准是什么？明面上使用了什么标准？暗合了什么价值？第二，如果你把更多的文献放在一起，它们之间共同构成了什么样的脉络？第三，该如何评价这些文献？贡献与不足分别是什么？第四，如何针对这些文献，实现本文的创新？这四句话基本上就是文献综述的文本细节，也可以归结为四个起承转合点：原点—承接—深入—落脚。读者可以通过《技术何以失准》一文自行体会。

研究综述的锻造非一日之功，为此，各位读者务必在研究能力训练阶段就苦练综述基本功。具体来说，包括但不限于如下方面。

首先，所有即将综述的文本都要亲自读一遍，否则你的综述将是轻飘无力的。在前期的文献研读时，就要为后续的研究综述做铺垫。在研读文献的过程中，一定会发掘那些表面上不易察觉的内核与细节，甚至也会萌生一些学术灵感，所以，要尝试将这篇文章的精华提取出来，并且以读书笔记的形式整理下来，具体来说，可以有五种形式：摘抄、概述、反馈、对比、评价。在此过程中，尽量使用自己的话，对这些文献精华进行结构化重述。当然，如果没有产生灵感，也一定要做笔记，输出素材，包括对这些文章的摘抄和感受等。

其次，在大量阅读的过程中，要及时提升文献搜索的技术和顺藤摸瓜的本领，最终掌握研究式搜索（而非停留在关键词式的搜索）。当你启动了研究（哪怕是初步的）程式以后，要按照你的研究节奏来设计文献搜索方案，调整并回馈搜索细节，以便让搜索符合你的研究目标。在具体研究的过程中，研究者要逐渐建构一个专属性的"虚拟书柜"。文献不会自动变成综述，文字也不会自动编织成网。所谓的文献地图并不是有一张现成的地图留给你来直接仿照，而是要在自己的阅读、研究和思考的过程中逐渐将大量的文献搜集、整理并绘制出文献的脉络和细节等，最终形成文献地图。

再次，研究综述不是固定的形态，它是一种随着研究推进而不断变化甚至进化的。在最初时，它是笔记形态，是为了收集资料、推进对某个领域的认知而逐渐积累的"文本库"，这个阶段是以搜索和积累为文本的线索，适当提升文本的主题性；在研究过程中，它是选题形态，是为了提出研究问题而往课题论证文本演进的"准申请书"，这个阶段以问题的提出和研究计划为线索，适当增加观点的表达性；在进入写作以后，它是发表形态，是为了观点传递而呈现的"求职信"，这个阶段以铺垫学术观点和推进学术创新为线索，突出学术研究的对话性。

最后，研究综述在发表文本中，承接研究问题的诞生，并服务于观点阐释这个总目标，即文献及其阐释是要跟着观点走的。为此，在研究综述中，必须在兼具服务意识的同时，注重文献本身的聚合性；同时，为了文献本身的可阅读性，必须对文献进行必要的删减。文献是否完备不重要，关键在于是否能够服务于研究线索陈述和研究创新铺垫。此外，研究综述必须注重对话性，强调交锋和辩驳，最理想的状态是，就仿佛对着读者讲话一般娓娓道来。在写研究综述时，心里一定时刻想着自己的议题，要反复考量：我的研究目标是什么？我的研究问题是什么？我的核心概念是什么？我将采取什么研究视角？面对文献，时刻思考：这些文献的来源是什么？它们的作者都是谁？他们具体说了什么观点？尤其是针对这个选题，他们的贡献是什么？这些文献应该如何与本文相连？

# 第5章 规划研究选题

在研究综述以后，最为重要的任务就是选题规划。很多学术写作困难的学生和学者，之所以没有学术生产力，从本质上说，是因为在学术研究的起步阶段就没有做好选题规划，或者是潦草地进行选题设计，甚至是完全没有选题规划的意识。不管是一直从事学术研究的从业者，还是只从事毕业论文创造的博士生和硕士生们，都必须系统规划选题，尤其是前者，否则东一榔头西一棒槌，即便忙忙碌碌若干年，依然会兴致索然，收获微薄。因此，本章将详细探讨如何进行选题规划。

## 一、选题规划的必要性与常见问题

凡事预则立，不预则废。很多硕士生和博士生到了论文写作中后期和毕业季，总是出现各种各样的"怪问题"，比如研究不下去了，缺乏研究源动力，很多原本设计好的选题无法寻找到经验对标物，学术写作干瘪无力，等等。这些后期出现的大量问题，都源于前期没有进行必要的选题规划，相关的研究议题没有经过必要的论证过程，甚至论文题目压根就是拍脑袋决定的，到了后期自然漏洞百出，各种捉襟见肘。

对于需要长期从事学术事业的博士生来说，选题规划则更为重要，选题规划相当于选择了一条赛道，博士中后期的研究、写作与发表都是以此为基础，而且博士论文的研究与成果将会跟着本人一辈子。博士毕业后的五年之内，基本上都是在转化读博士期间的研究成果：是享受读博士期间红利，还是忍受学术赤字，从选题规划时就基本注定了。所以，博士生们必须非常重视选题规划。

对于博士毕业以后的青年学者来说，选题规划也同样非常重要。很可惜，博士毕业以后，有些年轻学者反而抛弃了博士期间的良好学术习惯。因为进入工作领域以后，有些青年学者不再像博士期间那样专职且投入地从事科研，加上导师和学校不再协助和主动推进研究进程了，如果自己未能及时做好选题规划，那么，他们是很难自立门户的。很多在博士期间发表论文颇多且表现不俗的博士，到了毕业以后反而泯然于众，究其原因，除了行动执行力欠缺和相关客观因素以外，自己未能主动规划选题，也是非常关键的原因，毕竟博士毕业以后，博士们需要精神断奶以后依然能够有效规划并自我推动执行。因此，选题规划对于博士毕业后的学术长远发展，也是极为关键的。

选题是学术研究和论文写作的开端，而好的开端是成功的一半。选题是研究的起点与方向，决定了研究结果的转化速率，决定了后续你的阅读、思考、写作和交往的圈层，还决定了你将来能够承担什么类型的课题研究——社会认受问题。选题得当，往往事半功倍。因此，研究者必须将选题放在战略高度上予以重视。

在当今社会的学术研究体系之中，选题更加重要。与今天的机器大生产一般，我们的学术市场越来越专业化、细分化——尽管专业细分存在诸多问题，但是不得不承认的是，社会大众对于学者的认知越来越趋向于专家，即在某个专业领域有所专长的学者。其他国家也是如此。因此，在这个时代做学术，研究者需要旗帜鲜明地确立并昭示自己的研究领域及其议题。

优秀的研究者一般都非常"专情"，懂得对自己的选题精耕细作。有些年轻学者喜欢频繁更换选题，这其实并非上策，因为学术研究讲求积累，而这种积累是很慢的，慢到大多数时候你觉察不到进步——当然，这是好事，不然，这个世界就乱套了。频繁更换选题，而不是深耕自己的研究园地，最终会让学术市场无法给你贴上一个合适的标签，因此，也就不利于学术成果的传播与认受。

通常来说，选题规划方面，最为常见的有如下五类问题，我将之归纳为五个"坑"。

第一，"命题坑"。在硕士和博士的培养过程中，经常会出现导师直接命题的现象。鉴于当下研究生教育的现状和很多学生自主能力严重缺乏的情况，导师命题有一定的合理性，但这也存在很多隐患。首先，导师命题的前提是，导师必须绝对权威和专业，那些学术水平较为靠后的导师是不适合直接命题的，否则会扼杀学生的想象力和创造力，甚至让学生无所适从，彻底失去对学术的热情和兴趣。其次，导师命题的另外一个重要前提是，学生必须对这个选题有兴趣，而且能够接得住这个题目，学生既要充分领会这个选题，还要具备必要的研究基础和相关能力，但是学生对于导师命题"无感"的现象太普遍了，而且由于导师的想象力无法直接搬移到学生脑袋里，也许这个题目很好，但是直接命题却无法落实执行，会让学生和导师都产生深度自我怀疑，有时也会互相推诿和抱怨，进而损伤师生关系。最后，选题本身是有生命历程的，导师所命题目在短时间内可能是有效的，但是从学生的长远学术追求来看则未必。更为理想的做法是，先尽可能让学生自己尝试，最好是学生碰触到能力和知识边界，然后导师在学生尝试的基础之上予以点拨，最后在师生的共创下形成选题规划。

第二，"理论坑"。掉入"理论坑"的选题者往往过度关注前人的理论乃至其学术细节，尤其是采用仰望和膜拜的态度对待这些理论，在此情况下，这类选题往往是对过去理论的简单演绎，选题者因此也就成了前人理论的留声机，甚至完全没有自己的研究主见，他所做的大量研究都是在按照现有的理论去寻找经验对标物，缺乏自己研究的立场和选题规划。对于这类选题者，更为有效的做法是，首先要与现有的理论保持必要的距离，不要彻底沦为理论的附庸；其次要平视该理论，寻找这个理论本身的限度和解释边界；最后要从相应的研究领域中寻找拓展、修正乃至挑战该理论的聚焦区，以便拓展、创新和发展理论，这样的研究选题才更加具有学术价值。

第三,"方法坑"。掉入"方法坑"的选题者通常因为自己学习了一类(自以为)较新的研究方法或分析技术,就认定自己可以通过大量使用这种方法从而批量生产论文。这种做法当然是不科学的,选题本身的工作不能被方法取代,也不能特意锚定某一类方法,毕竟方法只是学术研究的工具,绝对不能唯方法论,更加不能陷入对方法论的崇拜之中。正确的做法还是回到学术问题本身,回到研究现场,回到我们对学术议题的正确判断之中。

第四,"热点坑"。很多选题者通常不做长远的研究规划,而是较为随机地从社会热点中发掘写作题目,这种只是追求热点的做法,通常很难建构出自己的研究品牌,也不能把学术作品形成系列。而且由于经常随机更换题目,这些研究很难深入,通常就是用学术用语表达了一些较为浅显的常识。学术热点并非不能追求,而是要看选题者是否能够从中挖掘出有效的学术议题,并且其研究基础可以承接热点的结构性赋能。更为理性的做法是,通过对学术热点的有效筛选和甄别,形成自己的学术主见,判断自己能否长期耕耘于这个领域,尤其是要判断自己能不能提供专属性的独特贡献。最好能够将这个热点融入相应的学科和领域,千万不要打一枪换一个地方,一旦选定了一个领域,就要咬定青山不放松,做出不同寻常的研究成果,到时这些成果一定会卓尔不凡。

第五,"课题坑"。有些青年老师特别喜欢"一鱼多吃",拿到横向课题以后,尤其是拿到那些与自己研究领域特别不相关的课题以后,希望在课题结项以后再进行学理转化,将之变成学术论文的选题。这种选题方法通常是转化率很低的,更多的时候是行不通的。表面上看,一个成本能够产生两个收益,挺划算的,但是因为绝大多数横向课题不具备学术基因,所以这些选题通常只能作为研究素材或者研究入手的工具,而不具备创造性观点的基因,如果勉强转化,很可能会消耗很多隐形的资源,比如学术口碑。在这里需要说明的是,我绝不是说课题不能变为研究选题,而是说课题必须进行相应的学理转化,或者只做能够支撑的特定领域课题,再对这些课题做相应的价值中立等学术隔离。通过这些步骤,并且方法得当,这些课题当然可以做出优秀的学术论文，否则就会因小失大。

## 二、研究选题的标准与原则

在选题规范的方法论讲解之前，我们先要知晓好的选题应该有哪些标准和原则。我们选择一个话题，就像是寻找一个金矿一样。整个研究和写作过程就好比淘金的历程，在我们真正开采之前，存在很大的不确定性。因此，认真选择一个值得开掘的富矿，特别重要，我们要寻找、确定并论证的就是这个选题"矿"到底值不值得挖掘。

从最为直观的层面上看，好的选题要具备五个标准：第一，它要具备足够的纵深度，尤其是对于博士论文和重大课题，这个研究要能承载并培育出足够体量的成果；第二，它必须具备重大的理论和现实意义，题目可以有大小，但小题目也必须具有大意义；第三，具有相应的学科归属，尤其是在如今学科壁垒相对明晰的学术生态下，学位论文和研究立项的诸位评审人都比较重视学科认同，申请人需要获得更多的学科评审人支持；第四，学术性和规范性必须同时具备，否则就会流于通俗常识的窠臼；第五，最好具有结构性或阶段性的热度，前者是指始终在学科或领域中具备必要的热度，一般不以时空为转移，后者则是指随着社会背景、重大现实与政策规范等的调整在相关时空阶段产生的热度。

如果以上的选题标准还不够直观，我可以再提供四个选题基本要素，以更透彻地反映选题的学术效度。

第一，正。做学术不能单纯追求时髦和有趣，也不能为了博人眼球而丢弃底线，首要的选题要素是学味正统。在这个时代很多人看到正统，总会稍微带一些情绪，认为那过于保守甚至故旧。那些所谓"新潮"研究可能一时被人热议，但是随着时间流逝，真正被人记住并产生社会功用的学术作品，必定是那些正统研究。很多人想成为大学者，我建议他先做一位"正学者"，唯有正，方可大。否则，不正之大，只会遭到更多更重的反噬。这不是危言耸听，而是学术正道。因此，做学术一定要学会"认祖归宗"，找到本学科和本领域中的"祖宗问题"，也就是经典问题，寻根究底，把这门学科和相关方法论中的重要议题和难题及其脉络寻找出来，从中确立自己的选题。不要过于急功近利，也不要过于"水文""应景"，否则将来都要加倍偿还的。

第二，大。好的选题要足够大，这个"大"不是说概念宏大乃至范围广阔等，而是说它的受众和价值要足够大。读者阅读你的文章，其实就是加入你的研究队伍的过程，是你"科研统一战线"的重要组成部分，所以，你需要用足够大的选题来吸引他，团结他。做大选题和做小选题，成本是一样的，做大选题是先难后易，越走越易，而做小选题是先易后难，而且越走越难。很多初学者会有一个误解，以为是先有了大学者，才有了大选题；其实恰恰相反，是先有了大选题，才有了大学者。知识的本质不是为了塑造所谓声誉与地位，而是为了服务大众，替生民立命。对于很多重大现实疑难问题，要敢于出击，光是研究这些选题的勇气就会赢得掌声，更何况你还有足够丰富和翔实的观点。

第三，通。所谓"通"，是指学术选题的通达性，上通文化正脉，下通社会根系，不管选题本身的宽窄，它能够与文化、社会和学术界相容，并且被这些单位所需求。因此，做学术不要做特别小众的选题，更不要做一些小圈子文化的副产品，那样只会越做越窄，到最后自己都觉得没意思，学术界也不会看好自己，最后走向恶性循环。这对于那些才华出众的年轻学者尤为可惜。很多从海外归来的博士，就是没有领会到这个"通"字，错把海外流行的选题当作本土重大议题，做到最后，越做越脱离实际，有些学者甚至还反过来将之归咎于读者和社会。虽然我反对"热度坑"，但只是反对只有热度而无基础的选题，一定程度的热度显示出社会对知识的需求。所以尽量不要进入过于狭窄的学术胡同，要果断放弃那些琐碎的、不接"天气"和"地气"的研究选题，尽快走上后路宽广的康庄大道。

第四，利。研究选题必须能够产生学术红利，否则学者无法安身立命，也就无法更好地服务社会，尤其在市场经济比较发达的今天，学者要通过学术红利支撑人生和家业。学术红利和为社会服务不仅完全不冲突，而且是相辅相成的，如果一个学者连养活自己、安身立命的条件都不具备，他又何以谈论家国议题和社会大势呢？即便他相信自己，读者也很难对他产生信赖和认同。有些选题天生就自带发表基因，而有些选题会被结构性压制。有些选题角度可以很容易获得学术市场的青睐，而有些选题角度则会马上被相关权威摒弃。选题者必须学会趋利避害，否则辛辛苦苦做出来的研究成果，明珠暗投了，也是心如刀割。举例来说，犯罪社会学在美国是显学，在中国大陆当下和短时间内则几乎不可能发展起来，这是学科、文化、政治等因素综合作用的结果，选题者必须深思熟虑。为此，选题者需要熟悉学术主流和前沿趋势，阅读顶级期刊，参加高端会议，结交有段位的研究者等，这些方法都可以更快地把选题甄别能力锻炼出来。

据此，选题者必须对选题应遵循的基本原则了然于胸，具体原则包括但不限于如下七条。

第一，稀缺性原则。物以稀为贵，学术选题亦然。学术选题必须对学术界和读者有特定的独特价值。要选择那些蓝海选题，或者相对蓝海的选题。虽然很多人写作的直接动力是毕业和职称，但是绝不可以为了写论文而写论文，否则，即便最后论文勉强发表，也不会有理想的学术反响。在学术市场中，只有富含特定稀缺性的作品，才能留存下来。具体而言，学术作品要能够帮助人们更好地认识和理解这个世界，为改变世界奠定知识基础。因此，在具体选题之前，你可以问一问自己：会不会至少有一个读者因为我的研究而受益？在此基础之上，学术选题最好具备某种程度的稀缺性，否则就是可有可无的泛泛之谈。

第二，公共性原则。学术，公器也。学术的生命力在于其公共性。所谓"为天地立心，为生民立命，为往圣继绝学，为万世开太平"也是在强调为学、立言务必为公。研究选题最好是众人关注之事，选题越是众人需要，越能造福社会。项羽小时候不爱学习，学书不成，学剑亦不成。眼看着项羽文不成、武不就，项梁大怒。项羽说："书足以记名姓而已。剑一人敌，不足学。

学万人敌。"①于是项梁教授项羽兵法。如果说，解决私人困扰是"一人敌"，那么，解决公共议题则是"万人敌"。如何将选题做得更有公共性？可以借鉴迪尔凯姆的经典著作《自杀论》②，它的研究对象不是单独的自杀个案，而是群体的自杀率，通过研究不同宗教团体、国家等的自杀率及其社会变化，进而探究人与社会的关系。自杀可能是个人问题，但是自杀率一定是公共问题。

第三，经验性原则。尽管选题必须具备公共性，但与此同时，这个选题也必须具备经验性。研究者应该选择那些具有个体独特生命体验和领悟的题目，只有具备个体经验的支撑，研究才能做得新颖、深入并有价值，也才有持久的内在动力。很多研究者试图选择一个宏大、时兴的主题——客观说，这些选题更容易发表，但是研究者在选择它们之前必须有一个清醒的认识：自己是否有相应的经验支撑？如果没有，是否可以通过调研等方式加以补充完善？缺乏经验支撑的选题，不论大小，都易走空，最后做出来的成果也难深入、新颖，甚至连自己都不能说服。选题者不妨回顾自己的生命历程，选择那些与自身经验血脉相连的主题。这样，你的研究才会有血、有肉、有个性，也才能做得更深、走得更远。

第四，传承性原则。学术研究不是从头来过，而是基于前人研究的再积累。今天的学术研究一般都有自身的学科视角，这包含了特定的研究传统和研究脉络，它们是将研究深化的前提条件。研究选题的传承性就是指必须在某种程度上继承这些积累性成果，一方面是理论的传承，另一方面是方法的传承。有些研究生选题天马行空，结果往往会被导师或答辩老师痛批。这是因为，每个学科都有自己关注的研究视野、遵循的研究范式等传承内容。如果你想要获得社会学博士学位，答辩导师组肯定会问：作为一个社会学博士，你关注的社会学问题是什么？

第五，创新性原则。创新是学术研究的不竭动力，研究选题亦需要创新。

---

① 司马迁：《史记·项羽本纪》。
② [法]埃米尔·迪尔凯姆：《自杀论》，商务印书馆，1996年。

关于学术创新，下面章节会有更详细的阐释。值得一提的是，传承与创新是相辅相成的，而且更多的时候，学术研究之中并没有百分之百的创新，绝大部分都是在传承中创新，在创新中传承。理论上说，任何选题都有创新的可能性，只不过我们要权衡这一选题的性价比。

第六，现实性原则。好的研究选题，往往能够观照现实。尽管选题要学会务虚，即必须从现实问题中抽象出来，进入理论层面，但是任何学术选题都必须（或远或近、或深或浅、或早或晚）根植社会现实，最终能够对现实社会具有启发，甚至能够促进社会行动，催生社会政策。学术研究的最终目的在于认识社会、改变社会。即使有些研究表面看上去离现实有些远，甚至是形而上的研究，但它们最终都是为了关照并服务现实。1944年，日本败局已定，美国亦急于制定战后对日政策，但是决策者根本不了解日本，于是委托人类学家本尼迪克特做了一项关于日本的"横向研究"，这项研究的成果就是日后闻名于世的《菊与刀》①。

第七，前瞻性原则。研究是滞后的，也是超前的。由于研究过程往往是漫长的，学术传播亦难一蹴而就，因此，选题最好对其研究前景进行预判，选择那些将来有可能成为主流、前沿的选题。反言之，研究选题最好不要扎堆热点，拾人牙慧。选题者应该立足学术前沿，极目远舒，判断并选择一个将来更有可能备受关注的选题。学术前瞻力的养成并非一日之功，需要多年的读书、思考、交流。作为新人，最好的办法有三条：多读书、多开会、多请教。读书是基础，开会可以让你接触到学术的最前沿，向前辈私下请教可以对症下药地深度提升。

总之，选题大致有以上七个基本原则，其中，稀缺性是最根本的，剩下六个原则基本可以分成相辅相成的三对：公共性与经验性、传承性与创新性、现实性与前瞻性。当然，这些原则只是抽象的理想类型，在具体的选题过程中要融会贯通，灵活运用。

---

① ［美］鲁斯·本尼迪克特：《菊与刀》，商务印书馆，1990年。

### 三、选题规划的过程与方法

所谓不谋万世者不足以谋一时，不谋全局者不足以谋一域。学术研究是一项长期的系统工程，在真正进入具体、琐碎而又忙碌的研究过程之前，研究者应该对自己的选题深思熟虑、瞻前顾后，选择一个足以全身心投入的研究议题。所谓选题规划，就是要确立研究的整体规划，明确相关的领域、方法和愿景等，形成较为清晰和日渐明确的方案。一方面，从横向上看，所确定的研究领域要能够涵盖所有的研究范畴，它们彼此配合，形成规模优势和整体品牌效应；另一方面，从纵向上看，研究的过程以及作品要在时间前后上确立一个延续性和发展性的线索，让研究的成果能够在学术反响和传播口碑等方面形成长久效应。尤其是那些以学术为业的学者，更加需要对此进行系统规划。

首先，选题规划是一个过程，不是一锤子买卖，也不能一蹴而就，需要长时间规划、尝试和复盘，必要时要进行调整。通常来说，选题规划是一个循序渐进的过程。学术灵感是很廉价的，也经不起推敲，只有经过规划的学术灵感才是可靠的，具有生产力和学术传播力的。

其次，选题规划需要宏大一些，抽象一些，甚至理想一些。也就是说，选题不要过分聚焦小细节，而是要对未来做出适当的憧憬和设想。很多博士生被自己的论文折磨，是因为当初在规划选题的时候，没有将目光抬高五厘米——把目光聚焦在更宽广的学术生态中的优势位置，进而以此为目标确立自己的学术发展纲领，最终以虚务实。

再次，对于很多学术小辈而言，如何在学术界中安身立命，乃至如何打拼学术江山，这些都是特别长远但是需要尽快确立的学术发展目标。缓事更应急做。在博士起步阶段，同学们就应该思考如何通过系统规划和有效劳动建筑自己在学术界的声誉和影响力。博士论文的选题往往就是学术小辈们的第一桶金，也是未来安身立命乃至声名鹊起的重要基石，将来的第二研究和后续发展也绕不过最初的选题规划。

最后，选题规划的本质是进取的、开拓的，是去建立一个学术品牌，是将自己的研究成果系统地开展，推进并转化为有效的学术认可。所有的学术研究者包括硕士生、本科生，都应该把选题规划当作上市公司的招股书，积极向着学术蓝图前进。

就具体的选题规划而言，一定要把选题规划放进长线的研究过程中予以考察和使用，不要片面和割裂地理解选题规划，更加不要局限于选题规划。一般来说，学术研究应该是一个连续的七阶段过程：阅读—综述—选题—研究—立意—写作—发表。当一名研究者具有了足够多的文献储备和研究综述以后，他会产生一些天然的选题想法，因此，如果你的选题规划能力不够，那就要再回到文献拆解和研究综述。同时，这七个阶段是反复进行的，越是进行到多次以后，你重新开展并推进前面阶段的能力就会越强，因为多次复盘和迭代以后，阅读、综述和选题的能力都会得以提升，也更有学术写作的生产力。

而单就选题规划来说，以选题任务为核心，它一般需要有五个具体过程：申述、廓定、挖掘、论证、反馈。

第一，申述阶段。在文献拆解和研究综述基本完成以后（此处不可能是全部完成，因为还需要根据结果反向调整），你需要对整个研究的范畴、方法和领域等进行申请式陈述，以便获得评审者对选题基础的认可。这个申述是面向选题标准的，也是重新确认文献阅读和研究综述的输出结果是否可靠。通常，在博士阶段尤其是第一年的基本功训练期，我建议同学们要自行深入某个分支领域进行选题规划的全过程试演练，最好是把"阅读—综述—申述"这三步反复演练，并且在多个领域演练，以便为后续的选题打下基础。在博士毕业以后，同学们也要保持定期阅读、跟踪前沿和经常申述的习惯，坚持写本领域的研究评述就是一个好的申述习惯。

第二，廓定阶段。在申述这样一个尝试性的阶段以后，你要开始"画圈"：寻找固定的研究范畴。尤其是对于经验研究者，你可以寻找那些与自己的日常生活有较深交集的领域，以便为自己的独创性贡献留出空间。如果日常生活不能获得，也可以通过调研或者其他方式靠近、进入研究现场——这个问题对于经验研究尤其适用。在廓定研究范畴时，最好这项研究具有一定程度的排他性，也就是说本项研究具有一定程度的"护城河"，将来别人不能轻易模仿或超越。当然，这样的研究最好是具有纵深的，以便做出有想象力的作品。同时，要选择那些仍然存疑的，存在争端和分歧的研究问题，这样才需要研究介入。否则，"水至清则无鱼"。当然，对于研究者个人而言，最好这项研究也是具有迫切性的——自己特别希望将问题探究清楚，有个体化的深层动力源。

第三，挖掘阶段。在选定研究范畴以后，规划者需要进一步尝试挖掘这个选题的学术属性、学科属性和政策属性。挖掘选题的学术属性，是首要的工作，要尽快让学术选题具有学理性，而不是停留在琐碎的技术层面。不要单纯地讲故事，而是要学会讲出故事中的道理。这种道理层面的探讨，就是挖掘选题的学术属性。要在过去学术研究的整个版图之中，通过文献梳理定位这项研究，看它到底是不是一项值得深入开掘的选题。同时，要尽快在学科的框架体系之中定位它，看它到底处于一种什么位置，然后在此基础上进行学科接力。而政策属性的挖掘，对于那些应用型研究尤为重要。

第四，论证阶段。在挖掘结束以后，要尽快进入论证阶段，将选题凝练为一个相对确切的学术题目。这个题目一般是由两三个关键词组成，并且有学术性概念支撑，同时它最好是自带问题属性的。此外，它应该对应着一个明确的研究愿景。通常这个阶段，要伴随着对研究问题的聚焦。关于学术发问，下一章将详细阐释，这里仅就论证阶段的结果而言，它需要具备学科性和规范性，需要具备明显的学术和现实关怀，要具有相应学术创新的可能性，并且要凝练、具备可操作性。因此，论证阶段的选题规划需要解决如下问题：在文献地图中定位自己的研究，并提出有效问题，再向读者传递你的研究目标、预期贡献及开展研究的一般方向，阐释研究思路、独创性贡献、研究方法、相关进程等可行性及研究基础。

第五，反馈阶段。任何选题规划，包括具体的某个选题的设计，都必须寻求专业的反馈。很多博士生担心自己提前给导师看选题，导师可能不同意，或者害怕自己的选题被批评，所以始终把自己的研究选题捂在手里，结果越拖越糟糕，到了研究中期仍然没有得到有效的专业反馈，等到局势不可挽回以后，这些同学才开始懊悔。还有一些已开题的同学压根就没有进行正规的选题反馈过程，导致他们的研究从一开始就没有被正确打开，论文写到一半才发现是一个假研究。这样的情况屡见不鲜，所以，你一定要提前将自己的选题曝光给必要的人群，包括但不限于：导师、同门、相关专家、有效读者、同行、有益的外行、好朋友等，以便及时复盘和调整。

在具体的选题方法上，可以有如下三个方法论：谋划长远、萃取学理、构造书架。

首先，谋划长远。任何学术效用的发挥都是以年为单位的，为什么我不鼓励过分追逐热点，这是因为当你追逐到热点以后，它的热度可能已经衰退了，等到你发表出来，这个热点可能就已经过气了。相反的，如果你可以追逐到一个支撑你走完这个过程仍然不过气的热点，那绝对是可以列为选题备选项的。

任何学术选题都是有生命周期的，大致来说，选题周期包括酝酿、诞生、成长、迸发、成熟、衰减、消亡等节点。你在判断一个选题的时候，要考量自己的选题究竟是处在哪个阶段，它还值不值得自己投入相应的研究成本。最好能够选择那些可以超越特定周期、长久不衰的选题。对于学者而言，学术选题是安身立命之用的，应该让学术随着时间的流逝而越发具有生命力，让时间成为朋友，而不是敌人。一般来说，选题规划至少要以五年为单位，要做至少未来五年内不会过时的研究，甚至更久。我们应该思考：假如十年之后再来阅读这篇论文，它值不值得发表？十年以后我的作品还在被人阅读和传播吗？

其次，萃取学理。很多选题的常见问题是，自我感动、自我沉浸，自以为选择了一个很好的、热门的选题，硬开硬做，或者是导师指定了一个横向课题作为研究题目。这些问题的背后都是没有针对选题做出有效的学理转化。那么，如何才能萃取学理呢？简单说，至少有三种办法：第一，尽可能寻找并贴近学术话语中的概念和理论，以便研有所依；第二，尽可能把现实生活中关注的问题转化为学术界关注的问题，做出适当的议题重构；第三，抛开现实概念和议题，去经典中寻找对话性概念，然后以这个选题为模板另起炉灶，谈一个新的学术话题。

博士生们一定要认识到：博士帽子不是高智商的证明，也不只是个人自我实现的结果，它是你为这个世界做出了知识贡献的精神奖赏，因此选题规划必须回答一个问题：是你主观上想去研究这个问题，还是这个世界客观上需要你做这个研究？后者才是真正的学术，也是知识人服务这个世界的正确姿态。

最后，构造书架。很多同学满足于简单的选题规划，实际上并没有真正打开自己的选题。成功的选题应该是构造一面书架，然后把你的成果放到这个书架上，这个构造书架的过程，就是选题规划的真正打开过程，也是在学术生态中定位并呈现自己研究的过程。那么，如何构造书架呢？我给出一个"XYZ选题定位论"。

假如你想在学术生态中定位自己的研究，那么你需要像立体几何一样，给出XYZ三个坐标轴的准确位置，对于学术界而言，X是学科区块，Y是分支领域，Z是现实指向。如果你可以把XYZ分别定位好的话，就可以形成一个"学科地盘＋领域标签＋现实议题"的综合定位，然后从这三个坐标轴背后的文献中定位这个选题的准确方位，于是一个选题就被界定明确了。以我的博士论文为例，我的扶贫研究在学科区块上是社会学和公共管理学中的相关板块（X），对应的是国家基层治理等相关领域（Y），同时选题所要解决的是农村扶贫开发等重大现实问题（Z）。下一节我将详细阐释我的选题过程。

## 四、研究选题过程示例

我进入扶贫研究领域，纯属机缘。我于2013年开始在职攻读社会学博士，在2014年下半年也就是我博士二年级时，单位派我去对口帮扶的贫困村担任驻村干部。当时适逢博士论文开题，突如其来的调动让我措手不及——由于需要长期驻村帮扶，而社会学博士论文通常需要实地调查，如果想要及时开题，另行选择田野调查的可能性几乎为零，所以我只能就地取材。实际上，在此之前，我已经尝试过很多博士论文选题了，消费社会学、知识社会学、社会政策、社会网络、城市社会学甚至宗教社会学、文化社会学等，每一次自我尝试，我都做过相应的研究综述，所以这些选题过程中的试探性研究其实都在我的研究视野中留下了痕迹。

2014年11月6日，我正式驻村。山区行路难，从省城进县，要在高速公路上奔驰大半天，从县城进山，要再在崎岖山路上颠簸摇晃一个钟头，一进一出，极耗时间。这彻底断了我做其他研究的可能性。当时也有师友劝我延期开题，尤其因为我是在职博士，不过我并不这么认为。我认为，急事缓做、缓事急做。如果我不跟着大部队一起开题，研究、写作、答辩和毕业都会掉队，越拖越被动，而且我当时刚刚进山驻村，观察和思考最为敏锐，及时确认研究议题，便可以带着问题有目的地进行观察、阅读和思考。因此，我决定按时开题。

一开始我并未聚焦扶贫，而是打算用扶贫的机会观察乡村干部。然而，由于扶贫事务繁重，准备时间不充分，而村干部研究简直汗牛充栋，所以，一直到开题当天，我始终没有找到研究感觉，总是觉得缺点什么。开题那天，我对着台下师友一讲，更觉得没有味道，心里便打起了退堂鼓：连我自己都没有感觉，这研究还做个什么意思呢？我当机立断：换个题目，就做扶贫。范蠡说：天予不取，反受其咎；时至不行，反受其殃。上天在我博士开题前夕将我送到山里扶贫，他老人家定然有他这么做的道理。综观学术界，当时扶贫开发的研究虽然众多，但是基于长时段实证研究的成果尚不多见，况且谁又有我这得天独厚的研究机会和观察视角？于是我决定随遇而安，专心研究扶贫问题。

选定扶贫开发作为研究议题后，我开始反观自己手头的扶贫工作。当时尽管单位派我下乡扶贫，但我依然兼任《学术研究》的工作。《学术研究》是月刊，共有哲学、政法社会学、经济管理学、历史学、文学五个栏目，每个栏目一般常设两名编辑，每人每年编发约25篇文章。政法社会学包括政治学、法学、社会学三个学科，却只有我一名编辑，每年编发约50篇文章——我一个人实际上承担了两名编辑的工作量。没想到，下乡扶贫后我依然要一个人干两个人的工作，前面两批驻村干部都是两人一组，轮到我，却只有我一人，而且换岗的时间是年底，正面临扶贫办的年底大考核，所以包括年初甚至上一年度的工作，我都得重新了解、理清，并且将之转译为考核数据。年底的主要工作是数据和档案工作。县扶贫办负责推动并落实省扶贫办的考核要求，扶贫干事反复向我讲述建档立卡的重要性，以及它对于考核、原单位排名方面的意义。所谓建档立卡，就是给贫困村及其贫困户都建立一个扶贫档案，并且将扶贫对象、扶贫过程和扶贫结果系统地转述为考核数据，考核要求不仅要有纸质材料，还要将这些材料电子化，录入扶贫考核系统。为了将考核数据赶出来，我只能夜以继日地做材料、填数据、录系统。此外，我还承担了杂志社主管单位省社科联的年鉴整理、内参编辑等其他工作，翻倍的工作量，一度令人崩溃。

面对纷繁复杂的扶贫工作，我开始思考：首先，建档立卡和数据考核，不就是黄仁宇所谓的"数目字管理"吗？那么，扶贫开发中的数目字管理是否符合黄仁宇的初衷？它是否又提升了治理绩效？学术界现有的文献，对此似乎没有明确回答，因此，有必要对之深入探究。其次，学术界当时正在探讨的技术治理也有可以对话的空间。再次，我们通常认为很多统计数据失真，但是综观学术界的研究，多数研究要么是从历史分析来反推数据真伪，要么是在价值立场上批判数据造假，却几乎没有研究从真实的社会过程出发，探究数据生产的社会再生产。而我观察到的经验事实正好可以为这个问题提供一些答案。

基于以上三点，我重写了开题报告，将研究问题聚焦于扶贫中的数字治理问题。开题师友听后很感兴趣，也给予了较高评价。回过头来看，我第一次开题尽管有文献与实证的基础,但是我的研究问题并没有找到一个有效的切入点,甚至是为了发问而发问,这样的问题自然不接地气。而在第二次开题中,我的研究发问源于真实的社会生活,亲身经历又调动了我的知识储备,最终,现实与理论的张力促使我自动思考,催动我不断深究。因此,只有同时根植于现实生活与学理脉络的研究发问,才富有生命力和创造力。

开题之后,我继续思考如何深化、细化研究设计。适逢国家社科基金申报,我决定申报。我的国家社科基金项目是开题报告的延伸,但我对它做了"项目制处理"。首先,数目字管理问题是黄仁宇提出的关于中国治理的重要问题,是理解中国治理问题的关键线索之一。其次,既有的研究可以分为有效性视角和真伪性视角,而这两个视角都有其局限性。有效性视角将数目字视为社会治理的窗口、被动的社会后果,不免窄化了数目字管理的社会能动过程;真伪性视角将数据解释成政治的后果,但很有可能过度归因,容易引发"阴谋论"。研究数据再生产问题必须将其置于真实具体的社会过程,因此,我的研究设计以农村扶贫开发中的数据生产为线索,把数目字管理放置在一个具体的扶贫工作情境中,系统阐释数据是如何被生产出来的,同时进一步研究这些数据具有何种治理价值,以期检视社会治理中关于数目字管理的技术与理念问题。最后,我的扶贫机会为我提供了实证研究的便利,与此同时,我建构了一个观察和理解数字再生产机制的研究框架,将数字再生产的过程分析为三个层级:上层的规划设计、中层的指导推动、下层的贯彻落实,它们分别对应着省扶贫办、县扶贫办、驻村干部,围绕这个研究框架,进一步延展出整个项目的具体落实方案。

开题和立项之后,我重新阅读文献。带着问题阅读文献与宽泛阅读大为不同:当阅读者没有明确研究目的时,他的阅读只能跟随作者的研究视角,亦步亦趋(非贬义);相反,带着自己的研究目的阅读,研究者会更有针对性,而且会时刻反思自己的研究经验与所读文献有何不同,以及如何在新的理论类型或者内涵上做出研究推进。

阅读促进观察,提升观察的深度与针对性。但同时,观察不能局限于阅读视野，因此，我们不能停留在自己的研究议题上，而最好是进行总体性观察——总体性观察也为我的博士论文后来能够顺利转换和提升研究视角奠定了基础。具体而言，不管是什么材料，都尽可能地收集，以期对现实生活形成一个尽可能完整的原貌认知。现实生活是一个系统的、纵横交错的生态过程，只有体察其原貌，并形成一个系统性的原貌认知，才能更为充分和真实地理解局部性议题。

# 第6章　在对话中发问

很多学术写作初学者会犯一个致命的错误：没有研究问题，整个论文通篇都是堆砌的零碎观点，无法形成一个整体性聚焦。好的学术研究，都是始于研究发问，甚至说，光是良好的发问而不要答案，就可以构成一篇好的论文。但是如果没有学术问题，即便有良好的素材，也不可能具有学理价值。因此，本章详细阐释学术发问过程与方法。

## 一、学术的创新与对话

在正式讲解研究问题之前，我们必须首先理解什么是学术对话与研究创新。

创新是学术的生命力，也是文章的刊发要件。很多作者不太懂得学术创新的重要性，实际上，很多文章被学术刊物拒稿，多数是因为老调重弹、缺乏创新。从学术期刊的角度说，不管它是何种专业、何种级别，作为一个出版平台，它刊发一篇学术论文，必须能够向同事、同行、学术共同体有一个合法性交代：这篇文章为什么值得发。

越是好的刊物，刊用比越低，因此，作者需要给编辑一个刊发这篇文章的正当性理由，编辑需要给主编一个刊发这篇文章的正当性理由，而主编又需要给读者、学界一个刊发这篇文章的正当性理由。文章的创新性就是刊发合法性的基础要件，一篇文章必须具有一定程度的创新性，才值得学术杂志刊发，与学术界共享，也只有具有一定创新性的文章，才值得学术界瞩目，并能够从茫茫文海中脱颖而出。

当然，并非所有的所谓创新都值得鼓励。真正的学术创新必须是具有进步性的创新。有很多作者找到学刊编辑，声称自己的文章非常具有创新性，提出了一个别人没有讲过的概念或理论。但是，遗憾的是，很多创新只不过是"标新立异"而已，并没有一个真正有价值的、具有进步性的创新。之前无人这样标新立异，多半是因为没有什么价值，至多只是"新瓶装旧酒""炒炒冷饭"而已。如果只是从字面上理解学术创新，你讲一个错误的观点，相较于正确的观点，也是一个所谓的"创新"，但很显然，这样的创新是没有价值的。真正的学术创新不仅仅是标新立异，还必须具有进步性。

那么，这个进步性指的是什么意义上的进步呢？它指的是科学认识论意义上的进步。学术的终极目标在于帮助人类认识世界。学术进步，就是在人类认识世界的程度上更进一步。所谓文明，也就是用文化把世界照明。正是世世代代的学术人用知识照亮了中华五千年文明。夏商两朝也有历史，却无学术人点亮黑夜、照明后人，所以，朱熹说："天不生仲尼，万古长如夜。"这就是孔子的伟大之处，他编《春秋》、述《论语》，用学术的方式把前人的历史、知识系统地进行整理，再将这些知识传承下去，帮助后世人通明事理、晓畅人伦，推动文明社会的井然有序。

在这一点上，社会科学与自然科学立场一致，并无分歧。科学的目的就是更为准确地认识世界，增进人类的知识。牛顿为什么伟大？那是因为他极大地增进了人们对于物理世界的认识。牛顿定律界定了人们对于物理世界的基本认识，这个物理认识体系直到爱因斯坦的出现，才有所改观。社会科学也担负着这一科学认识的使命，只不过它的认识对象是人类社会，但殊途同归。

既然学术论文是研究他人的，又是供他人阅读、使用，那么，它就是一个公共产品。而生产公共产品，便不能自说自话。你必须明确，与你研究相关的文章，已经有了什么程度的研究积累，如果你发现自己的研究不过是走老路，那么，你最好趁早改弦更张。否则，你重复一遍别人的研究，对于学术界来说，你的边际贡献在哪里呢？因此，这类文章被拒稿，原因就是"自说自话"。也就是说，文章缺乏对话意识，通篇没有对话点。学术生产是一个共同体行为，每一篇公开发表的学术论文都应该为学术界带来边际知识，也就是说，相对于既有的学术研究，文章能够对本领域有所推进或改进。因此，学术生产者必须具有对话意识，审慎反思现有学术知识，并据此确立自己研究的对话点，只有这样，文章才能立得住脚，才会有理想的学界反响。

学术研究不是自娱自乐，而是一个为了增进人类知识的共同体行为。除了教书育人这一职业功能之外，学术人也必须发挥有效的科学功能，帮助人们认识那些专业之外人士所不能轻易认识到的科学规律，为人类社会提供必要的知识供给。因此，学术研究要求后来者能够顺利接过前人的研究议题，在此基础上，做一个扎实的、有价值的学术推进。学术对话，就是有意识地将自己的研究与既有知识进行比照，进而确立自己研究的边际贡献。而对话点，其实就是你的研究与既有研究的接榫点。学术界就好比一个互联网，学者应该有意识地把自己的研究连接上网，而对话点就是联网的端口。否则，不与学界对话、不与他人沟通，你的研究就自绝于学术界了，成了局域网游戏，甚至成了单机游戏。

学术论文应该力图进行理论对话。由于学术研究以理论推进为目标，因而，尽管你的研究是在讲一个新问题，但是这个问题背后的理论却很有可能是学术界已有的，这就是所谓的"新问题、旧理论"。对话点要聚焦，要有针对性，要"正面交锋"。具体而言，对话点有三种类型：第一种是开创性对话，即研究者发现了一个新问题，但是学术界却无理论供给，因此有必要对此进行理论概括。第二种是接力性对话，即沿着前人既有的研究，继续推进、深化，或者扩大其理论适用范围等。第三种是驳斥性对话，即对既有的研究进行批评、反驳，并建立自己的研究理论。驳斥性对话并不是说，驳斥的就一定是对的。你驳斥了别人，别人也可以反过来再驳斥你。

学术生产不是一蹴而就的，而是步步推进，在不断对话的过程中逐步成长、成熟起来的。学术对话的过程，也就是学术进步、学科完善的过程。人类知识的殿堂是由无数学术人你一砖我一瓦地日积月累而成,所以,学术创新、学术进步实际上是学术接力的过程。大部分的科学研究都是站在前人的肩膀上,接过前人研究问题,然后沿着自己的研究脉络,做出自己的贡献。真正的学术创新,一定是一步一个脚印,扎扎实实地推进科学认识。每一篇文章都有自己特定的历史使命,这个使命就是接过前人的研究论题,全力以赴跑完属于自己的一百米,然后传递给下一个接棒者。

## 二、研究发问的内涵与学术化

在学术选题确立以后,更为迫切的任务,就是提出你的研究问题。如果说学术选题是画一个圈,那么学术发问就是找一个点。有些初学者写文章,最大的问题是没有问题。做学问,归根到底,是为了传道解惑。学术的推进与发展,其最终动力在于不断发问,那些对人类社会有重大影响的科学发展,都是源于有效且持续的发问。牛顿问:苹果为什么不往天上跑?爱因斯坦问:假如我追得上光速,结果会怎样?假如你仔细梳理学术史,你会发现,所谓的学术门派,不过是他们共同关注近似的问题,或者就某几种问题得出类似的答案。而这些问题,一定具有深厚的社会基础,对应着人类社会的永恒追问。

一项好的研究,一定建基于一个真问题。所谓真问题,即真实的社会疑问。人们什么时候才有疑问呢?人们行走在路上,如果大路通天,那么人们尽管直行即可。但是,假如有一天,人们发现,前面的路堵上了,行不通了,或者人们发现,前面有两条路,不知道哪条路更好,这时,人们就有了疑问,就需要理论来帮助人们继续前行。比如,苏联为什么解体?社会主义道路为什么在东欧和苏联遭受了巨大挫折?社会政策向左走,还是向右走?要不要土地私有化?到底是要选择自由主义还是激进主义?要宏观调控多一些,还是自由放任多一些?等等。

然而,并不是任何提问都是学术发问。在学术研究中,首要的工作就是将现实问题予以学术化。不管是在期刊论文审稿还是学位论文开题中,都存在这一问题：很多选题虽然很有价值，但是作者们却并未对其进行必要的学术转化，导致其无法进入学术发表通道。

很多作者不太懂得学术研究与横向课题之间的区别，甚至直接将课题结项书拿来投稿，结果当然很不理想。做学术首先要认识到，研究上的问题和实践中的问题是不同的。实践中的问题是以现实社会的运转为导向的，而研究中的问题则是以学术共同体的研究旨趣为导向的。学术界是一个以学术为业的共同体，在这个共同体之中，他们有共享的学术价值，也有共享的研究范式，同时，他们会对某些问题形成一个通用、固定的学术加工程式。

在横向课题的研究提问时，研究者通常会非常关注现实问题，喜欢使用政策性问题作为研究发问，比如，怎么才能让"钉子户"不上访。这个问题问得很有现实意义，但是如果放在学术语境下，这还算不上一个好的学术问题，因为它没有及时将现实问题转化为理论问题。以社会学研究为例，学术研究不能停留于就事论事，而必须能够揭示一个学术机理、社会因果机制等。那么，如何才能揭示一个社会因果机制呢？答案可以是"类型化"。学术读者不是为了听你的故事才看你的文章，他们是为了获得一类问题的学术答案，还希望听听你如何解读这个故事，如何回答这个故事代表的那类问题。所以，上面的问题可以这样问：（某类）"钉子户"上访的社会动力机制是什么？研究发问不应该仅仅停留在事实层面，还要能够追问这个问题背后的类型学意义。只有通过这个类型学的考察，你的故事才不仅仅是一个故事，而真正成为理论的"论据"。在此过程中，学术研究的发问应该尽可能地拔高，寻找抽象水平较高的层面展开研讨。为此，研究者应该暂时搁置现实问题，而专注于现实问题背后的理论回答。假如你能够将同一类型的问题做一个理论性的系统回答，解决对策也就自然而然浮出水面了。如果已经探寻出"钉子户"上访背后的社会因果机制了，当然也就知道如何根治上访问题。

那么，究竟如何将现实问题进行学术转化呢？又如何将生活直觉转化为学术判断呢？对此，我们需要在深入现实以后，再保持与现实的距离，从现实中抽离出来，然后对社会现实进行深度加工、高度提纯，再将之转化为科研语境中的学术问题。具体来说，可以有三个思维提纯方法。

第一，往垂直概念找。有些人提问总是喜欢在现实层面上打转转，这是不可取的，因为它很容易变成一个浅尝辄止的"对策思考"。做学术研究，要学会用概念提问。概念的本质是拔高，所以，可以直接进行"垂直加工"，寻找能够覆盖这个概念并且加上"恒定取值"的概念。比如说，你要研究某个"慢××问题"，可以将研究问题转化为"××问题的偏好"，这样一来，这个"慢"就是"偏好"中的一个取值，你也就顺利收获了一个取值自如的学术概念。

第二，往根源上找机理。通常很多人的学术发问过于单薄的原因，就是他们总是在表面上下功夫，过于关注细枝末节，不肯探究问题及其深层机理。如果想要学术转化，就要多往"根茎"上下功夫，找到那些对于全局和形势起主导作用（或者至少推动作用）的机制、要素、变量等，然后从那个点上生发提问基础。

第三，往问题的上下游追溯。对于某些研究议题的学理化，不能直接对其深究，因为这些问题看上去是自己的问题，但是从更为宏大的层面看，它只是上游问题的结果和衍生物。所以，这种情况下应放弃这个问题本身，转而去研究它的"上游问题"；而有些问题虽然本身也很重要，但是它的"下游问题"才更根本，更具有探究的价值，所以，这时我们需要转而研究它的"下游问题"或"下游形态"。

总之，要通过多种方法，将你的现实问题转化为学术问题，这样的问题才是值得开始的起点，才能做出高纯度的学术作品。否则，不做好"务虚工作"，即便做到后面，也是"学术废料"，投入大量的人力物力以后，却发不出来，又不想放弃，成了"鸡肋"。

### 三、问题聚焦的基本原则

一篇文章的立意与境界，首先体现在研究发问上。研究发问的水平与层次直接反映了作者的水平与层次。因此，每一位研究者都必须学会有效发问。

学术灵感多如牛毛，但并非每个发问都值得深入的、系统的后续研究跟进。研究者必须对这些研究问题进行筛选，选出那些最重要的问题，继续开展研究。在具体的学术发问中，需要遵循如下原则。

第一，在与文献对话的基础上提出问题。好的学术发问，实际上就是研究综述"三起三落"中的第三"落"，也就是"穿针引线"之后的"打结"。好的研究发问一定根植于深厚的学术脉络与理论渊源，它一定能够负载学术的传承与对话。关于这一方法的使用，可以再回到上文。我们要不断提升自己对文献的加工及与之对话的能力，因为即便面对同样的现象，不同的提问角度与水平会产生霄壤之别的研究，这其中的差别就是学术功底的高低之分。从学术生产和写作的先后顺序来看，实际上是先有对话点，然后才有文章出炉。文以载道，文章就是表达理论的工具。有了学术对话点，作者才有行文表达的动力；没有对话着力点，文章就容易走空，甚至"无病呻吟"。反过来说，只有作者抓住了一个学术界急需的对话点，他的文章才会被阅读、赞同和引用。

第二，一次只问一个问题，高度凝练且专精专一。论文与散文的区别在于：论文是高度提炼过的，必须高度聚合。一篇文章只能有一个中心，也就只能提出一个问题。提问者要寻根究底，对着核心直抵要害。有一次，我跟一个朋友喝完酒，他找了代驾。这个朋友有一个规模不小的公司，且已经财务自由，因此我好奇：为什么你不请一个司机，而是找代驾？于是，他跟我讲起雇一个司机的各种附带问题，包括要处理与司机的关系，承担司机的其他支出，而且司机还不一定随时有空，等等，而代驾不仅能够解决即时性问题，还没有那些额外的成本。表面上看，这是一个请代驾还是雇司机的问题，实际上，这背后是一个组织与市场的选择问题：雇司机是一个组织手段，而请代驾则是市场手段。

这个问题可以追溯到科斯（Ronald Coase）①，他精辟地指出：假如市场可

---

① R. H. Coase, "The Nature of the Firm", *Economica*, *New Series*, Vol.4, No.16（Nov., 1937）, pp.386-405.

以有效地解决人们的经济问题，我们为什么还需要组织呢？就比如说，假如你每天都可以喝到新鲜的牛奶，何必非得自己养一头奶牛呢？威廉姆森后来提出的交易成本理论，实际上也是在回答这个问题。① 按照威廉姆森的说法，由于有限理性、不确定性、投机性倾向和小数现象，交易双方存在着不同程度的交易成本。当市场的交易成本过大时，人们就会考虑组织，比如，很多大型公司会吞并自己的交易伙伴；如果组织的交易成本过高，人们就会考虑市场外包的方式，比如，现在很多公司都采取服务外包的方式。

第三，研究发问的角度最好是小切口的，但是可以小中见大。很多作者喜欢高大全的提问方式，这样的提问方式很有抱负，也很诱人，却让研究难以聚焦，通常的结果就是空对空，通篇论述都悬浮在空中，并不能提出有效的社会因果机制，更不能打动读者。好的研究问题一定是能大能小、能上能下的。

比如，罗伯特·帕特南有一部经典著作《独自打保龄》。这本书的研究议题很宏大，讲美国的民主状况，但是他的研究切入却很窄，与托克维尔大相径庭。帕特南认为，民主质量的好坏与公民社会的状况密切相关，如果一个社会的民主运作出了问题，那么，从根本上说，一定是公民社会先行出现了不良症状。帕特南独辟蹊径，通过观察人们的社区行为，比如打保龄球，来审视公民社会的状况。他发现，托克维尔当年观察到的社区生活正在逐步衰落，公民参与的热情度下降了，投票率也下降了，那些喜欢结社、过组织生活、热心公益的美国人不见了，今天的美国人不再愿意走进俱乐部从事集体生活，而是宁愿一个人在家看电视，或者独自去打保龄球。独自打保龄，就意味着美国社会资本的流逝，因此，其结果就是美国人的民主参与正在日趋衰落。②

第四，发问要敢于质疑。学术无禁忌，一定要敢于打破常识，敢于挑战

---

① Williamson, Oliver E., *Market and Hierarchies*, New York: Free Press, 1975.
② ［美］罗伯特·帕特南：《独自打保龄：美国社会资本的衰落与复兴》，北京大学出版社，2011年。

定论，只有如此，才有学术进步与理论创新。好的理论研究大多都具有"论敌"。在《现代资本主义》①一书中，桑巴特指出，资本主义精神起源于犹太教，由犹太教的理性主义观点、犹太教的条文主义、犹太教宗教领袖的商业精神、允许犹太人和非犹太人之间存在不同道德原则的训诫等要素催化而成，在犹太教的影响下，资本主义精神远在16世纪就形成了。清教教义不是资本主义背后的道德力量，相反，资本主义是推动清教教义形成的力量。韦伯的经典著作《新教伦理与资本主义精神》②其实就是在与桑巴特进行对话，韦伯在书中提出，新教伦理才是资本主义精神兴起的源头动力。虽然韦伯的解释也未必是最合理的解释，但是这种提问范式是值得大家学习的。

那么，我们应该如何提升自己的发问能力呢？我接下来讲四个方法。第一，"认祖归宗"，熟悉并掌握本学科和本领域的理论话语及概念语词。这个工作可以归结到文献拆解的范畴内，通过对学术谱系的深挖，掌握整个学术脉络的历史与走向，并且找到传承研究传统的入手点和接力点。第二，"旱地拔葱"，经常进行学术概念的抽象能力训练。通过抽象和拔高，逐渐找到一个从现实世界回应和对接理论脉络的接榫点，然后不断提升连接理论和现实的能力。第三，"抽丝剥茧"，大力强化对研究选题和理论脉络的聚焦力，尤其要学会在众多理论脉络中构建议题的能力。第四，"无中生有"，学会在现有理论体系和文献脉络中另起炉灶，培养开辟有效的学术新范畴的能力。事实上，学术提问能力最后还是要回到文献拆解和研究综述的基本功，以及长年累月的浸淫与按部就班的迭代。

## 四、学术发问示例

接下来我将使用《数字下乡：农村精准扶贫中的技术治理》(《社会学研

---

① ［德］桑巴特：《现代资本主义》，商务印书馆，1936年。
② ［德］马克斯·韦伯：《新教伦理与资本主义精神》，商务印书馆，1992年。

究》2016年第6期）一文节选，来具体展示一个学术发问是如何在文章中具体铺陈的。

### 一、引论："给予型国家"的治理信息问题

21世纪以来，中国国家与农民关系发生了历史性变化。分税制改变了包干制下中央政府与省级政府之间就税收分享而逐年展开的谈判关系，一劳永逸地解决了中央与地方之间的财税分享方案。这极大地提升了国家的税收汲取能力，也为中央有效平衡地方财力、大力进行宏观调控以及调整国家与农民、农村之间的关系奠定了基础，国家一改过去对农村、农民的汲取型姿态，转而通过财政再分配将越来越多的公共资源投入乡村社会。

1978年改革以来，集体生产体制转变为家庭联产承包责任制，国家总体性支配社会资源的格局在消退，国家对农村、农民的组织支配力度也在相应减弱。在20世纪的最后20年，国家治理农村，仍然主要依赖并试图强化组织手段。从2000年开始的税费改革，到2006年1月1日全面废除农业税，国家对农民的直接汲取已经成为历史。税费改革和取消农业税缓解了国家与农民之间的紧张关系，也缓解了农村基层的干群关系，城乡不平等格局进而开始扭转，并由此推动了乡镇机构改革。

而近十年来，在国家与农村、农民的互动过程中，国家给予农民的比重越来越大。2000年以后，国家开始强调改变对农民的汲取政策，党的十六大正式确立了"多予、少取、放活"的对农指导方针。同时，针对农村公共产品和服务缺失的状况，党的十六大提出，要统筹城乡经济社会发展，公共财政开始向农村覆盖。21世纪以来，中央逐步建立了支农专项补贴制度，增加农民收入；实行重点粮食品种最低收购价政策，保障粮食供给；加快对农村基础设施建设的投入，改善农村生产生活条件；加大对农村科教文卫事业的投入，促进农村全面发展。因此，我们不妨将之称为"给予型国家"，以区别于之前的"汲取型国家"。给予型国家并非意味着国家不再向农村汲取资源，而是指政府不再以国家之名，以家户和人口为单位向农村、农民进行直接且

统一的资源汲取，反而以农村社区、家户或人口为单位直接输送资源。

"多予"不仅倒转了国家与农民的资源输送关系，而且进一步导致基层社会的治理形态和治理手段都发生了历史性变化。国家角色的转型导致其具体的治理形态走向技术化。在汲取型国家治理形态中，汲取能力尤为重要，政府作为国家行政者，更关注如何达成治理目标，而在给予型国家治理形态中，由于给予作为直接的施政目标，其治理结果很难通过直观的汇总结果加以呈现，因此，如何提升信息能力，以便对治理过程和结果进行全面而系统的监管与掌控就至关重要。

就治理信息的形态而言，汲取型治理主要涉及硬信息，比如，农村计划生育"一孩半"政策，头胎生男则限制生育，头胎生女则允许再生一孩，相对来说，这样的信息较为刚性，弹性空间不大；而在给予型治理中，治理信息面临软化问题。以扶贫开发为例，什么是贫困户？如何又算作脱贫？这些治理信息高度依赖地方社会情境，远比生育子女数更加复杂。治理信息软化，使得国家更加需要建构系统的信息收集能力。

如何强化自上而下的信息收集能力是新时代国家治理能力建设的重要议题，是国家行政理性化的政策基石，是国家各项治理领域的当务之急。然而，迄今为止，学术界尚未对21世纪以来国家基层治理中的治理信息问题进行必要的理论阐释，因此，本文将以国家在农村的扶贫开发为切入点，重点剖析精准扶贫中数字技术的组织学问题及其对治理转型的意义。

## 二、技术治理与国家信息能力

韦伯认为，中国传统的帝国治理主要依赖儒士熟练运用儒学经典，而以税务管理为代表的计量技术则粗放、落后，这为帝国造成了巨大治理困难。黄仁宇进一步认为，以道德代替技术是近代中国失败的根源，"当一个人口众多的国家，个人行动全凭儒家简单粗浅而又无法固定的原则所限制，而法律又缺乏创造性，则其社会发展的程度，必然受到限制，即便是宗旨善良，也不能补助技术之不及"。即便到了明朝，帝国统治者依然以道德整合国家与社会，而没有发展出基于理性的数目字管理，"中国下层各种经济因素尚未造成一种可以公平而自由交换的情势。最下层的数字既不能复实,中上层之经理亦受影响,所谓各种黑暗与腐败,并非全系道德问题,而是有这样一个基本的技术问题存在。今日中国趋向现代化,必须彻底解决此根本技术问题"。

数目字管理的核心是可计算性,即公共与私人生活的各方面都能通过数字如实计算,理性决策。恰如韦伯所谓的科层制,亦可以"就事论事",并拥有"可计算的规则",这样一来,便能杜绝私人情感和非理性因素,按照事先制定的规则流程实施治理政策。或如瑞泽尔所言,社会治理越来越麦当劳化——越来越追求治理的效率、可计算性、可判定性和可控制性。

黄仁宇所提出的数目字管理,其实质是数字技术。这种技术治理并非通过引进新技术来提升治理效能,而是指治理手段越来越技术化,比如,当国家面对矛盾突出的劳动关系时,试图通过指标化管理等治理技术把劳资双方纳入法制化和契约化的道路上来。

社会治理意义上的技术是一种追求治理效率的治理程式,是一组可以有效计算、复制推广并考核验证的治理流程。治理技术可以在某种程度上摆脱人格化特征,就事论事。当我们谈到治理技术时,主要对应的是行政活动,而非政治活动,虽然这些治理技术最初的出发点和动力源都来自政治系统,但一旦进入治理技术的程式,那些政治系统衍生出的政治行动,不管其最初是否正当,都会慢慢落入技术的套路之中,逐渐去政治化——技术的操作者不再关注治理行动本身是否正当,而是关注如何让治理程式更有效率,以便获得更大的技术收益。对于政策设计者来说,技术治理非常具有治理绩效的想象力,通过治理技术,顶层设计者试图超越基层治理环境中那些具体、特殊甚至琐碎的治理情况,通过整齐划一的技术来规划和推进治理项目。同时,治理技术的推进还能够直观有效地监督下级的政策落实情况,以便减少因为信息不对称、变通和舞弊而导致政策走样的概率。

改革以来,随着市场化的推进,西方公共管理中的现代理念逐渐被引入,以技术理性为代表的公共管理方式日益成为政府改革的方向,法制化、规范化、标准化等技术化原则逐渐成为行政建设的核心议题。人们越来越相信,通过韦伯式的"就事论事"的科层制建设，削弱人治因素和人情关系等要素，更为合理地设计行政机构，明确分工，监督到位、问责明晰，就能够提高公共事务治理的效率。事实上，技术治理并非从改革以后才开始兴起，在改革之前，国家治理也追求指标化、规范化等技术特征，只是随着治理需求的变化，尤其是国家由原本的汲取者转变为给予者之后，国家在基层的治理更加强调其准确性、正当性和有效性，这势必要求行政治理架构更加合理化。

作为技术治理的重要环节，国家信息能力一直是国家能力建设的重要议题。组织社会学的研究对此也有涉及。比如，艾云指出，信息控制对于组织运行来说至关重要，上级政府试图通过"考核指标的数量化""一竿到底""一票否决"等组织制度来化解信息控制问题，而下级政府则在"一票否决""连带责任"等制度压力的激励下，动员和构建起非正式网络，通过非正式运作来隐瞒信息。中间层级的政府（省、市、县）则通过指标"层层分解"和"逐级加码"创造出符合本级政府政治利益的运作空间。

从针对国家信息能力的既有研究来看，大部分研究属于应然性研究，主要探讨国家信息能力建设的治理图景，少数实证研究则将数字管理作为既定的制度结构，关注信息治理的组织过程，强调信息收集者等行动者在组织内的行动逻辑和互动策略。然而，这都无助于打开数字生产的"黑箱"。为了进一步加深我们对于国家信息治理的理解，本文试图将研究视野扩大到社会过程，将社会过程中的数字生产置于理论中心，既审视行政过程对于数字生产的组织影响，也考虑基层治理行动者和治理对象对于数字生产的社会影响。

农村扶贫开发是国家反哺农村、惠及农民的重要国家政策，从1986年国家正式将扶贫开发确立为国家政策，至今恰好三十年。学界对于扶贫工作一直很关注，既有研究如何解释贫困问题和如何测量贫困、构建贫困指数，也有研究关注反贫困的政策与行动，还有学者反思扶贫工作中的国家、地方政府与民众的关系，进而反思扶贫开发的社会后果。这些探讨主要集中于扶贫政策的建构、制定和实施，针对扶贫开发的其他相关研究多数属于政策性研究，主要关注如何让扶贫更加精准等实务目标，而未对精准扶贫进行具有理论深度的阐释以及总体性的理论检视。

　　本文试图将扶贫开发视为一条研究中国基层社会治理的重要线索、一扇检视数字信息技术治理机制的重要窗口。本文接下来将以农村精准扶贫为例，探讨国家如何在基层社会治理过程中建构和实施数字治理技术，以及基层治理行动者如何在具体的地方情境中生产出相应的数字信息。

# 第7章　撰写开题报告

开题是项目选题的落实与研究过程的启动，因此它在整个研究过程中的战略意义是巨大的，甚至可以说是决定性的。不管是学位论文的开题报告，申请博士的研究计划书，还是研究项目的申请书，最终都要将研究的思路和相关愿景落实为文本，并且成功说服评委。因此，本章将详细讲解开题报告的写法，主要针对学位论文和申请博士的计划书的开题报告；关于项目申请书，将在第8章另行阐释。

## 一、开题报告的常见问题与破题思维

开题报告的撰写是学位论文写作中关键的一环，也是检验研究生教育是否有效的重要节点。写不好开题报告书，本质上就是没读好文献，没有训练好学术基本功，也没有养成科学有效的学术提问能力。开题报告写不好，将来会严重影响学位论文写作，甚至会导致延期乃至毕不了业。因此，所有读到此处的未开题同学，都要警醒，并且尽快从本书的前面章节开始，踏踏实实、循序渐进地练习学术基本功。

很多同学不会写，或者写不好开题报告，常见的问题有如下几种。

第一，缺乏正确心态。很多同学采用一种"写作业"的心态去开题，总是希望通过开题报告向老师证明自己是看过文献，学习了某些知识的，甚至还在开题报告中套用、演练这些知识和理论。这种心态是不正确的，尤其是到了博士阶段，如果还是像一个小学生做作业的心态，那么这个开题报告将很难具有创新的基因，甚至没有足够充分的研究意义。

第二，缺乏研究问题。很多同学的开题报告就只是一个"××研究"，没有任何研究问题。这种类型的问题，根源在于学生只是确定了一个圈层，没有学会学术发问，没有任何学术聚焦，更没有梳理学术对话点。此类同学，需要学习本书第6章"在对话中发问"。

第三，没有学理价值。这类开题报告，虽然有了研究问题，但是这个研究问题是实践者关注的，比如自己的领导特别关心的话题，并非学术界关心的话题，也不会引起学术读者的兴趣。这类开题报告通常是将自己的工作内容转化为学位论文选题，也不是说不能研究自己的本职工作，而是要将现实问题转化为学术问题，并找出该问题的学科价值，在本学科的研究视域下确立研究立场和提问角度。

第四，缺乏理论视野。这类开题报告的问题是，通常将国家政策和重大实践领域中的话语直接搬进了开题报告，而且没有进行学科性的价值转换。虽然这些题目本身就具备研究价值，但是对于成熟的学科研究尤其是博士期间的研究而言，这些题目需要与本学科的理论视野衔接，同学们要在熟悉本学科理论话语体系和相关学术概念的基础之上，重新确立研究问题与对话角度。

第五，没有创新基因。这类开题报告的问题是没有打开现有的文献，也没有找到文献的空白与不足，当然也就无法确立自己的创新之处。这类同学通常是比较"听话"的学生，对于所学文献不加甄别地吸收，没有学会批判性思维，更加不善于在与文献的对话中推动研究创新。这些同学需要认真研究并掌握本书的"三起三落"方法，提升对文献的述评能力和对话水平。

第六，缺乏文献支撑。这类问题通常存在于那些临时抱佛脚的同学，他们平时不做功课，也没有认真积累，甚至不知道开题报告要写成什么样子，只是凭借着各种感觉和猜测，把一些日常生活和平时工作中的所思所想转化为看上去像是论文的题目，或者是仿照其他同学的题目对照性地设置了一个题目。对于这些同学而言，最根本的还是要回到文献拆解功课，认认真真吸收本学科的理论、方法等知识体系，踏踏实实积累相关领域的知识，功夫和水平到了，那些似是而非的问题自然就会明朗了。

以上问题归根结底，就是开题报告"开而未破"，换句话说，这些开题报告远没有达到破题的程度。没有破题是后患无穷的，将来论文写作会不停遇到各种拦路虎，即便勉强开始写，也会像挤牙膏一样，越写越难。开题报告如果想要破题，就必须对研究选题和学术史进行认真梳理，然后将文本转化为"问题化模式"。也就是说，你要划破文献，走进字里行间，提出一个实实在在的问题，并且这个问题是符合学术规范、属于学科限定、具有学理价值的问题，然后阐释出如何才能科学有效地进行这样的研究，以及如何具体实现这些研究目标。

最为直观的是，开题报告的核心应该是一个问句形态，而不是陈述句形态，更加不能是短语形态。破题有三个明确的标志：问题明确、目标明确、方法明确。具体来说，开题报告需要包括如下要件：有一个带问号的句子；系统而深刻的文献积累；有自己的学科视野，就算这个学科没有积累，至少有类比文献；有一个切实的研究空白或者具备研究紧迫性；有能够进入研究形态的切口。只有这样，开题报告才是一种"研究待启"的破题状态。

很多人对开题报告书不是很了解，尤其是第一次开题的研究生，往往将开题报告书想象得非常神秘、晦涩。其实，你只要将开题报告书理解为一份投资规划书即可。开题就是你要获取开题专家对你的选题及研究计划的认可。这很像是一个刚刚做出来一点眉目的小公司，向众多风险投资者进行融资。所以，你将开题的老师理解为风险投资者即可。那么，你想让风投掏钱买单，就得首先说服他们给你投资。为此，你需要向他们说明三个问题：第一，你的项目是值得投资的，也就是说，你的项目是有价值的。第二，你的项目相比于其他的项目是不同的。如果你的项目同行都已经做好了，尽管这个项目很有价值，但是投资者肯定不会轻易点头，你必须说明你的项目与其他项目有何不同，也就是说，你的项目是具有独创性的。第三，你需要进一步说明，你有方法和实力把这个项目做出来，也就是可行性问题，否则，即便你的想法再好也不值得投资。同样的，研究开题是一个研究规划，研究不能无目的地开展，尤其是一些项目的开题，项目立项必须确保这项研究不是在做无用功，是一项值得做、能够做的研究。因此，你的开题报告也要向开题专家回答这三个问题。

## 二、开题报告的心法与诀窍

在具体讲解开题报告的写法之前，我们需要透彻理解开题报告的文体和写法。为此，大家需要先理解如下心法。

第一，向上说服的姿态。开题报告的读者是专家评委，他们本质上是权威的学术同行。因为他们是同行，所以，你的姿态不能是过于膜拜的、仰望的，而应该是同行间的平等对话，你要把开题报告的对话性展示出来——向同行介绍你的研究计划。又因为他们是权威，所以，你仍然要适当放低姿态，用一种征求认可的方式向他们游说自己的研究计划，期待他们点头。你越是把自己放在小学生的位置上，就越写不好，当然也不能把评审当作学生进而对其说教。为此，开题报告不能有太多废话，也不要有太多基础性知识，否则，专家会认为你不专业，是外行。

第二，拥抱不确定性。不确定性才是理论生长的源动力，也是经验与理论之间的"暗门"，越是黑暗的地方，越需要照亮。所以，在开题报告的撰写中，同学们要抛弃守成心态，减少对现有研究的心理依赖，着重阐释这个研究所面对的不确定性，尤其是前人研究力所不及之处。在处理文献与问题的过程中，那些原本无法预计的问题，也很有可能是更具成长性的地方，所以，开题报告的聚焦与陈述，都要着重于研究问题的不确定性，并从中确立新的理论增长点。

第三，"一问到底"的叙事线索。学术发表是答案，而开题报告则是问题。所有的文本都要服务于问题的提出这个叙事逻辑。很多同学把大量的篇幅用于研究背景和研究综述，或者是大量撰写研究结论、目录框架等，这是本末倒置了，开题报告不需要将答案陈述得过于清晰，否则就不需要研究过程。同时研究背景等也只要点出问题的关键即可，研究综述可以铺陈，但是不能模糊研究问题这个线索，否则就是喧宾夺主了。

那么，具体如何进行开题报告的写作呢？接下来我再讲解六个诀窍。

第一，将文献拆解、研究综述与选题发问的连续过程中所需要的基本功和前期积累准备好。学术研究是一项水到渠成的工作，开题只是众多学术工序中的一环，同学们要将开题当作阅读和思考的终点，以及学术写作的起点。如果开题报告的写作出现问题，就诉诸前端工序。对于那些需要开展博士论文开题的同学，尤其还在博士一年级时，我建议至少拆解1000篇本专业的期刊论文，如果你能够做到这个量级的话，很多问题迎刃而解，就算你的博士是跨专业攻读的，也不足为惧。

第二，对相关领域的文献最好做到地毯式搜索，穷尽必要的文献类型。穷尽文献，对很多专业是不可能的，但是穷尽文献类型是绝对可行的，当你对文献的阅读和拆解达到一定程度以后，你就会自行分类，合并同类项，有些文献一看就知道是什么类型的，掌握适当类型及其代表性的文献以后，研究综述基本上就可以成型了，文献对话自然也就找到了。

第三，对本专业的优秀学位论文进行拆解，以终为始。很多同学开题以后才知道毕业论文要写成什么样，结果发现自己的开题报告与最终论文愿景完全是南辕北辙。为此，同学们要在开题之前乃至最初准备阶段就认真做好毕业论文的拆解，充分知悉自己的写作终点，并且弄清楚毕业论文写作的原委以及写作所需要的各项准备工作、方法论等。

第四，对本学科的高引论文进行深度拆解和学习。由于学位论文也只是与你同等学力的平辈所写，属于习作的范畴，有些知识和方法相对不够纯熟，甚至还会出现以讹传讹的现象，只横向学习平辈的早期成果，容易低水平重复。所以，最好对顶级期刊的顶级论文做深度学习，以保证学习到本学科最纯正的理论与方法，同时保证对学术前沿的认知。

第五，毕业论文尽量与学科元问题挂钩。前面已经多次讲了"认祖归宗"的重要性，对于毕业论文这样一种以学科训练为主要目的的论文形式而言，学术创新有时候不是最重要的。尤其是硕士论文，能够符合学科规范，并且回应学科基本问题，反而是更为重要的原则。同学们可以尽情释放自己的学术想象力，将相关议题中的深层学理问题分析出来，并且予以回答。

第六，放弃过于陈旧的选题，适当拥抱蓝海。建议各位同学放弃那些已经被做得特别充分了的红海题目，也不要再拾人牙慧了。可以通过参考国际选题、时政议题和社会趋势来重构相关选题，最好是运用经典命题来研究新的研究事实。这样一来，你的选题既有学术支撑，又可以引领学术前沿。

在明白了开题报告写作的心法和诀窍以后，同学们需要明白，任何开题报告的内核就是这样三个关键问题：

第一，你的议题（Topic）是什么？

第二，关于这个议题的文献积累（Context）是什么？

第三，现有研究的不足与你的创新（Contribution）是什么？

把这三个关键问题确立好了，就可以开始正式的开题报告撰写了。不过任何开题报告都不是一蹴而就的，而是一个反复试错和不断迭代的过程。所以，对于核心问题的明确过程，是贯穿在整个开题报告撰写过程中的，等将来研究完成以后，还要重新调校这个"有中生无、无中生有"的过程，并最终把这项研究摆上相应书架。

## 三、开题报告的具体模块写作

不同学校的开题报告虽然形式各异，但是归根到底就是四个模块：价值陈述、现状梳理、研究设计、可行方案。这四个模块分别承担了开题的四项功能，并环环相扣。

第一，价值陈述。这一模块的核心是要回答一个问题：为什么这个题目值得做？为此，你需要介绍这个选题的来源以及相关背景，然后陈述这项研究的必要性和重要性，相关的创造性贡献是什么，做完以后的研究愿景是什么，以及相应的成果可能会产生哪些学术和社会影响。

第二，文献梳理。这一模块主要是研究综述的部分，也是开题最为重要的基础性工作，这部分的写作，可以参照"三起三落"和"穿针引线打结"的写作方法。在价值陈述并且将研究问题抛出来以后，要说明前人的研究究竟有何积累。这和国家社科基金项目申请活页的学术史梳理是一样的。要将现有的研究分门别类，按照自己的研究主题和学术发问重新组织叙述线索，并在文献述评的基础之上引出研究对话和创新点。

第三，研究设计。完成了现状梳理以后的创新描述，开题者就需要将研究目标、研究思路和相关愿景呈现给评委。这一模块主要是将前面所及的研究创新具体展开，运用相应学术概念、研究思路和理论框架等将研究内容从微观层面上有效打开，呈现出如何开展研究的愿景，以及可能产生的研究成果，这一模块重点展示研究的理论高度和关键环节。

第四，可行方案。在研究设计做完以后，要具体陈述项目的实施细则，也就是说这个研究项目要具有落地的可能性，并且要把研究的具体计划、时间表和相关支撑等都呈现出来。就如同说服投资者所投项目可以成功盈利一样，研究设计必须具有现实的可操作性和落地的可行性，具体包括研究方法、研究进度、研究重点、研究难点等，这一模块重点展示研究的微观框架和局部细节，尤其是可操作性。

### （一）价值陈述

通常在价值陈述这部分，最需要做的就是构建研究的合法性。具体来说，这个合法性可以是以学科建设为主，比如学科中的重大攻关难题；可以现实紧迫性为主，比如当下社会生活中亟须解决的问题；可以是重大的政策法规需要智力支持，比如中央和各地市刚出台的政策需要论证落实等。总之，价值陈述部分的重心是为研究题目的出场做铺垫，它相当于选题规划的具体展开，在这一部分，必须对研究价值的各个方面进行陈述，务必让评阅者认定本研究的必要性和重要意义。

在开题报告的第一部分，首先，必须交代选题缘由。也就是说选择这项研究的背景是什么，依据何在。开题者需要说服专家开展这项研究的必要性和重要性分别是什么。尽管有些题目在研究者看来兴趣盎然，但是要想获得立项，必须能够观照到学术市场中更加广泛的学术读者，这些专家需要对此进行判断：开展这项研究的学术价值在哪里，是否值得投入必要的时间成本。其次，要陈述这项研究的研究意义是什么。通常这部分需要在上面选题依据的基础上进一步陈述这项研究的理论意义、现实意义和政策意义等。最后，价值陈述通常也会涉及研究背景和其他相关陈述，这些背景介绍和基础信息陈述需要将研究的来龙去脉谈清楚。

### （二）文献梳理

开题报告的核心在于文献梳理，甚至可以说，文献梳理做得好，基本上开题报告就成功了一大半。所以，对于绝大多数同学而言，把文献读明白、写明白、梳理明白，就是学术写作的底层核心能力。这也是本书花费大量篇幅讲解文献拆解、研究综述和选题发问的重要原因。

文献梳理并非只是把文献堆砌在那里，而是要有自己的思考和甄别，要对这些文献展开分析性的判断与陈述。当然，这里再次强调：功夫在平时，拆解在研一（或博一）。如果一开始没有把这些文献吃透、拆好，希望在开题之前临时抱佛脚、拼凑一二，虽然勉强可以凑数，但是苦日子一定在后头。

在知识生产分工如此精细的今天，学术研究是特别需要强调分支领域的。就像之前所举的例子，重新发明微积分，是没有任何意义的，除非你在此基础上做出新的独创性贡献。知识体系是一栋大厦，每个人都需要在前人基础上添砖加瓦，站在前人研究的基础上做出自己的贡献。所以，新的研究都是在文献梳理的基础上提出来的，本研究的独创性也是在研究者充分了解并掌握相关研究现状的基础之上才能做出来的。

一些初入门的学术写作者，尤其是硕士生，往往不注重文献梳理，只是简单把文献的题目串一串，而没有认真串联相关文献线索，甚至没有直接阅读这些文章。这样做是很危险的，一方面，如果你不知道这些文章的内在理论，你在写作的时候就会"不知深浅"，甚至会犯常识性错误；另一方面，你根本无法抓住这些文献哪里是重点、哪里是不重要的，也就无法确立创新之处，甚至还会重复相关研究。有些同学认为，对于研究综述的判断可以交给导师，但实际上导师对于这些文献也很可能不够熟悉，无法替你判断。因此，文献梳理的工作务必亲自做。

文献梳理不能简单列举既有研究，更不能简单套用他人的文献梳理框架，开题者必须打开这些选题，否则一知半解的简单拼凑，会与自己的研究方枘圆凿，无法兼容。对研究现状要通过在文献的历史形成脉络中把握，否则你可能无法判断这个选题是否前沿。只有将当下的问题、研究放在一个过去与未来的发展脉络中去把握，研究者才能把学术问题的来龙去脉弄清楚，也才能进一步全面梳理好文献，为后续的研究提问与学术对话做铺垫。概括地说，通过对诸多文献的梳理，你必须澄清研究问题，明确研究问题的角度，确立新观点、新方法、新材料等创新之处的生长点。这些"角落"都踩结实了，也就相当于提出了自己的研究方向。什么是研究现状？就是目前国内外研究这一领域的情况如何，研究者是谁，研究的深度、广度和已经取得的成果是什么，有待进一步研究的问题是什么，特色和突破点是什么。文献梳理其实是你中有我、我中有你的。研究综述的最后肯定是落脚在自己的研究上，综述别人的研究并不纯粹是为了讲别人的研究，而是为提出自己的研究做铺垫。

（三）研究设计

在确立了研究价值和边际贡献以后，开题报告需要进入研究设计模块。在这个模块，开题者需要将研究彻底打开，提出研究方案与执行手段。研究的具体设计一般要将研究内容、研究方法、基本思路、研究进度、研究可行性、问题的难点和重点、预期的成果形式、参考文献都写出来。下表是一个实证研究的研究设计表格，可供参考。

| 研究设计 ||
| --- | --- |
| 研究目的 | |
| 研究地点 | |
| 收集进度 | |
| 抽样方法 | |
| 研究方法 | |
| 背景资料 | |
| 研究内容 | |
| 研究对象 | |
| 敏感性概念 | |

整体而言，研究设计属于承接研究选题的角度，兑现研究目标，并且呈现研究内容的具体脉络与研究方案的落地环节。具体而言，它可以分为四个步骤：定题、定景、定纲、定法。

首先，定题，即确定开题报告的题目。开题报告不是在一开始完全确立题目的，而是在确立了研究价值和文献梳理以后，再经过多方面的梳理和综合考量，最终确定开题报告的题目。这时确定的题目务必恰当，要能如实地反映研究对象、研究范畴和研究志趣，名称需要规范、准确和到位，同时也要简洁，最好不超过20个字。开题报告的题目最好是"所见即所得"，直白地呈现自己的研究问题，让读者很快就能知晓本课题究竟是要解决什么议题。一篇论文很难解决问题域里的所有问题，而只能解决某些问题，甚至某一个问题，而且这些问题也不是所有方面都能得到回答，而只是在某些范围、程度和水平上获得回答。其实，这正是科学研究严谨之所在。科学研究不贵乎大而全，而在于能够在一定范围内将问题解决，因为它严格限定了解决问题的范围和水平，所以它的研究才是可靠的。因此，研究问题不可以过于简单，而应该尽可能地具体明确到底要在什么方面、什么层次和什么水平上研究该问题。

其次，定景，即确定研究愿景。要在开题报告中明确将来自己的研究需要做到什么程度，做出什么成果。研究愿景是对开题报告的研究问题的具体回应。研究愿景的构建能力是学术研究的重要基础，开题者必须具有充分且详细的学术想象的呈现力。这里需要说明的是，开题报告不是要直接给出答案，而是要把研究结果给描述出来，研究结果和研究愿景是两回事，后者相对来说更需要运用通用的学术语言，客观中立地概述研究成果。可以使用"本研究力图通过××，对××做出详尽阐释，以期实现××（研究目标）"等类似句式。这些研究愿景从某种程度上是要对选题价值、文献梳理有所回应，并且具体落地，从学术观点和相关方法等方面具体实现创新。

再次，定纲，即确定研究提纲。尽管开题者并没进行充分的研究，但是在开题时往往已经做了初步的探索，具有前期的基础，甚至已经做了部分调研，那么这个时候，在开题报告中虽然不能明确提出具体的研究命题和最终的研究结论，但是开题者仍然需要将研究提纲明确出来——这个提纲也可以在后续优化调整，并非最终版本。研究提纲的确立，标志着开题者对于研究题目是有明确的研究抓手的，所以，这个研究提纲应该具体包括研究的核心概念、基础命题、研究思路、研究内容和研究路径等。这个研究提纲实际上是一种对研究任务进行细致分解的过程，是一个逐渐降维和层层落实的过程。在量化研究中，我们通常会进行研究操作化的过程：将研究理论变成一些有关系的研究命题，并且将命题进一步分解为一些研究概念，再将这些概念变为一些研究变量，而研究变量又可以变为量化指标，再变为可以操作的调查问卷题目，调查问卷题目收集到数据，层层返回，最终回到理论建构层面，或至少回到命题搭建层面。周密的研究提纲可以让评委们认定：这个开题报告并非单纯的思维灵感，也没有停留在概念探索的初级阶段，而是具备周密详细的研究计划的，是可以落地实操的。

最后，定法，即确定研究方法。将研究做出来，并且是规范有效地做出来，需要必要的研究方法予以支撑。为了落实研究设计，是采取问卷的方法，还是采取实地观察的方法，开题者要交代清楚，以便让评委知悉相关研究进路。具体的研究方法阐释通常包括两个部分：整体性的方法论介绍和具体的实现手段。比如，有些社会学研究需要介绍自己的质性研究方法和质性分析方法，以及为什么要使用这些方法，在此基础上，还要对采用何种具体的资料收集方法进行说明，比如深度访谈法，初步估计多少个样本，如何进行抽样和确定研究对象等，甚至可以写明初步的访谈提纲。这些研究方法的综合呈现，可以较为清晰地让评审们看到开题者的研究进路，也可以对这些研究过程有效评估，对研究结果进行初步预判。

### （四）可行方案

在开题报告的最后部分，研究者需要给出一个科学严谨的可行方案。就如同融资者需要向投资人提供可操作的行动方案，把这个项目能够落地、盈利的实操方案呈现出来，甚至提供详细的时间表，否则投资人有理由认为你是在画饼。同样的，研究者需要对本课题的可行性进行充分论证，包括对研究过程的重点难点进行充分估量，对研究阶段进行有效详细的界定，并且确保自己的研究实力可以支撑这样的研究计划。最好能够将具体的研究进展的时间表及各个时间段的进度予以明确标明，再将完成这项研究的相关保障进行有效说明，让评审人认定研究者具备做出这项研究的实力和能力。

在可行方案以后，通常还需要展示研究的预期成果，以及研究成果是以什么形式具体承载、转化的，等等。有些开题报告还会展示研究的预期框架等，这些都是在将未来研究予以可视化，以便评委们认定本研究的科学性和可行性。

各个学科和领域的开题报告大不相同，但是从模块上看无非以上四项内容，只要将以上内容梳理清楚并撰写完整，基本上也就可以参加开题答辩了。

# 第8章 统筹申报项目

第7章所讲的开题报告侧重于学位论文，本章则侧重于科研项目申报。对于那些博士毕业并需要长期从事科研工作的人来说，项目申报是现如今很多科研院校非常看重的考评指标，在职称评定中占据很大的权重，所以，撰写项目申请书是一项必备的学术生存技能。过去来书院学习的大量学员，最普遍的问题是，未能有效掌握项目申报的方法论，或者说没有形成项目书写作的有效思维，最直观的表现是，他们既不知道自己的项目书为什么不能通过，也不知道那些已经立项的申请书是如何通过的。因此，本章将致力于把项目申报的方法论和具体写作策略呈现出来。出于行文方便，本章主要以国家社科基金项目申请书为示例，对于其他项目，读者可以举一反三。

## 一、项目申报的常见问题与方法论重塑

对于初出茅庐的年轻作者来说，项目书写作是一件很有挑战性的任务，尤其是那些缺乏学术训练的作者，对于项目书写作还存在许多误读。他们普遍存在如下问题。

第一，选题过于陈旧，缺乏必要的标识度。这类选题者通常是参考了过于陈旧的选题，或者是在过去学者的思维范畴里打转转，单纯认为有些题目可以借鉴，或者说有人做过，他们才敢尝试。

第二，选题过于含糊和笼统，问题导向不清晰，甚至没有将问题明确，

或者说没有进行必要的标题凝练。这类选题者通常学术水平不够扎实，尤其是缺乏社科类的思维训练，导致他们对于研究问题的理解极为肤浅，不能在有效的问题域中打开自己的问题，或者不能将现实问题进行必要的学理转化，仅停留在就事论事的层面。这类选题通常很难通过初评。

第三，缺乏必要的学术文献积累，只有一些简单的文献堆积，甚至是勉强拼凑的不相关文献。这些选题通常是为了跟风，或者将选题勉强放在某个学科或领域。这类选题者通常没有在一个领域中深耕过，或者说他们过去的研究只是单纯的对策研究，甚至没有从事过严肃认真的学术研究，导致他们对于文献无从下手，更不能从学科脉络中将相关学术史定位并梳理出来。进一步说，由于缺乏必要的学术基本功训练和学科深耕，他们对于选题缺乏必要的学术想象力，不能提炼出有深度的学科问题，也无法与文献进行有效对话，这种选题一般也是很难通过的。

第四，虽然选择了一个前沿或者新潮的题目，但是没有研究深度，甚至缺乏必要的学术性。这类选题通常是针对现实重大问题提出的，尽管很热门，但是缺乏理论加持。在高水平的项目申请中，申请者必须具备必要的学理基础，将前沿问题转化为有效的学术议题，并且在一个有效的理论框架中展开。

第五，缺乏比较优势和研究特色，选题的雷同度很高。这类选题普遍存在，他们的问题是缺乏对自身研究的有效提炼，没有将研究选题本身的学术性进行有效加工，所以也未能确立相对于其他学术作品的比较优势。这类选题者往往是"被迫营业"，或者说临时换了一个选题，但是对这个题目又比较陌生，所以提交的申请书会很平庸。这类选题基本无法通过初选。

第六，学术论证能力不足，语言组织能力不够。这类选题者通常只是提出了一个研究选题，但是选题究竟要做什么，有什么研究思路、研究内容、研究框架和研究方法，却很不明确，在行文过程中也非常不善于遣词用句，文字整体比较破碎，很难对选题形成必要支撑。

对于以上问题，我们需要从长计议。因此，我首先讲三个针对项目书写作的方法论。

(一)项目申报是一次学术品牌统筹

很多申请者在申报项目时较为随意,没有经过深思熟虑,甚至只是在领导和师友的劝告下随便报了一个选题。这种做法是有害的,而且就算是侥幸获得通过,往往也会在后续研究过程中停滞不前,甚至陷入困境。任何学术发展都是经过规划的,而且严肃认真的学术项目通常会贯通若干年。如果没有做好统筹,往往既荒废时间,又没有实质性产出,这样做学术就会越做越没劲。事实上,项目书并非一个简单的文本,可以把它看作一项学术发展的规划书。通过撰写课题书,可以系统思考未来自己的学术发展道路,查漏补缺,构建自己的学术研究小生态。对于某些博士论文做得不够理想的同学,也可以通过申请项目把过去需要提升的地方进行重整,甚至找到一个更有价值点的研究进路,或者换一个学术发表的打法,让过去的学术成果焕发新的生机。

进一步说,科研立项不仅是学术晋升的要件,也是学者自身学术发展、凝练学术品牌和统筹学术资源的重要工具,有助于廓清自己的研究领域,形成自身研究的品牌优势,同时也让学术界更好地认识、理解和认可自己的学术成果。申请科研项目,就像是种一颗种子,未来若干年的学术布局都应该围绕这个主题进行,并且在这个基础上整体性地全面开发学术成果,让自己的学术产品多元化。如果规划适宜,这颗种子就会长成大树,并最终形成属于自己的"学术森林"。因此,申请项目的主题轻易不要变动,一定要做好前期的整体规划。为此,也要学会将自己的博士论文的主题纳入相应的学术生态体系之中。整个学术生态其实是山头林立的——当然这并非某个人的策划,而是大量的学术单位和知识人在各自学术领域逐渐积累以后所形成的一种自然发展态势,所以,如何在现有学术生态中找到一个合适的学术位置,特别重要。这关系到自己的学术能否融入学界,能否向学术界借力、借势,以及将来能否取得必要的学术地位和话语权。

## （二）项目申报是学术做功的自然转化

有一些人申报项目，通常是想到一个比较好的题目，就准备去申报，然后临时拼凑主题、文献和相关材料，这种"现搭班子现唱戏"的做法是很不可取的。当然如果有些人学术水平很高，同时也有相关方面的积累，另当别论。但是，对于绝大多数科研从业者来说，最理想的做法就是把自己拥有一定积累的题目拿出来，予以有效转化。因此，在项目申报以前，申请者最好持续关注一定周期的学术选题，然后基于所申请项目的选情与标准做一个项目制转化。基于这一方法论，我有如下建议。

第一，确立并深耕一个研究领域，这个研究领域不是以项目为中心和起点的，申报项目只是这个深耕领域中的一环，也是长期学术积累的自然衔接。所谓深耕一个研究领域，是要对这个研究领域的方方面面都有深入理解和有效把握。同时，要围绕这一领域开展必要的前期研究，甚至做出相应的阶段性成果。

第二，对相关领域的前期研究与前沿文献进行深度复盘和理解。所谓文献梳理，是对同行的研究与成果进行必要的参考性学习，同时看一看本领域的研究进展到什么程度了，再从这个基础出发。作为评审者，肯定不愿意重复资助，而是希望研究是渐次推进的，最好是能够差异化竞争的。为此，我建议申请人务必至少提前数月开展文献梳理工作。

第三，认真思考自己的研究究竟可以为学术界带来什么，换位思考，将自己研究的独创性贡献转化为项目的确立基础。这是特别稀缺的品质，很大比例的申请者通常不关注评审人的立场，往往是"自我感动式"的申请，将对方不关注的问题阐释得过多，比如研究背景，但是对于评审人关注的核心贡献，以及相伴随的研究发问、框架提纲、研究方法等，反而落笔甚少，这样肯定是无益于提升立项概率的。

第四，要使用学术界通用的话语与概念，对研究议题进行学术转化。这主要体现申请人对于学科话语的熟悉度以及凝练研究议题的基本功。很多申请人不善于抓取最为重要的研究议题转化点，或者虽然抓取到了研究的重心，却使用了日常生活术语，或者使用了一些不准确的、不能精准概括研究内核的话语。因此，在申报项目之前，要对自己的学术基本功进行复盘，有效提升自己的学术概括能力和逻辑加工能力。

### （三）项目申请书是一种特定文体

任何一种文本，本质上都是一类文体。也就是说，项目申请书的写作，虽然一般不会发表，也没有太多读者，甚至一个人的写作次数也不会太多，但它的修辞方式和学术论文、课堂讲授等是完全不同的。

项目申请书这样一类文体，主要有如下特征：第一，它是一种说服性文本，目的是通过客观的选题陈述、框架论证和研究计划，向课题评委们有效地论证本项目的立项必要性；第二，项目申请书本质上是议论文，而不是说明文，所以行文写作要具备论证性，不能过多铺陈信息，变成了信息堆积，尤其不要铺陈太多与本研究无关的信息；第三，项目申请书的读者是专业评委，是具备评阅相关专业文本经验、更高学力的专家学者，这类读者的专业水平和社会身份等特征，决定了项目申请书是一种向上说服的文本，它既需要像对同行一样要言不烦，简明扼要地阐述选题——否则会显得特别业余，也需要尊重评委，不能用说教和俯视的态度陈述事实和观点；第四，项目申请书的写作必须是专业用语，要清晰简洁，行文严谨，不能是口语化的，不能言语啰嗦，更不能出现空话假话，具体地说，就是每一句话都要有事实与观点的支撑，经得住专业推敲和专家审阅。

为了适应这种文体，我建议大家多去开会，多在学术生活中结识这些评委级别的学者，通过与他们的对话，感受前沿学者的思维方式与价值判断，可以更快地形成与他们学术对话的素养，而这样的表达技艺迁移过来，就是项目申请书的修辞语态。这些专家之所以可以成为评委，一定是有专业上的过硬之处的，而且他们对于整个学科的判断，对于项目评审的整体理解，对于学术与社会的关系，都有特别深刻的理解，他们被选择为评委，本身就代表了相应学科与领域的特定偏好。基于这些评委的一些特征，比如时间紧，通常没有整块时间（他们的评阅往往是利用碎片化时间），所以行文简洁、直奔主题等行文风格，会更容易获得他们的青睐。此外，大家最好多去训练自己的专业学术表达，那种自然流淌出来的正宗学术味道，是会引发评委共鸣的。

## 二、学术市场视角下的项目申报体制

对于项目申报者，最大的困扰是，对项目评审过程不够了解。曾经有一个找我咨询的学员，他中过一次国家社科项目，此后就再也没中第二次。之所以如此，是他自己也不知道当初助他项目中标的真正因素，自然也就无法复制第一次的成功。还有一些申请人将项目申报视为撞大运、玄学等，这种看法也是不准确的，项目申报的确有运气的成分在，但绝对不是单纯靠运气。每一件事情都有不可控的因素在，但是我们不可能一切靠运气行事。还有一些申请人将项目申报看成是幕后操纵、关系运作等。的确任何有人的地方，一定存在人情与关系，也存在好恶偏差，但是也不能以偏概全，把所有因素归结于此，还是要中正地看主流。因此，所有申报者，都需要深刻认识并理解整个项目申报体制及其运作机制，在理解了规则以后再合规合理地提升自己的中标概率。

一个项目能否最终立项，实际上是项目市场中多方博弈的一个结果。很多年轻申请人通常犯的毛病是，太过于自我沉浸，甚至自我感动，总是站在自己的立场上去想象自己的研究，自我循环。事实上，项目申报必须将自己的研究置于学术市场中予以考察。与其他领域的分工和交换一样，学术领域也是一个市场，只是学术市场的买家是虚拟的，或者是项目发布方作为虚拟的代理方，而专家评委作为学术机构的"采购商"，较为间接地展示学术市场的需求。自古至今，所有的学术良作都是学术市场的畅销品，因为它们满足学术大众的知识需求，让相关读者及一般大众都能因为这些学术成果而受益。

在学术市场中，项目申请者最需要思考的问题是：假如我的学术项目呈现在评委面前，他们是否愿意买单？在这一点上，所有的学术作品都是平等的，包括大师的作品。学术市场表面上看起来纷繁无序，但并非无章可循，与其他类型的市场一样，它也遵循价值规律。凡是高价值的学术产品，一定更容易在学术市场中走俏，这是自古不易的规律。因此，务必对自己的研究进行必要的对象化思考：我的研究在学术市场中是否有足够的价值？如果你发现这项研究将会无人问津，那就趁早改弦更张。否则，你的学术成果最多只能自产自销，在立项与发表的过程中将很难脱颖而出。那些时隔多年才意识到自己的研究没有市场的学者，是令人遗憾的，他们完全可以将宝贵的学术时间投入到更为有价值的学术选题之中。

具体来说，项目评审体制包括如下四方行动者。首先，第一方行动者是学术项目的发布方，比如国家社科基金项目是由全国哲学社会科学工作办公室确立并发布，教育部人文社会科学研究一般项目则是由教育部社会科学司确立并发布。不同的项目发布方，会有不同的"项目精神"，也会有非常强烈的项目导向。一般而言，国家社科项目会比教育部项目更强调决策属性，而后者更强调学科属性，如果一些申报人的题目过于小众，或者政策参考属性弱，那么申报后者会更有胜算。当然，这只是相对而言，申报者需要对自己的选题与项目精神进行对比思考后再做决策。

其次，第二方行动者是学术项目评审专家。学术项目评审专家通常是由项目发布方邀请并确认的，通常项目发布方会有专家数据库，每个固定周期会进行调整，开展评审时会按照相应规则抽取特定评审项目的专家。值得一提的是，所有的综合项目评审，比如国家社科项目和教育部项目，一般都是按照学科分布的，每个学科有相应的召集人。实际上这些评审专家就是该学科的学术权威或者各个地方院校的学科负责人、学术带头人、学术骨干等，在成就、身份和地位上具有较多共同属性，我们不妨将之称为"学术长老"。因此，理解这些学术长老，对于申请人极为重要。他们基本代表了本学科的主流价值与学术取向，可谓"彼此各有取向，大家相去不远"，他们的学术与社会交集也不止于项目评审本身，在平时就已经互有来往，甚至形成了初步默契，因此，如果参与会评，对待相应的学科问题，他们基本上不会产生太大的学术分歧，就算有些交锋，也不过一两个回合就消弭了。

再次，科研单位作为项目评审结果的直接受益组织。当下各家科研单位的相关负责人都希望扩大本单位的学术项目绩效，因而不断地推动有潜力的科研人员申报项目，并且想方设法地为项目申报提供各种条件与便利，甚至将相关的资源与导向都与之绑定。但是一般来说，国家或省部级项目的总体名额是有限的，因此院校与科研院所等单位的资源竞争是相当激烈的，申请人在筹算项目申报的胜率时，要考虑到科研单位本身的生态与资源位置。

最后，一线科研从业者作为项目申报人。随着我国整体教育水平的提升，硕博群体的日益增长，科研人员数量稳定增长，大量年轻的、受过良好学术训练的博士们加入项目申报的行列之中，未来项目申报的竞争态势只会越来越激烈。如何在众多学术竞争者之间脱颖而出，是每个年轻学者都需要认真思考的战略问题。

在如今的项目评审市场中，学术评委的作用日益凸显，比如国家社科基金项目的评审，通常是两次评阅：第一道是双向匿名评审，第二道是专家会评。双向匿名评审中五名专家是从广泛的学术群体中挑选出来的，评审的双向匿名性、专业性和随机性，可以基本保证这五名评审专家的意见能够最大限度地代表学术市场对评审对象的价值鉴定。这一道评审机制是非常科学的，所有申请人都需要通过论证活页说服评审专家：自己的研究为何值得公共资源的注意与投资。当然，学术市场中的信息不一定是非常充分和对称的，并不是所有评审专家对于研究前沿的把握都能充分和及时，所以，有些学术选题尽管很新、很有价值，却也有可能在评审中遇冷。

此外，有些小众的选题可能会遭遇尴尬，有些精细化和专业分化程度高的选题也会吃亏一些。因为，社科基金立项的评审专家对于这些研究议题和学科知识可能有些陌生，因此，有些优秀的青年学者会很苦恼：明明自己的研究已经获得了本专业领域专家和权威期刊的认可,为什么还会在社科立项中遇冷?其实,这个问题有多重原因,要想对过分专业和精细的选题进行价值鉴定,需要非常成熟和庞大的学术群体,这需要学术生态的长足发展。但是,从另外一个方面说,一个好的研究选题不能满足于打动本专业领域的专家,只获得"小圈子"的认可,它更应该打动一般学术专家、圈外专家甚至一般读者,在宽泛的学术市场中获得广泛认同。这样,它才具有学术的外部性溢价,才具有深厚的学术价值。

对此,我有如下建议。第一,报项目不是写作业,一定要把自己的研究放在真切的学术市场中考察,尤其是要考察特定领域的学术产品供给,然后权衡自己研究的价值度与稀缺性。这要回到大量的文献梳理与现状考察工作中去,再将自己研究中最为有效的学术长板转化出来,而不是随意选取。比如一个马列学科的老师希望申请基层社会治理项目,而她平时很少调研,对于本省的各地市情况又知之甚少,我便劝她回归马列学科的选题,比如共同富裕这个话题,因为基层社会治理是社会学和公共管理学的长板,而且这两个学科有调查研究的方法论支撑,很多学者平时就跟踪并深耕各地市的基层实践,他们对于基层治理的理论前沿与实践动态都非常熟悉,不是其他专业可以同日而语的,而共同富裕这个选题则更为适合马列学科的学术话语,也可以避免研究方法上的短兵相接。在接受了我的建议和辅导以后,她最终顺利中标教育部项目。

第二,一定要理解项目申报的采购商思维。一方面,要站在项目发布方的立场考察自己的研究在整个项目生态中的位置与优劣,比如国家社科基金这些年的政策导向非常突出,越来越强调服务重大现实问题决策,因此,那些社科类的专业有大比例的选题是针对当下中国重要的现实议题而设的。因此,我建议申请国家社科基金项目的科研人,要多阅读中央和省市的政策文本,深入研究当下重大现实问题,从中寻找自己的研究出发点。另一方面,要对相关学科的学术评委们有所了解,了解这些学术长老的知识结构与选题偏好,探究学科中哪些研究问题可以打动这些职称自由的前辈学者。同时,面对这些前辈的时候，好好学习他们松弛的表达感与自信的对话感，这些学术前辈们也很希望后继有人，让学科蒸蒸日上。有一点特别重要，不要把这些评审人当成"假想敌"，他们其实是你的学术同盟，得道多助，失道寡助，如果你的研究足够优秀，更多的学术长老是乐于成人之美的。

第三，在评审过程中保持正向健康的心态。只要有人的地方，就肯定会有人情的存在，中国、外国，都是如此。在绝大多数的情况下，项目评审还是相对公允的。在规则明确的情况下，各个行动方肯定会最大化地增加自己的博弈胜算，有时候不免也有一些逾矩之处。但是我奉劝各位，不要去关注那些层面的信息，也不要因为自己刚走上学术职业或者所在学校并非"头部大学"就妄自菲薄。在2023年我所辅导的学员中，有两个刚毕业的博士生第一次申请就拿到了教育部项目，其中一位是普通院校的教师。在2024年的辅导学员中，一名只有硕士学历和中级职称的学员也获得了教育部项目。正面的案例、反面的情况都有，而且每年的环境、选情与评审专家都不同，肯定也存在一些随机因素，所以，申请者务必摆正心态，以中正之法寻求制胜之道。

## 三、选题的务虚、挖掘与定题

在所有类型的项目申请中，定题是最关键的，甚至在某些情况下是决定性的。不过正式的选题并非一蹴而就，通常也不是第一眼就确定了整个题目。更为科学的做法是，将选题视为一个过程，而且整个定题过程伴随着阅读、思考和反馈等。本书将这一过程主要分为三个阶段：选题务虚、选题挖掘、三元定题。

### （一）选题务虚

所谓选题务虚，就是在进入项目文本写作的过程之前，先进行必要的选题规划与项目设计，并且要经过多方衡量再行确定项目的切题视野与立意角度等。与学位论文有所不同的是，项目申报更加注重选题的社会转化价值。

对于一般的人文社科项目来说，可以用"三个有利于"的标准来审视选题的社会转化价值。第一个是有利于民生发展。人文社科项目必须是对社会整体效益的赋能，比如有些先进生产技术也许能够推进资本增殖与效益改善，但是对于整个社会来说，可能是具有某种破坏性的，则必须进行限制甚至取缔。第二个是有利于决策咨询。人文社科项目通常需要具有公共政策属性，这些项目本身要能够为那些政策部门与实务工作者提供决策参考和智力支持。第三个是有利于自身发展。项目申报必须能够将自身的研究优势激活，而不是临时拼凑出一个应景的题目，更不要"为了一碟醋去包一盘饺子"。不同学科的方法论、自身的研究优势和不同地域的研究生态都是必须通盘考虑的，要选择那些更有利于激活相关学术生态优势的选题及角度。

选题务虚可以包括两部分：一是选题审查，二是整体复盘。选题审查可以包括如下十个方面：第一，这个项目的选题来源和依据是什么？第二，这项研究为什么值得做？（价值和意义：学术上、政策上、学科上、实践上）第三，这项研究的关键词有哪几个？它们如何串联？第四，这项研究在过去的文献中有何种程度的积累？第五，你的研究希望从哪个角度上继续开展？第六，这项研究的独创性贡献可能是什么？第七，开展这项研究的相关基础有哪些？第八，如何搭建本研究的理论框架、具体呈现研究愿景？第九，本项目的研究方法是什么？如何切入研究内核？第十，本项目的研究思路、内容与条块是如何安排的？

而整体复盘一般包括以下六个方面：第一，也是最重要的，是你所申请的研究是否能够解决所在领域或学科的重大理论或现实问题。或者至少，在你所在的研究领域，这项研究要具有一定程度的不可替代性。第二，对未来学术和政策走向进行必要的前瞻性预测，不要盲目进入红海选题，否则很难拼杀出来。如果你所在的单位比较"弱势"，建议不要与"九九六的正规军"硬扛，更加不要选择"学院派"的优长选题。最好是挖掘自己的现有学术资源,放大自己的优长。第三,选题最好"阴阳平衡",不要偏斜,要在政策性、学理性和社会性之间寻求一个适度平衡。同时,将选题保持在本学科和领域的"射程之内",不要轻易尝试学科范式"射程以外"的议题和方法。第四,旧瓶装新酒:研究基础最好是基于过去的长线积累的,而研究切口可以是新的。大多数的项目申报是"防守型申报"——基于过去研究的自然转化,所以,熟悉的才能得心应手,也才能让专家一眼断定申报者是内行。而研究切口最好是在过去研究的基础上有效拔高,让评审眼前一亮。第五,选题筛选不要沉浸在过度的细节中,更不要将选题确立在过度的局部之中。不要将选题圈定在现象层面,而是要尝试进入问题的核心,从学理上拔高学术选题的层级,或者是寻找选题的深层学科价值。第六,选题构思可以"简单粗暴"一些,不一定要多学术,关键是字斟句酌,把问题界定清晰,说清道明。要剥开洋葱,进入内核问题,不要在浅层问题上徘徊。应用型科研机构可以寻找那些更加紧迫的现实选题,以弥补学理性不够的结构性问题。

## (二)选题挖掘

好的项目选题通常是深度挖掘出来的,因此,项目申请者需要竭力从自己的研究生态中寻找到一个最有潜力和最具价值点的领域与方向。退一步说,所有的选题都是凝练与挖掘出来的,而且选题的凝练与挖掘过程,本身就是一场学术修辞:到底一个项目应该用什么题目有效打开?

年轻学者的学术起点还比较低,学术积累与学术声望都还比较微弱,所以,我建议,在进行选题挖掘时要学会借势。向哪里借势呢?第一,可以向国家借势。国家和中央的政策文本通常会对这类问题进行有效界定,所以,可以优先考虑那些可以服务国计民生的选题、有利于国家长治久安的选题、能解决现实重大问题的选题,或者说将选题往国家战略上靠拢。第二,可以向学科发展前沿借势。每个学科都对本学科的当下重要问题以及未来发展抓手有所界定,将自己的研究中那些服务本学科发展宗旨的问题挖掘出来,也是一个非常有效的途径。第三,向新兴领域借势。有一些亟待关注的新兴现象，也是值得借势的选题，不过要注意避免陷入选题的红海竞争。

具体的选题挖掘，我可以给大家提供一个标准公式：根据"领域痛点"六步挖掘出选题内核。第一，需求侧分析：你的选题是不是学术界或实务界紧迫需要的？第二，供给侧分析：你的研究选题是红海，还是蓝海？第三，独创性分析：你的研究能够与其他人做出何种区别？独创性优势何在？第四，学科性分析：你能够为本学科带来什么创新性价值？第五，社会性分析：你能够为你的研究领域带来什么推进？第六，政策性分析：你能够为相关议题的政策设计带来什么价值？把这六个问题回答清楚，你的选题挖掘基本上就充分了，再从中挑选出有效的选题意蕴，就能够组成具有深刻价值的选题。

### （三）三元定题

申请书最终的题目很重要，定了一个好的题，基本上就成功了一半，后面的研究框架之类的都是技术实现问题。定题最好能够虚实结合。简单说，一方面要把你的研究问题落实到具体的问题域，让专家清晰知道你的研究推进的标的所在；另一方面，又不能过分就事论事，而是从中抽象或归纳出一个具有学理性的核心概念，以便让你的研究能够延展开学术的向度。

从务虚的角度看，最好是寻找到一个学科普遍接受的学术范畴，让评委看到申请人的理论视野与学术抱负；从务实的角度看，这个项目则需要寻找到一个破题的角度，让评委知道你的研究着力点之所在。这两个要素加上研究话题或研究对象本身，便构成了一个项目选题的三个维度，我将之称为"三元定题法"。这三元分别是范畴、话题、切口，也就是：题目=X范畴（学科归属、政策话语、理论范畴等）+Y话题（概念、标签、理论对应物、现实锚定物等）+Z切口（角度、想法、呈现和路径等）。其中，范畴通常是务虚的，切口则通常是务实的。

项目范畴是申请者首先要考虑的问题，尤其是那些阐释性学科，对于相关学术范畴及其深层话语的借用与阐释，特别重要。以上面那位马列学科的老师为例，她希望申报基层治理领域的选题，我对她的建议是：放弃基层治理这个范畴。因为她没有足够的积累，她的学术经历、从教经验都不能支撑她开展这个选题，而且基层治理通常是社会学、政治学和公共管理的优势领域，对于马克思主义学科来说，像"马克思主义中国化时代化"一类的学术范畴更具有学科优势。在学科壁垒日益森严以后，建议申报者更多地采取本学科的学术范畴和相关话语。

在项目申报时务必注明研究话题，这个话题可以是学术概念，也可以是现实的研究对象，但是不论如何，一定要明确聚焦这个研究话题。在这里，尤其需要注意的是，千万不要直接把政策实践中的概念照搬过来，因为那些被政策设计者关注的概念，可能对于学术界来说毫无用处。项目申请者最好使用学术界惯用的、约定俗成的、习以为常的学术概念，因为这样的概念通常已经被验证过可以使用了，并且针对它积累了大量的学术文献，使用这样的概念也方便梳理文献、确立对话点，也就是穿针引线。在学术话题界定问题上，尤其忌讳的是创造一些没有被认可的学术新词，这些新潮的词汇对于社会大众也许具有一定吸引力，但是在评审专家面前会显得特别稚嫩、可笑。

最后的提问切口是为了解决项目规模这个问题。很多申请人要么把题目设定得过大，甚至超过了重大项目所能涵盖的范畴，要么就把题目设计得过小，一眼望到底，基本没有腾挪的纵深。最好的方法是在学术话题中找到一个新的、聚焦的提问切口，这样项目大小适中，同时也把选题角度和提问方式凝练出来了，让评委专家更容易理解这个选题的用意。比如，"共同富裕进程中我国城乡家庭消费分层研究"这个题目中，"共同富裕"就是学术范畴，"我国城乡家庭"就是研究对象，"消费分层"就是具体的研究切口。

这个三元定题法并不是绝对的，也不是一定要完全采用所有的要素，有些时候可以只用两个要素。大家运用三元定题法，可以帮助自己凝练选题要素，找到本选题最有价值、最值得呈现的部分。

## 四、项目申请书的模块写作

从本质上说,项目书和开题报告是一回事,国家社科基金项目的论证书就相当于开题报告,它们都是研究前的准备阶段,只是开题报告多数涉及学位论文,而项目书多数涉及各种社科项目。从某种程度上说,项目书更像是一份投资计划书,因为它本身采取的就是一种比学位论文开题报告更为纯粹的项目制形式。所以,项目论证书与开题报告的总体性写法是一致的,第7章中的开题报告模块写作,与此异曲同工。但是,这两者的写作又有很大的不同,毕竟它们是两种不同规格的文体样态。具体来说,开题报告因为主要是学位论文的前期论证,它的研究目的更具学理性,而且它是为了检验研究者的学术训练、提升基础研究的知识水平;而项目书则主要是各种项目的前期论证,它要服务于项目本身的各种目标,即它在某种程度上是要达成项目绩效的,尽管很多纵向课题是以基础研究为主旨的,但是这些课题仍然不免带有不同程度的实用性诉求,即它要求研究者尽可能对研究对象有一个现实上、政策上的观照。具体写作模块如下。

### (一)破题

项目申请书的首要部分是,阐明该项目开展的合法性,以及如何切入这个选题并开展研究,也就是"破题"。一方面,相对于学位论文的开题报告,项目价值必须是更为紧迫的、更为必要的,如果没有必要的研究张力,这个项目也就没有立项的必要了;另一方面,这个过程更加简洁,切题过程更为直接和扼要,因此,在开篇部分最好不要铺陈过多的研究背景,也不要在宏大主题上徘徊,而应该尽快进入本研究的研究主题,赶紧陈述学术痛点与研究亮点,尤其不要讲太多废话和教科书式的知识。破题的部分应该包括三块:第一,陈述选题依据和研究支撑等,可以适当阐释本研究的学科位置和相关政策话语支撑;第二,尽快进入学术话题层次,找到学术痛点和研究张力,也就是本研究的必要性与重要性，绝不可以在无效的背景信息上徘徊；第三，提出研究问题，简单展示研究视野、研究方式与研究愿景等，为下文的陈述做出简要铺垫。在这一部分，申请人尤其要学会采用评审人的立场，整体性和反观性地理解、概括并阐明自己的研究轮廓与价值。

项目申请书的破题是最为重要的部分，就像电影的开头，一部电影如果开头不能抓住观众，观众就全程无法入戏了。申请书的开头必须抓住评委的眼球，让他们尽快进入你的研究叙述脉络之中。这是由项目评阅机制情境决定的。设想一下：第一，匿名评审与申请人的沟通只能通过论证书，缺乏声音、表情等当面互动的交流，各位匿名评审专家也是独立进行评审，不能互相讨论，这样一来，专家对于课题论证书的考察方式是比较单调的。第二，国家社科基金项目竞争者众多，因而每位专家收到的申请书非常多，这就更加稀释了评审专家的注意力。第三，评审专家都是行业内的佼佼者，一方面已经"阅文无数"，另一方面他们的时间非常有限，评阅论证活页的时间只能从繁忙的时间中另行抽挤。因此，项目申请书的破题部分一定要写得非常具有代入性，要一步一步让评审人顺利读完，并被说服，否则很难脱颖而出。

## （二）学术史梳理

项目申请书的学术史梳理部分，与学位论文开题报告的研究综述原理相同，研究综述不仅要全面，而且要有条理，你要如实地评价这些文献，并且根据研究问题理出线索。这里的学术史梳理，同样适用于"穿针引线打结"方法，具体方法可参见上文。但是两者的表述逻辑有所不同。学位论文开题报告的文献梳理侧重于学理性基础，需要照顾到学科的规范与生态，而项目申请书则是从研究实用角度出发，用更为直接的费效标准去衡量文献的取舍与评述。对国内外研究现状的梳理不仅是提出问题的必要途径，也是赋予自己的研究一个合法性：本项目的学理基础是扎实的。国家社科基金的活页比开题报告更加注重选题依据，通过对国内外相关研究的学术史梳理及研究动态的梳理，确立本课题相对于已有研究的独到学术价值和应用价值。

具体来说，有五项重要的写作原则。第一，务必将过去的文献梳理出必要的研究线索，最好是把这些线索凝练出明确的要点。很多申请书最常犯的错误就是，不断地堆积文献，而且把大量的作者与文章名字堆积在一起，让整个学术史梳理像是一锅"乱炖"，完全看不出所谓的"梳理"，文献与文献之间的关系，文献与问题的关系，文献的发展脉络，统统是混乱无序的。这种文献梳理的混乱，源于作者头脑的混乱，作者没有梳理出必要的文献脉络，而这种混乱一旦进入评审专家的眼帘，只会让他们更混乱，毕竟有些文献他们可能也没读过，只凭一些文献的标题与原作者，肯定无法找出头绪。更为有效的做法是，替读者将文献的逻辑关系梳理清楚，然后阐释相关议题与本研究的关系，这也就是穿针引线。以我的论证书为例，关于数目字管理方面的研究，我归结为两个主要视角：有效性视角和真伪性视角，这两个视角就把所有相关文献给关联起来了，读者也就可以迅速被带入本研究的情境。

第二，一定要学会建立本研究与现有文献的关联。具体来说，一方面要站在本研究的问题立场上，切实对文献进行认真评述，而且要指出：相对于本研究的问题，这些文献到底有什么贡献，又有什么不足，同时要明确提出本研究将如何推进；另一方面，在整个文献梳理的过程中，务必带着批判的眼光，带着评述的语气，带着解决问题的心态，带着推动学术进步的目标，有条不紊地从现有文献穿引出自己的线索与逻辑，也就是说，文献梳理也是"自己的孩子"，是申请书的有机组成部分，必须是自己走心地写出来的。

第三，引言破题、文献梳理、创新陈述，这三者是三位一体的，一脉相承的，不能单独谈论，必须是前后一致的。引言部分是为了引出研究问题，抛出研究张力；文献梳理部分需要接住引言部分的问题，再将这个研究问题相关的学术史梳理成若干个线索与要点，再对这些线索与要点进行评述并落实到研究的未来创新点上，而后续的研究框架与基本思路，也就是承接了这个创新点以后的具体展开。

第四，文献梳理不要追求数量，而要精挑细选，回顾那些不可绕过的文献,并追求文献引用的性价比。有些学者及其作品的价值已经获得本学科认可了,认可这些作者与作品,就是认可这个学科,所以不可绕过。从一个更为实用的角度来看,这些文献的作者很可能就是你的评委或是他们的亲密师友,评委自己在做文献梳理时也会引用这些文献,如果你遗漏了这些文献,肯定会更难过关。就文献梳理的性价比而言,一方面,按需索引即可,不要片面追求文献数量多,申请人不是做文献数据库,文献梳理只是铺垫本研究的桥梁,最终是要让这些文献梳理服务于本研究的阐发,否则只会迷失在文献的海洋里;另一方面,要避免引用那些质量差、层次低的文献,不然会遭到评审人的轻视,毕竟你所阅读的文献就代表了你自己的学术层次。

第五,不要过度铺陈,而是要深度评议,特别要在"深"字上下功夫。文献评述最忌讳过度铺陈和平均用力,这样一来,文献评述就失去了焦点,变成了对现有文献的简单传播,也会将本研究的重点变得相对模糊,而突出本研究的重点与趋向,才是项目申请书的第一要务。因此,必须要驾轻就熟地深度评议,甚至是在描述现有文献的那些字眼中,也饱含对自身研究的铺陈,以便为后续的研究创新做准备。

我们这里可以再改装一个申请书版本的"三起三落":第一,如何引起学术界对你的兴趣?第二,学术界针对这个问题都是如何探讨并有效推进的?第三,学术界常用的和你即将使用的话语和概念是什么?第四,在学术史中,这些研究构成了什么样的脉络?第五,在这些脉络中,还有什么难题、疑问和困惑有待解答?第六,你准备针对这些研究难题做出何种推进和创新?

(三)价值陈述

关于学术价值的展示与书写,是项目申请书写作的重要组成部分,也是决定研究是否能够立项的关键。通常申请书写作的过程中,最常见的问题是过于笼统和含混,或者简单重复一些学术关键词,或者照搬他人的价值表达。它和学位论文开题报告仍然有很大的相似之处,除此以外,还需要注意如下原则。

第一，一定要着眼大局、落笔实处。务必从学术界和学科领域等方面较为务虚地展示研究价值，这就是所谓的大局观，从大局出发，本研究的价值也会更容易定位。与此同时，研究创新也必须是具体的，要将创新落实到那些可实现的研究单位上，而不是笼统地停留在创新口号上。

第二，研究价值的阐释可以分为四个方面：学科推进、领域创新、实务推动、政策推进。每个方面都要结合本研究的具体生态而言，也不是每个都要有，根据实际情况斟酌损益即可。

第三，研究创新一定要结合上文的破题部分和文献梳理来写，尤其要与现有文献的不足结合起来，他人的不足，恰是本研究的相对价值，现有研究的空白，也正是未来学术创新的起点。

第四，要把研究创新凝练为独创性贡献，形成有辨识度的语词，让评审人能够迅速获取本研究的核心着力点，并且更快地判断出学术价值。因此，研究价值的书写务必明确、扎实、有针对性，是基于特定研究设计的明确阐释，而非虚无的、笼统的、含混的、重复的泛泛而谈。

第五，要学会使用一些学术界通用的"课题话语"，也就是掌握那些学术界约定俗成的表述逻辑和词句，然后用这些课题话语去武装自己的研究、表达自己的研究。在这里，尤其忌讳的是，过分沉浸在自己的研究小天地里，把自己的研究绝对化了，甚至与其他研究过度割裂，开口闭口全是低语境的、小众的"学院派话语"，这样只会"劝退"那些对你研究可能感兴趣的读者。尤其是在项目评审中，绝大多数评审专家都是"弱同行"，他们更愿意接受通行话语、大家都能够理解的学术语词、不会造成歧义的话语、更容易出彩的话语。在这一点上，初学者务必牢记并践行。

（四）思路展示

在文献梳理和对话创新确立以后，项目申请书最为重要的部分就是本课题的思路与纲领。对于评审人来说，他们不仅要看到你的研究是一项好研究，还要断定这是一个已有具体研究思路与纲领的好课题。因此，项目申请书必须阐明研究内容和思路方法，前者包括本课题的研究对象、总体框架、重点难点、主要目标等，后者包括本课题研究的基本思路、具体研究方法、研究计划及其可行性等。说到底，这些内容都是为了向评审专家展示你的研究是可以切实做出来的，具有很强的操作性的研究程式。

为此，你需要做到如下四点。第一，课题的最终目标是把研究问题的答案找出来，推进研究向前，所以，务必要把如何从研究问题走向研究结论的过程性工具呈现出来，这就是课题的研究思路，这个研究思路是对前述研究问题和独创性贡献的回应，也是进一步开展研究的接力点。因此，课题的研究思路撰写，是以研究问题为发动机的，写研究思路的时候，千万不要把破题的研究问题给丢掉了，最好是写完这部分，再回去做前后的呼应性调整，让前后文共成一气、彼此成就。

第二，为了实现研究目标，需要把本研究的核心概念拆解开来，融会贯通为相应的逻辑要素。也就是说，你的研究概念并不是一个空洞的说法，而是一个具有分析性的、可拆解的研究工具，它能够随时变换为研究中的敏感性概念、研究抓手、调查入口等。只有将研究改变为可落地生根的核心语词，才能避免项目书成为外强中干的空壳子，也才可以打动并说服评委。

第三，未来的研究要素有很多，但是在项目陈述中，只需抓要害，简明扼要地点出本研究的重要节点，将那些评委感兴趣的、想知道答案的地方迅速拎出来，然后提供必要的研究支撑，让评审人知悉研究过程中的关键节点。研究思路的陈述不宜太长，也不要搞题海战术，否则会让评审人认为你是一个思路不清晰的人。

第四，为了让评审专家尽快了解你的研究思路，可以将研究思路直观地画成概念图。具体可参见下文举例。概念图有一个好处，就是帮助申请人理顺自己的思路：假如能够用简明的概念图说明自己的研究思路，说明自己已经想清楚了；否则，还需要继续修正、完善，直到整理清楚。需要说明的是，概念图不宜过于复杂，过于复杂反而会让评审专家看不懂，失去了本来的用意。

理解了这四个模块的写作以后,加上关于开题报告的方法论,以及前述的综述、选题和发问等方法论,基本上项目申请书的写法就了然了。至于后面的研究方案、可行性分析及研究愿景展示等,主要是技术工作,找一些成熟的申请书稍加揣摩再做变通即可。下面是我的国家社科申请书活页。

**国家社科活页示例**

| 课题名称:扶贫开发中的数目字管理研究 |
|---|

本表参照以下提纲撰写,要求逻辑清晰,主题突出,层次分明,内容翔实,排版清晰。除"研究基础"外,本表与《申请书》表二内容一致,总字数不超过7000字。

1. [选题依据] 国内外相关研究的学术史梳理及研究动态;本课题相对于已有研究的独到学术价值和应用价值等。

(1)国内外相关研究的学术史梳理及研究动态

数目字管理问题是黄仁宇关于中国治理问题提出的重要问题,是理解中国治理问题的关键线索之一。韦伯(Weber,1922)认为,中国传统的帝国治理主要依赖儒士对于经典的熟练,而管理技术则粗放、落后,以税务管理为代表的帝国计量技术面临巨大治理困难。黄仁宇(1997)进一步认为,中国的政治架构过早成熟,即使到了明朝,帝国统治者依然沿用了最初创建者制定的基本国策和治理理念,帝国以儒教为官员的精神指引,以道德和礼仪的力量来统合士大夫乃至整个社会,然而,其治理方式却粗放不堪,官员们熟读儒学经典,精通道德判断,却无法发展出理性化的数目字管理方式,这种治理方式在庞大的帝国事务面前脆弱不堪。

学界承接了这个问题,并主要集中在两个视角:一是有效性视角,即从社会治理有效性的角度研究作为绩效考核的数据如何受到组织过程的影响,以组织社会学的研究为主流;二是真伪性视角,即从数据本身的真伪性问题入手,研究特定时空范围、学科视野下的数据的可靠性程度,以历史学、人口学研究为主流。

(a)**有效性视角**。周雪光认为,在中国的治理体制中,存在一个权威体制与治理有效性问题的矛盾:前者趋于权力、资源向上集中,从而削弱地方自治能力进而削弱有效治理能力;后者又往往各行其是,偏离中央控制,进而威胁权威体制。这一矛盾无法根本解决,只能寻求暂时平衡(周雪光,2011)。体制进而发展出决策一统性与执行灵活性、政治教化的礼仪化、运动型"纠偏"三种政治控制机制,用以调节或克服内在结构性问题(周雪光,2012)。

数目字管理问题被作为政治控制的手段来研究。上级政府为了规范和控制下级行为,预防下级寻租、欺瞒行为,便将考核指标化,并进而将指标逐步分解,层层下达。考核是制度化、周期性的检查,它通过周密的正式制度设计,包括数量化的指标体系、客观的测量工具等收集信息,其目的在于准确评估下级政府的工作绩效。上级政府部署诸多资源来实施考核,下级政府也会采取形形色色的手段、策略予以应对(艾云,2011;杨爱平、余雁鸿,2012)。

**（b）真伪性视角**。中国数据造假问题一直被各界非议，造假问题的研究往往与执政得失的考察相伴随。吴毅（2007）注意到基层数据存在诸多造假现象。强调历史数据造假问题的学者往往也对相应的执政者、历史时期持负面态度，而反对强调历史数据造假者往往倾向于将数据失真归结于统计技术、统计口径、统计材料等客观因素上。左凤荣用数据造假概念来谈斯大林时期的数据与政治的关系，指出斯大林利用夸大后的统计数据来证明苏共执政是有伟大成就的，以此来证明斯大林的英明，同时隐瞒大清洗、饥荒的数据，以掩盖执政失误。这些情况甚至延续至赫鲁晓夫时期。但造假问题也有反对声音，王绍光等学者则坚持数据的制造和使用的每个阶段都受到社会政治过程的影响，对于统计指标、计量模型的使用都可能造成对数据的误解，那些看上去不正常的饥荒数据，通过与国际的横向比较、与历史上的纵向比较，其实是比较正常的。研究数据往往最后归结到统计技术、统计口径、材料性质，这些因素对统计数据的确有很大限制，对于统计数据的真实性也有很大影响（左凤荣、冯筱才、王绍光等，2014；李若建、刘骥、老田等，2014）。

**（2）本课题相对于已有研究的独到学术价值和应用价值等**

有效性视角将数目字管理作为社会治理的后果来看待，数据被作为治理有效性的凭据。然而，数目字管理中的数据本身既是客观的、被动的社会后果，也是能动的、积极的建构过程，具有极强的反身性，如果单将其视为窥探治理有效性的窗口，不免窄化了数目字管理的社会过程。既有对数据的研究，只是将数据作为因变量，研究其他因素对数据的影响，而很少有研究将数据作为多重社会线索的核心，研究数据生产的过程对其他社会过程的影响。本课题组认为，数目字管理中的数据既是一个治理关系的载体，发挥受动功能；也是一个沟通治理过程的媒介、符号，发挥建构功能。

真伪性视角将数据解释成政治的后果，具有一定价值，如果只将数据的生产仅仅归因于政治造假、个人隐瞒等因素上，可能将真实情况简单化了，同时，也易引发"阴谋论"的嫌疑，毕竟数据的真伪这个结果，由多重原因造成，甚至还存在其他社会因素的"残差"，即有些数据造假完全是不自觉造成的。如果用结果来反推数据真伪，往往并不能完全真确。研究数据问题，应该尽量抛开事后反推的价值包袱，还原数据生产过程。冯筱才认为，应该将数据研究放入历史情境、日常政治时间中进行思考，而不是泛泛地空讲。简单探讨数字真假，意义不大，关键的问题在于为何会出现这种现象，其结构机制是什么。数字浮夸问题的出现并非某个人的主观意志的后果，而是涉及指标制定的程序与成本，浮夸往往是形势压力与政治需求带来的，同时浮夸也源于基层存在制度性诱因，大家在实践中逐渐形成了一种浮夸与打折的习惯（左凤荣、冯筱才、王绍光等，2014）。

本课题将再推进一步，把数据生产的真实过程记录下来，而不仅仅是历史情境，这些经验材料比历史研究更贴近社会过程。同时，本课题组认为，影响数据的不仅仅是政治过程，社会实践同样重要。社会治理中的数据与实证研究中的数据颇有类似，都嵌入在社会过程之中，但又有差异，后者遵循科学逻辑，是个求真的过程，重点关注数据的操作化问题；而前者则遵循实践逻辑，是一个务实的过程，更为紧张、复杂、模糊，牵扯实践者的利害，具有实践张力（Bourdieu,1977）。数据就像齐美尔所谓的货币。在齐美尔看来，货币是社会关系的载体与表征，它不仅是一个符号，也是一种实践工具，既被社会结构和社会过程决定，也反过来影响社会进程（Simmel, 1900）。

学术界对扶贫工作一直很关注，从如何解释贫困问题（周怡，2002），到如何测量贫困、构建贫困指数（陆康强，2007），以至关注反贫困的政策与行动（洪大用，2003；朱晓阳，2004；都阳、蔡昉，2005；向德平，2011）。也有学者在反思扶贫工作中的国家、地方政府与民众的关系，并进而反思当下的扶贫工作的绩效如何。古学斌等人的研究证实，贫困地区的基层政府对于农村社会的干预依然很频繁，基层干部依然用比较强制的手段去干预农民，受助农民可能面临贫困加剧，甚至生计受到威胁的非意料后果（古学斌、张和清、杨锡聪，2004）。

以上探讨主要集中于理论解释和政策制定层面，而扶贫研究作为一种社会政策的执行，应放在治理环境中进行思考。研究扶贫，不能仅仅局限于扶贫工作本身。用管理学、经济学的方法来探究扶贫对于生计、产业化的改进，很有价值，但更应该放在基层社会治理情境中，把扶贫开发作为众多社会与政治过程中的一条线索，综合来看扶贫。

综上所述，本课题将以农村扶贫开发中的数据生产作为线索，把数目字管理放置在一个具体的扶贫工作情境中，系统阐释数据是如何被生产出来的，同时进一步研究这些数据又具有何种治理价值，以期检视社会治理中关于数目字管理的技术与理念问题。本课题的研究成果可以对今后扶贫工作乃至其他社会治理的数目字管理提供学理上的参考和政策上的依据。

2. [研究内容] 本课题的研究对象、总体框架、重点难点、主要目标等。

（1）研究对象

本课题是以农村扶贫开发中的数据制造过程和事件为研究对象，其中数据制造的载体是台账，也是本课题的直接研究对象。台账原是指摆放在台上供人翻阅的账簿，即流水账、明细记录表。基层政府借用了这个概念，用以指称扶贫工作中用以记录每项具体工作的详细档案，制造台账的过程被称为建档立卡。

（2）总体框架

本课题将台账制造置于基层社会治理的具体社会过程之中，将研究具体分为三个层面：第一，在宏观层面，研究扶贫设计者（主要指省级政府）如何规划制定、设计数目字管理的原则、章程及细则，这主要涉及数目字管理的技术理念问题；第二，在中观层面，研究基层政府（主要指县一级）如何具体指导、推动数目字管理的制造过程，这涉及绩效制度的动力机制；第三，在微观层面，研究数目字管理如何在村庄里落地、贯彻、执行，这主要涉及村治理性问题。如图所示。

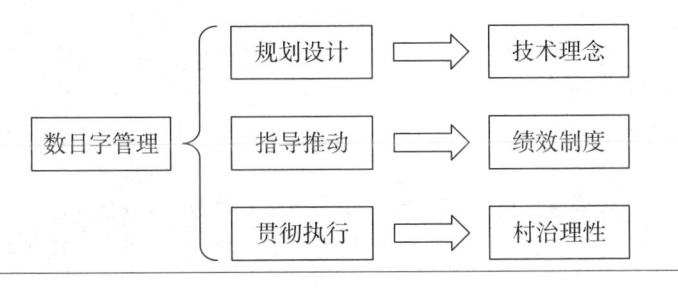

```
                ┌─ 规划设计 ⟹ 技术理念
    数目字管理 ─┼─ 指导推动 ⟹ 绩效制度
                └─ 贯彻执行 ⟹ 村治理性
```

**（3）重点难点**

本课题的研究重点在于如何将课题框架所涉及的三个层面予以界定、深挖，从中提取、归纳出对技术理念、绩效制度、村治理性的理论框架。本课题的研究难点在于获取相关实证资料比较困难，需要大量的访谈和参与式观察来深挖、深描数目字管理的社会过程及其运作机制。

**（4）主要目标**

本课题的研究目标有两个层面：第一，从事实层面揭示农村扶贫开发中的数目字管理的具体社会过程；第二，从理论层面揭示出中国社会治理中的数目字管理的运作机制，并与学界关于项目治理、技术治理等理论进行对话，以期推进学界关于社会治理的认识。

3. [**思路方法**] 本课题研究的基本思路、具体研究方法、研究计划及其可行性等。

**（1）基本思路**

本课题的基本思路是：分别从宏观、中观、微观三个层面探究扶贫数据的生产过程。

从宏观层面上看，学界认为，改革前的总体性支配权力在改革后逐渐被技术化治理权力所取代（渠敬东、周飞舟、应星，2009），同时，以项目制为核心确立的新的国家治理体制，形成了中央与地方政府之间的分级治理机制（渠敬东，2012），项目制的治理方式甚至延伸至村庄一级（折晓叶、陈婴婴，2011）。但是，这种转型是否真的彻底，是否中国社会治理权力已经完全由技术手段支配，还有待于实证研究的回答。尤其涉及农村扶贫开发这个问题，扶贫本来就是总体性治理理念的集中体现，那么，在扶贫的数目字管理的规划设计时，如何通过技术化手段去实现总体性治理目标，本课题将循着这条线索来探究数目字管理的顶层设计。

从中观层面上看，扶贫开发是以贫困县为单位进行项目推动的，扶贫台账制造的整个过程都是在县扶贫办的密切指导、敦促下完成的。扶贫数据的制作过程必定与县级政治绩效考核制度密切相关，而且扶贫数据也与县级扶贫办干部乃至主要领导的政治绩效都密切相关。本课题将循着县级政府的绩效制度这一线索，深入探究数据生产背后的动力机制。

从微观层面上看，扶贫数据的落实最终要靠村庄及驻村干部，整个数据生产过程都是驻村干部亲自执行的。数字指标是理性的产物，是高度抽象、提炼后的绩效表达形式，而中国农村，尤其是贫困村，大部分基层治理都依赖于感性手段，比如宗族势力、私人关系网等，那么，高度理性的数字指标能否承载扶贫开发的顶层设计，如实、有效地反映基层社会事实，以及这些数据如何从充满感性的基层社会空间中生产出来，本课题拟从治理理性这个概念出发，探究具体的数据生产过程与基层治理理性的关系。

**（2）具体研究方法**

本课题采取定性研究方法。具体方法主要为参与式观察、深度访谈、文献法。宏观层面的研究以文献法与深度访谈相结合，以期提炼出其规划设计的技术理念；中观层面的研究以参与式观察和深度访谈相结合，以期准确、完整把握县级政府如何根据绩效制度，指导推动其所辖贫困村的数据生产；微观层面以参与式观察和深度访谈相结合，以期完整揭示出数据的具体生产过程以及与村治理性之间的关系。

本课题将采取典型研究与普遍研究相结合的研究方法，在省级层面，选取G省典型案例，同时与其他省份进行横向比较，以期发现数目字管理在省际间的共性与差异。在县级层面，选取G省L县为典型案例，同时将之与G省其他贫困县的情况进行横向比较，以期发现数目字管理在县际间的共性与差异。在村级层面，选取G省L县H村委典型案例，同时将之与L县其他村庄进行横向比较，以期发现数目字管理在村际间的共性与差异。

本课题的深度访谈将采取目的抽样（理论抽样）的方法选取访谈对象，在省、县级层面，基本不考虑抽样问题，尽可能多地收集访谈资料。在村级层面的收集上，则以变异最大化组合为抽样目标，从G省驻村干部中选取受访者，当所收集资料达到饱和（"资料饱和"），同时经过资料分析也达到"理论饱和"的阶段，才停止抽样。分析将采取扎根理论分析法，并借助定性资料分析软件NVivo进行分析以提高效率和分析精度。资料分析过程中将遵循"分析性归纳"的原则以提高分析结论的效度。

（3）研究计划与可行性

截至2015年1月底，本课题已经选取了G省L县H村作为典型案例，并进行了前期的探索性调研，已经就理论框架、实证资料收集方向、深度访谈提纲构建了初步思路，本课题组将在2015年内完成所有的实证资料的主要收集工作，其中上半年以G省L县H村资料收集为主，下半年以对比性资料收集为主。在收集资料的同时，进行分析归纳、理论提炼。2016年上半年，根据具体的实证资料进展和理论分析进度，补充、完善实证资料。2016年，在补充、完善实证资料的同时，进行最终理论提炼和研究报告撰写。

基于前期探索性试调查和可行性评估，本课题具有完成此项研究工作所具备的各项条件。其中，本课题组成员绝大多数具有社会学博士学位或者社会学博士在读，具备扎实的理论素养和实证研究能力。同时，在时间、财务上，本课题组都具有坚实的保障。

4. [创新之处]　在学术思想、学术观点、研究方法等方面的特色和创新

黄仁宇提出的数目字管理问题一直是中国社会治理的重点难点问题，它是认识和改善中国治理绩效的重要切入点。而目前学界对于这一问题的认识还不充分，一方面，缺乏相应的实证材料，也无从进一步理解数目字管理的社会过程和运作机制；另一方面，当下中国社会管理比较推崇数目字管理，却鲜有基于实证研究对数目字管理进行系统检思，其所存在的问题也一直被遮蔽在冗杂的基层社会事实之中。本课题对数目字管理的实证研究，既可以承接、回答黄仁宇关于数目字管理的问题，又可以对当下中国普遍存在的数字崇拜进行系统检思。

从具体学术观点上看，本课题将修正、深化既有关于社会治理的理论。就总体化治理向技术化治理的转型问题，本课题的研究结论对此可以有所修正。这种转型的后果有可能只是操作层面上的转型，而不是深层治理理念的转型。就项目治理问题而言，本课题可以提供一种新的项目制运作类型，丰富项目制的理想类型，深化学界关于项目在基层具体运作的理论。同时，本课题亦可深化扶贫研究的相关理论，并对今后的扶贫工作提供学理借鉴。

5. [预期成果]　成果形式、使用去向及预期社会效益等。

本课题最终将以论文集形式结项，预计发表5—8篇学术论文。同时，本课题关于扶贫工作的政策分析将递交相关部门，以供决策参考。

**6.**[**研究基础**] 课题负责人前期相关研究成果、核心观点等。

《社会管理十讲》,专著,合作撰写,分析了当下社会管理中亟待解决社会治理议题;

《关系中的权力再生产》,论文,独著,核心期刊,阐释了社会与政治互动中的权力再生产问题;

《论社会资本的社会性》,论文,独著,核心期刊,修正了当下社会资本的界定方式,以一个村庄的治理案例,阐释了社会资本的社会性、集体性等问题;

《论关系的负功能》,论文,独著,核心期刊,运用符号、资本理论,重点阐释了关系运用何以产生负功能,对基层治理公共性问题做出回答;

《人情债与人情味:农村宴席中的关系再生产》,论文,第一作者,核心期刊,以一个村庄的人情交往为例,阐释了乡村社会的私人关系如何通过宴席得以再生产;

《工人还是农民——消费对于农民工身份认同的影响分析》,论文,独著,核心期刊,阐释了消费设置对于农民身份认同的构建性影响,为制定与农民工相关的社会政策提供了学理依据。

**7.**[**参考文献**](略)

# 第9章　培植写作立意

有一位学员在邮件中这样描述:"自己以前做课题写论文的时候,常规做法就是先找自己的兴趣点,然后查阅相关文献,然后移花接木套用别人的想法。虽然的确也有自己的想法,但是很多时候是天马行空的设想,完全没有考虑到学术理论支撑,没有自己的学术主见,只是做个文献的搬运工而已。"这样的写作者是很多的。还有一些写作者直接把研究结果乃至研究过程不加修饰地直接呈现到论文之中,甚至把一些横向课题的结论直接搬进论文中。这些做法的背后,都指向一个共同的问题:缺乏写作立意的审查。

论文写作是科学研究的后端表达阶段,它与其他类型的文体创作不同,比如虚构文本写作,通常依靠的是想象力,因而它们的写作立意非常依靠个体的主观构建能力,而论文写作更为依靠科研成果以及客观的构建能力。从整个研究过程来看,立意培植是与选题规划相呼应的,并且它要再次回到研究初心:我的研究是否具备发表基础?没有立意思维,是不可能写出好文章的。选题是规划出来的,立意则是审查出来的。有时候就算不是很高级的材料和选题,通过好的立意审查,我们也能够化腐朽为神奇,做出优秀的成果。

那么,什么是立意思维呢?顾名思义,立意就是确立写作的文意,将全文的中心思想、主题构思、写作动机和表达目标等在写作与发表之前确立起来,或者是在写作与发表的过程中,进行有效审查,以期提升写作与发表的速效。进一步说,立意思维是确立本文的写作目标。写作目标与原本的研究目标不同,后者是学术研究本身的目标,而写作目标是文章最终确立的表达目标，以及希望读者和学术界所接收到的学术效益。因此，立意思维是学术写作者主动建构写作标的，并且在后续的写作过程中持续调度表述资源以达到学术写作初衷。在学术写作的过程中，立意伴随着整个研究与写作过程，并且需要在调研与写作中不断培植。就像是培植一株植物一般，需要全程呵护，用心养育。我把培植立意的过程分为四个部分：立意培育、立意生长、立意审查、立意贯彻。

## 一、立意培育的方法论

立意培育是非常重要的。面对同样的调研材料，善于立意培育者可以从中确立非常高级的表达视角，并且写出优秀的论文，不善此道者却望洋兴叹，就算给了他金山银山般的调研资料，也很难转化为学术成果。很多学术写作者不会拟题，或者有了一定研究素材也不知道如何立论，这是因为他们没有在平时就注意学习培育立意的方法。选题规划和研究开展以后，还需要确立写作的文意：究竟我们要从这些研究素材中表达什么？

学术写作者务必在平时就学会如何培育自己的写作立意。具体来说，立意培育的方法论有如下七个原则。

第一，知彼知己。从认识论的角度来说，写作就是从已知出发谈未知。很多人的论文写作是盲目的，没有针对性，他们不知道现在的研究进展，也没有开展必要的"同行调研"，所以，他们的观点表达充满了不确定性。正确的做法是在充分理解了学术研究现状以后，确立一条"已知知识边界"，然后站在已知与未知之间，对自己的研究成果进行深度复盘：究竟哪些知识是可以通过文章纳入已知知识领域的，这种接纳的可能性与效率如何？面对学员，我反复提及的"田野归来再读书"就是强调这一点，否则，如果只是一味陈述自己的研究发现而不顾学术界的研究现状的话，就会陷入低水平的学术重复，不利于同行交流，甚至陷入自我感动，乃至自我崇拜。

第二，深度学习。深度理解并掌握相关学科的立意规则，通过本学科认可的提问方式与语词逻辑审查文章立意。具体的建议是，大量拆解本学科的经典文献和前沿作品，这样一来，就可以从根本上懂得本学科的提问角度和立意关切。如果想要投稿某一类或某一本期刊，那更是要去拆解这本期刊，具体地理解这本期刊的选题风格，充分理解他们都认可过哪些学术论文的立意，以及他们最认可的、最需要的学术立意聚集在哪些方面。同时，我建议大家要多和有经验的学术前辈交流，探究学科的潜在规范和相关学术立意，过滤掉自己那些不切实际的写作立意，并最终服务于构建中正科学的写作立意。

第三，订单思维。知识的本质是流动的，是服务学术界读者的，而不是服务研究者本人的。很多作者写出了自说自话、自我陶醉却不被学术界认可的作品，归根结底是因为，这些写作者缺乏"满足读者认知需求"的自觉意识。设想一下：读者们在学术论文期刊库里搜索文章，就相当于在餐厅点菜，按照他们的阅读需求与科研任务，在数据库中搜罗相关信息。学术写作者应该提前了解学术读者的需求与知识使用场景，提前运用订单思维审视自己的作品：这篇文章如果想要被读者使用并造福社会，就必须能够被读者订阅和"下单"，因此，学术写作者务必学会吸收学术需求并建立虚拟的学术订单，并以这些学术订单来重构写作立意。因此，我建议那些需要写作和发表的写作者务必多靠近自己知识的需求者，以及评委、编辑等间接的知识需求翻译者。

第四，从实立论。很多人在开完题以后，并没有对自己的研究成果进行复盘，也没有考量过一个问题：自己的研究成果是否扎实可靠、经得起考验，就稀里糊涂地把一些想法搬到文章里去。这种写法是特别不扎实的，就算勉强可以拼凑出字数，等到了学术发表时，仍然会被打回原形；勉强过了发表关，依然会被读者指摘。归根结底，这是没有"从实立论"导致的后果。真正的学术写作立意是要从自己的核心发现与深层主见出发，针对这项研究，确立了扎扎实实的调查结论（相对于社会学科而言，人文学科也是类似），以此得出自己的学术概念和相关命题，再将它们转化为有效的学术表达，最终形成规范的学术论文。

第五，精萃5%。很多作者特别想把自己所有的研究内容一股脑地丢给读者，这是很不负责任的做法，而且绝对是一种空想。事实上，当一个研究者在学术比较中重新审视自己的研究结果后，他会发现能够表达和传递的素材是极其有限的，在全部的研究素材中，最多只有5%是值得立意表达的，绝大多数的素材和结果都是前人已经阐释过了的，有时甚至完全找不到任何新鲜的题材，都是旧知识。在这里，一定要牢记：立意不是为了自己而设置的，而是为了学术界的一般读者，所以那些对于研究者本人来说感觉很新鲜的结论，也许只是学术界的老生常谈。因此，把相关文献吃透以便知晓学术地图上的知识深浅，是绝对不过时的真论。把研究素材的5%萃取出来，转化为学术论题，并且以垂直、纵深的写法有效呈现这些研究结论，才是学术写作立意的真正打开方式。

第六，小切口的垂直表达。学术就是表达"片面的深刻"，在此处，"片面"是描述用语，不带有感情色彩。很多作者在写学术论文的时候，喜欢漫天飞花，叙述中心非常多元，甚至希望同时表达多个主题、多个观点，而且这些表达要素之间缺乏有机联系，对于每个主题和观点又都是浅尝辄止，蜻蜓点水。这种写法在学术论文的逻辑中是行不通的，学术论文的真正内核乃是深刻新颖的学术观点，而学术观点往往都是凝聚到一个切面的深度信息集合，所以，为了更加有效地将这些观点传递给读者，必须采取小切口的垂直表达，一方面，就像把生物标本放到显微镜上细致观察一样，学术观点的深刻呈现也是需要聚焦在一个小切口上；另一方面，就像从深井中汲取清水一般，必须采取垂直纵深的表达方式，将观点打包整理完善后再送到读者面前。很多人觉得一万多字的论文很难写，但是一旦领悟了学术写作的深度表达以后，他们一定会觉得一万字能够说清楚的内容实在是太少了，十万字的博士论文能够说清楚的观点也极为有限，因为文字是有限的，意蕴则是无限的，以有限的文字表达无限的意蕴，当然只能采取小切口的垂直表达了。

第七，有组织的同类堆叠。在选题规划部分，我特别强调学术发表的品牌规划，而写作立意必须将这一原则有效贯彻。任何作者的单篇论文能够传递出来的信息是极为有限的,而通常一名优秀的学者都是采取多篇论文围绕一个主题综合发表的做法,但是这些文章的立意,彼此可以是呼应的,这样可以构成一个发表品牌,就像多株植物构成一个盆景,多盆植物构建一个花园,这些你所建构的领域,就是你的学术影响力之源头。这种同类堆叠、彼此呼应的立意方法,就可以启动学术传播的杠杆效应,对于学术新人来说,这是极为有效的。

## 二、立意生长与非正式写作

立意培育往往只是一些简单的学术灵感,或者是写作意向的初步确认,如果希望这些立意能够转化为学术论文,还必须通过非正式写作让立意生长。我在此处特地强调非正式写作,是希望大家明白:一篇论文的写作一般是不能按照最后发表的格式直接去填充的,除非有些非常成熟的写作者,但即便如此,他们也会打腹稿。既然打腹稿,倒不如将这些腹稿打在纸面上,尤其是对于更普遍的学术写作者。一些不做立意培育的写作者,通常是对着电脑直接敲出文字,这实际上就是"硬写"。

一个更为科学的方法是:通过非正式写作让立意生长。立意生长伴随着研究与写作的整个过程,具体做法是:通过基本功练习和前期选题规划,让研究自然展开,然后在大量的调研、思考与写作中确立写作立意。在此过程中,写作者可以在相对随性的非正式文本格式中,围绕着相关立意,把观点和素材等释放出来(相当于彩排或预演),等积累到一定程度,再判断是否值得转化为学术论文;如果值得,那就根据确定了的立意调整写作方向和具体规格,并按照论文格式进行调整与写作。

立意生长和农作物生长原理类似。它首先需要种子,那就是学术写作立意;再给它土壤,那就是有效而持续的学术研究环境;然后就是不停地浇水施肥,即调查、思考、阅读和研讨等,学术观点会随着这些研究过程不断长大。从学术写作立意确定,到真正产生一篇论文,这中间需要保持大量的、固定的、有序的学术习惯,其中,非正式写作可以及时留住阅读、调查、思考和研讨等过程中产生的学术养分,然后再转化为学术研究的生产力。这样做的好处是可以化整为零地有效产出,而且不会造成太大的心理压力。很多高产学者就是通过这种方式著作等身的。

当一个写作立意确立以后,研究者最好给它必要的生长时间,让这些观点慢慢地走完必要的生长过程,自我长成。当一个写作立意确立以后,它就有了自己的生命,实际上它也就不完全属于作者本人了。就像孩子虽然由父母生出,却并不属于父母个人。真正的学术观点是属于全人类的,不是专属于某个作者的;否则,它就只是个人主观臆断与内在情绪的传播,而非真正的学术观点。

在立意生长的非正式写作过程中,有几个原则很重要。第一,学会"倒豆子",就是说在你刚开始写作的时候,不必追求学术写作的质量和观点的完整性,不要理会学术规范和成稿状态的格式,不要理会一般的学术写作范畴,更不要对自己写作的当下反复评判,尤其当你是一名新手时,先尽情把自己的学术想法倾倒出来,就像把豆子从口袋里倒出来。可以找一个在线文档,随便写。尤其当你进入研究现场,产生了大量的学术灵感,你更加需要及时进行非正式写作。等你倒完了豆子以后,再进行"拣豆子",把以前写作的内容进行整理、复盘,把大量的学术观点进行去芜存菁,合并同类项,进行必要的分类和提炼。最后进行"磨豆子",把这些有营养的、值得分享的、可以进入写作立意程序的豆子磨成有营养的豆制品,这个过程就是深度加工和学术理论提升。总之,经过这一系列的倒豆子、拣豆子和磨豆子的工序,学术观点就会慢慢成长起来。

第二,非正式写作是一个同时向内和向外的过程。很多人在写作之前,不清楚自己要写什么,但写着写着,就越来越清晰了。通常并不是在你写的那一刹那就清楚了,或者说等你想清楚了再下笔,这种情况多数都是理想状态,更多的时候,在写作的最初时刻,作者往往没有想清楚,而写作本身就是一个梳理思路的过程,因此写作往往是一个从模糊走向相对明确的过程。

为什么这里说"相对明确",是因为写作的明确性是无止境的,我们做到相对明确就够了。也就是说,非正式写作是一个和自己对话的过程;同时,我经常鼓励我的学生给我发邮件来阐释自己的研究发现与成型观点,这样做至少可以锻炼三项基本功:表达感、对象感、专业感。一是表达感。学术写作和邮件写作、日常说话一样,都是一种表达,一定要在日常生活中养成收放自如的学术表达习惯,把日常的邮件写作当作正式的学术写作,等这种感觉贯通了以后,正式学术写作就会像平常写邮件甚至日常说话一样轻松自在。二是对象感。很多人写论文写不下去,其实是没有对象感,不知道这篇论文是给谁看、写什么,如何配合写作目标进行相应调整。写邮件就可以解决这个问题,它是一个非常有对象感的正式表达,大家可以把邮件想象成写给收件人一个人的学术论文,也可以把学术论文想象成写给所有学术读者的一封邮件。三是专业感。学术写作毕竟不是日常聊天,它的沟通内容和表达形式必须对专业读者负责。当你想到写邮件给一位具有学术水平和判断力的学者时,一定会注意自己的表达内容和规格形式,这样又会培养作者对读者的专业诚敬感,而专业性的诚敬感会让学术写作变得味道纯正,也会提升你的学术格局与表达层次。

第三,非正式写作中的观点养成是长期自然积累的水到渠成。学术写作无法速成,凡是想短期内速成、走捷径的,要么最终会被现实打脸,要么就会误入歧途,受人欺骗。所谓拳不离手、曲不离口,学养积累是一个长期浸淫的过程。好的学养一定源于好的学习习惯、学术习惯。只有建立起固定有效的学术习惯,学术研究才是切实可行的,否则终究是纸上谈兵。有些博士生到了写作冲刺时,下笔毫无感觉,写出来的文字不堪一用。从本质上看,还是原本应该积累学养的关键期被荒废了。而学养的积累也是一项"笨功夫",没有太多技巧可言,不过就是昨天读了几篇文献,今天写了几篇笔记。看得多、听得多、聊得多,慢慢进了门道,知道如何写作和表达观点了,学养自成,学力自有,写作也就水到渠成了。

第四,非正式写作是一个积累和兑现学力的升级过程。写作能力,本质上是学力的整合与投射。所以，在一定时期内，一个人要想提高写作能力，从根本上说，是要把自己储存已久的学力充分"兑现"，或者说通过写作这种路径呈现出来。有很多研究水平很高的学者，写作实力却不匹配，其实就是不会用写作"兑现"自己的学力。不过，在一个固定的时期内，一个人的学力也是相对固定的，他的思考力和研究力都有自己的阈值。在学力不变的情况下，写作能力的改变也是有限度的。当然，这不是否定学术写作提升的必要性，而是说，在学力很低的情况下试图通过写作班等方式来突击提升，几乎是不可能的。好的学术写作训练，还是要从学力升级上下功夫，从根本上提高自己的科研能力：要么是将已经积累了一定程度的学力兑现出来，要么是通过写作来实现学力提升的周期性改进。单纯的写作能力拉升，必然是空中楼阁。进一步说，学力也不是无条件的，更不是天生的、固定不变的。学力的奠定源于学养的积累。学养是指一个人在他的领域内长期的、有规律的、深度的、专业的学术涵养累积。这是一个不折不扣的功夫活。只有学养积累够了，学力才会自然生成。

第五，非正式写作需要克服拖延，马上下笔。很多作者喜欢将问题思考清楚再下笔。这个习惯可能对于少数文思专注的作者来说比较适合，但是对于大部分人来说，可能过于奢侈。因为人是非常脆弱的，思考灵感和专注力很容易消逝，甚至稍纵即逝。而且写作本身就是一个澄清思想和观点的过程，有的时候是写着写着才发现自己想清楚了。最现实的办法是：一有想法，不管是否成熟，立刻下笔，写下来再说。先把想清楚的那部分写下来，然后再慢慢修改。不要拖延！拖延是写作的头号敌人！不仅写作如此，做世间一切事，都以提升执行力为第一要务。马上动笔有几个显而易见的好处。一是及时保存灵感，好记性不如烂笔头，把这些灵感记录下来，将来可以再想办法改写成更为成熟的文字。二是可以保证进度，克服拖延症，只要写起来，文章就有完成的希望。三是可以增强信心，就像开车堵在路上，只要车子动起来，心里就不会焦躁，这对于截止日期比较明确和急迫的作者（比如博士生）来说尤其如此，不然等到最后，越拖越被动。四是可以提早整理出一个修改的底稿，事实上，所有的文章都需要仔细修改，不可能等完全想好再下笔的。有些研究生导师经常告诫学生要赶紧把初稿写出来，只要初稿写出来了，哪怕修改、提升，都有一个基础，否则，导师即使想施以援手，也难为无米之炊。五是可以在写作中寻找新的灵感，相当多的作者都有一个体验，文章是越写越有灵感，往往是话赶话赶出来的，写作的过程也正是思考的过程，这两者并不是截然分开的。所以，尽快下笔是建立写作习惯的第一步！就像学游泳，光看不下水，永远也学不会。

## 三、深层主见挖掘与立意审查

在立意生长到一定程度以后，要逐渐过渡到深层主见。一篇文章，只有具备深层主见，它才可以确立一个有效的表达核心，也才可以平滑过渡到发表形态。所谓深层主见，是指作者对于这个研究问题已经积累了长期的相关阅读、思考、调研与素材等，并且能够基于此确立自己的深层次的看法与见解。这些深层主见是稳定的，轻易不会改变的，也是很多后续表达的源头与基础。因此，我们的阅读与调研可以深层主见的形成为阶段性终点，而学术写作和发表也可以深层主见的确立为阶段性起点。非正式写作的阶段性目标也是催生学术深层主见。那些发表不出来，或者写出来经不起推敲和检验的文章，多半只是确立了浅层主见，甚至是摇摆的、没有营养内涵的只言片语。我在这里强调深层主见的挖掘，是希望同学们理解学术生产并不是从文本到文本，还有一个大脑思维加工提纯的过程。文字的背后是研究者，任何观点、素材和论证都是以作者的深度思考为基础的。

设定研究选题时，研究者尚未有明确的答案，但是，写作论文时，必须"胸有成竹"。研究选题只要证明研究问题值得进一步研究即可，写作则不然，写作乃至发表定然是因为作者有一个值得跟读者和学界分享的观点。也可以这么说，研究论点是研究历程的终点，也是写作历程的起点。从文章的整体贡献而言，所谓的研究创新、研究推进，主要也是以研究论点而言的。没有论点，学术创新、学术进步统统都无从谈起。太多学术论文，实质上是没有观点的，或者说没有将观点表述清晰，又或者是作者压根就没有想清楚，甚至是作者没有经过研究而直接开写，这些写法都是缺乏学术观点整合的表现。学术论文本身是学术观点的集中表达，所以如果只是单纯地阅读文献或调查资料，不经过任何观点提纯，就只能是拼凑的文字，这样写的后果就是越写越没底，到最后不仅缺乏创造力，也很难通过答辩或发表。

深层主见并不是一开始就有的，往往是挖掘出来的，或者是通过不断反思和提炼进而确立的。这中间并不是凭空去编造深层主见，当然也包括对其他观点的吸收，以及反反复复的修辞。文献拆解六步法的后三步，实际上就是让大家往深层主见挖掘的方向前进。挖掘深层主见就是一项关键的立意确立工作。

具体来说，挖掘深层主见就是明确学术答问。在挖掘深层主见的过程中，学术提问与学术答案是一个双向奔赴的日渐清晰化过程。一篇论文，通常就是一个学术问答的集中阐释，它们是整篇论文的核心。从读者的角度思考，他之所以愿意阅读某篇论文，一定是因为这篇论文为他们思考某个问题提供了有效的答案。比如说，韦伯的著作《新教伦理与资本主义精神》，其核心的问题是：为什么资本主义会在西方兴起？而全书的答案是：由于新教伦理与资本主义精神具有某种特定的亲和性，新教伦理为资本主义精神提供了生活基础和心理动力。写文章贵在专注、深刻，贵专而不贵广，就像一部电影、一部小说，只能有一个主题，这个主题是一以贯之的。作者可以在文章中具体回答这个问题的不同层次、不同向度，但是不能另起炉灶，否则就是另外一篇文章、另外一本书了。

为此，学术写作者应该学会用尽可能简洁的语言凝练本篇论文的学术答问。具体来说，可以这样提问：针对这个学术议题，你最重要的创见（稳定的、排他的）是什么？这个学术创见就是本文的种子想法，转化进论文里，就是文章的结论。

在做好深层主见挖掘以后，写作者需要进一步对文章进行立意审查，因为只有那些具备学术价值的深层主见才具有写作与发表价值。此处所谓的写作立意审查指的是，当学术研究进行到一定程度以后，重新对研究选题进行"问题对焦"。一方面，当研究开展了以后，研究者需要对研究结果负责，并且基于研究的阶段性成果，重新审视是否回应了研究问题；另一方面，研究者需要斟酌本研究的创新度，审视自己的研究是否做出了新贡献，这些研究成果值得分享给学术界的读者吗？如果答案是可以的，就要再接再厉，巩固阶段性成果，并做相应调整；如果答案是不可以，就要重新对研究问题或研究过程进行复盘、推敲与调整。

学术论文的立意审查是伴随着学术发表过程始终的。一篇文章交给期刊编辑或者匿名评审专家，他们首先要对文章进行立意审查并判断这篇论文是否值得刊发，而且编辑或评审专家向期刊负责人如主编等陈述乃至推荐这篇论文时，也会对文章的核心立意进行强背书：它是值得我们推荐给学术界读者的。

事实上，立意审查过程是动态的、持续的，甚至会伴随着研究过程的始终。有一些研究经验丰富的学者，甚至会在研究过程开始之前就判断这个研究是否具备立意可能性。而很多经验不足的研究者，通常在写完以后仍然没有弄清楚一个问题：既然已经有这么多的前人研究了，为什么我还要多写一篇新的论文呢？我这篇论文的发表意义何在？对于立意审查这项工作，越早开始越好，有些时候，学者们可以在田野调查时就先行记录并审查学术灵感是否具备转化为学术文章的可能。因此，及时记录这些灵感并且逐步推进立意审查和调查研究等过程，是极为必要的。

立意审查并非简单把研究结果呈现出来，而是通过立意过程，调动自己的知识储备与研究结果，而且立意审查也并非可以严格从研究过程中切割出来，它是一个伴随着研究推进的整体性方法论。我们可以将立意视为对选题价值的兑换，也可以视为一个类似"出口拉动内需"的过程，通过确立出口目标可以实现学术知识生产的良性循环与动态平衡。

具体的立意审查分为三个部分：需求侧分析、供给侧分析、仓储侧分析。

第一，需求侧分析。这是指详细考察论文本身在学术知识的需求侧是否被需要，以及在多大程度上被需要。具体的需求侧分析可以从学科前沿性、领域欢迎度、期刊选题圈、政策支持度四个方面进行。比如农民工研究一度在社会学领域中占据显要位置，但是随着城乡二元体制的相关要素消解，构成农民工这样一种两栖身份的制度基础不再存在，因此现在也就没有了农民工这种身份，农民工研究也就随之丧失了某些与之相关的学术研究需求——当然这不是说没有研究农民工的必要性。

第二，供给侧分析。这是指关于文章所写的特定研究问题，现有的学术供给如何，是缺乏供给的状态，还是过度供给的状态，如果是前者，则可以大力推进并尽快发表自己的文章；如果是后者，最好是重新确立新的立意角度，否则就会淹没在同类学术论文的红海中。很多初学者只会拾人牙慧，或者只敢撰写别人做过的研究题目，这种做法通常会导致自己的研究陷入过度供给的同类竞争之中。

第三，仓储侧分析。这是指关于本文所涉及的特定主题与问题，所写论文是否具备新的仓储，能否提供新的知识贡献。仓储侧分析是强调本研究是否具有独创性贡献，是作者对自己研究家底的盘算，是对自身研究优势的评估，也是对研究创新的具体定位：到底自己的研究提供了什么新的知识贡献。仓储侧分析强调创新不能仅仅停留在口头上，也不能只是选题的创新，而必须能够切实增加对某类问题的知识供给，并且是以自己的研究基础作为支撑。

## 四、将立意贯彻为表述逻辑

我们的学术研究是一个从研究问题出发并最终到达研究结论的过程，然而当研究结论做出来后，我们确立了论文的表达立意，则不能再让读者重复自己的研究过程，而是以崭新的表述逻辑来整合写作素材。这个过程，可以称之为立意贯彻。所谓表述逻辑，是指学术写作过程中为了达到表述目标而遵循的创作逻辑。这样一个表述过程，我们可以称之为学术修辞。修辞

(rhetoric)，"修"是修饰的意思，"辞"的本意是辩论的言词，后来引申为一切言词，修辞也就是修饰言词，即在使用语言的过程中，尽可能地利用各种语言手段来达到最佳的表达效果。

在学术表述的逻辑中，最重要的目的是将研究论点呈现出来，并且以科学合理的论据对论点加以论证，以实现说服读者、传递论点为最终目标。因此，所有学术修辞的存在和使用都是为了服务这个最终目标。比如，如何撰写引言，如何呈现数据，要不要使用概念图，等等，都必须以是否更有利于学术论点的阐释为终极标准。

很多作者采用大而全的表述方式，通常将数据和素材不加甄别地加以使用，这种未加省思地使用数据的做法是不科学的，尽管这些做法可能耗费了大量心血，但是学术写作者必须铭记：学术修辞的最终目标是更好地呈现学术论点，假如有些资料与将要呈现的学术论点无关，即使它很精彩，也应该删除——这些素材可以用于在其他文章中阐释其他学术论点。学术修辞需要考虑效度问题，那些不能更好地服务于观点论述的素材不仅不能起到正功能，反而会起到反作用。

写作并不是简单把研究过程呈现出来。研究过程是从不知到知的探索过程，而写作过程则以更好更准确地传递研究结论为目的，它有时不一定要按照研究顺序开展，甚至不一定按照事物发展的顺序来阐释，而是以观点阐述为原则来组织文章。以实证研究为例，很多时候，田野资料有一个"故事逻辑"，即它有开头、发展、高潮、结尾，但是写作过程往往不会完全按照故事发展的逻辑开展，也不是完全按照调查者当初发现故事的顺序开展，而多半是按照"讲道理"的逻辑来开展。简单说，作者在表述事实和道理的过程中，必须有一个一以贯之的"写作线索"，这个写作线索并不是故事本身的线索，而是为了表述观点而建构出来的线索。这个建构的写作线索就是表述自觉的体现。

不同的说法，调用的是不同的修辞学资源，结果和效果肯定大不相同。就学术论文而言，任何人写文章都有一个修辞自觉。修辞过程与研究过程的不同之处在于，它已经不是为了发现论点而进行钻研，而是为了呈现已经发现和明确的研究论点而更好地进行表述，以便让读者知晓你的论点。学术论文的修辞至少要做到三点：准确、到位、有逻辑。

首先，遣词用句一定要准确。说到底，你必须明确知道自己在说什么、写什么，大脑时刻保持清醒：我写的和我想写的是不是一个意思，这两者能否叠合？这样表述是否符合初衷和目标？同时，心里要切记：所写的每一句话一定要有所指，要实而不要空，空话连篇的文章不能取信于读者。要统一全文的表达术语，避免歧义，能用一句话说清楚，就不要用两句话。

其次，不仅要表述准确，还要推敲意思是否表述到位了，"过"与"不及"都不是理想状态。写文章贵在中和，表述的分寸要刚刚好。谈一个概念或者一个框架，不能满足于把它抛出来就算完了，还得琢磨把它"说圆"了，"说圆"了就是说到位了，把该说的都说出来，把不该说的都删掉，整篇文章就会特别干净利落。要经常检视：你对材料的解读和分析是不是恰当，有没有过于简单，或者过度阐释？你的文章内容有没有重复？

最后，写作一定要有逻辑。实际上，写作就像作者带着读者旅游，从研究问题出发，最终到达研究结论，在这个过程中，旅游节奏不能过分跳跃，不能把读者带丢了。写作必须有一条固定的表述逻辑。而所谓逻辑就是上一节与下一节、上一段与下一段、上一句与下一句都有机地串联在一起，像是一条绳上的蚂蚱。因此，写作过程中一定要不断质疑自己的表述逻辑是否周严，上下文之间的联系是否连贯。

表述自觉还有其他体现。比如，为了让读者能够与作者信息同步、互相理解，在写作的过程中，最好是"先实后虚"——先摆事实，再讲道理。即先把故事性的、实实在在的材料和背景等信息交代清楚，让读者有一个面上的把握，然后再由面入点，在前面信息铺垫的基础之上，深入地进行理论讲解。这时候，由于作者和读者共享着一套基础信息，读者才能比较容易理解文章，并与作者达成共识，互相理解。如果一上来就抛出自己的研究结论，不仅会造成阅读和理解负担，让读者一时摸不着头脑，也破坏了表述线索。

在这一点上，写作者应该向相声演员学习，学习他们是如何抖包袱的。相声的笑点太早或太晚抖出来，都达不到预期的艺术效果。写作也是一样，它有一个表述节奏，你得顺应并利用这个节奏，而不是违反它。表述自觉也体现在拟标题、写摘要、取关键词等文章处理上。有些时候，作者沉浸在自己的研究天地里，往往忽略了自己与读者的信息堕距，导致文章最后达不到预期的传播效果。

写作的目标在于告知读者作者的思想，表达文章的核心论点，所有的写作内容都要服务于这个终极目标。论文写作与散文写作的不同之处在于，散文讲求情感、意蕴，而论文则追求准确、到位，所有的文字都要以陈述清楚论点为根本出发点。所以，论文的写作贵在集中，凡是与论文观点有关的文字统统保留，反之则删除，也就是追求周敦颐所谓的"中通外直、不蔓不枝"（语出《爱莲说》）。

为了将论点陈述清楚，不要"发散"文字，而是要集中文字，每个段落只讲一个意思，有一个中心思想。作者必须搞清楚，所有的文字都围绕文章的中心论点来组织，以论点作为行文的驱动。因此，作者要时不时对文章进行检视：自己的观点是不是讲清楚了，这些文字是不是服从于这个目标；否则，就将无关的文字删除，或者在其他脉络重新建立段落。

要想将论文写得有逻辑，除了上面的原则之外，还要注意表述的层次与顺序。作者必须明白：为了将自己的论点讲清楚，自己需要呈现哪些论据？自己需要用什么样的顺序来论证？这也是表述的自觉。很多作者表述得比较凌乱，有时候同一个意思反复讲，或者一个问题还没讲透，就直接跳到下一个问题了。解决这类问题的办法，就是审慎地反思自己的论文，不断思考自己的论文是否合理地完成了"表述论点"的目标。

# 第10章 搭建论文框架

搭建论文框架是一项重要的学术写作基本功,在学术写作中极为关键。就衔接上一章而言,论文框架是深层主见与学术答问具体变现的载体;对于下一章所讲的文章模块打磨而言,论文框架又是这些具体文章模块赖以维系的基础和主干。如果没有良好的框架思维,再好的论文立意也无法转变为具体的论文,更加无法支撑起论文的行文思路与具体文本。本章将着重讲解如何在写作过程中搭建并调校论文框架。

## 一、论文框架的常见问题

不会搭建论文框架,是学术写作初学者的常见问题,很多写作者由于缺乏框架思维,让学术写作陷入死胡同。常见的框架搭建问题如下:

第一,没有框架自觉,永远在写第一章。把大量的文本信息都堆叠在文首,不知道哪些文本应该放在文首,哪些文本应该放在文中,哪些文本应该贯穿始终。很多博士生在写博士论文过程中特别容易犯这个错误。没框架自觉的写作者通常无法驾驭全文,全文的信息和相关资料、观点都变成了各自为政的碎片。

第二,过于整齐的框架和目录安排。这种写作者往往喜欢使用整齐划一的标题,连用词都要极为工整和对仗,甚至如同对联一般,码得齐齐整整。这样一来,文章的框架就变成了一个机械的模具,失去了框架本身的统筹性和驾驭性，进而也就让框架变得很形式化，甚至成了束缚观点的桎梏，以词害意。事实上，写论文不是作诗，不是要去追求押韵与对仗，观点表达和材料输出才是学术写作的首要考虑要素，那些框架的"不太整齐"恰恰是观点自然生发的表现，有时候作者反而要保留甚至追求"创作的毛边"，因为这些毛边会让文章更加生动、真实、有效。

第三，教科书般的框架搭建方法。这是论文写作最常见的框架问题之一，之所以产生这类问题，是作者没有挖掘深层主见的自觉，同时也不知道如何运用论述性的框架去呈现观点，于是就采取了"最安全"的表达框架——教科书式的陈述框架。这种教科书式的框架只能机械地传授知识，是为了演绎和呈现成熟的既有观点；而在论文写作过程中，通常我们需要提出新知识，并且归纳出新的知识点，再科学有效地论证出这些知识的内在逻辑，所以，论文框架必须是建构性的、说服性的、论证性的，而非教科书般的说教。要知道，教科书式的论文框架通常会引起学术读者的不适甚至反感。

第四，论文框架的逻辑混乱。这也是学术写作初学者常见的问题，其根源在于作者把读者想象成自己了，不仅没有考虑到读者对相关知识的陌生和困惑，且想当然地以为读者可以不言而明地理解作者的种种铺垫与延伸。论文框架本质上是为了让读者更好地理解作者的观点，让读者可以顺利地从不知到知，有效吸收知识、认同作者。所以，正确的做法是，作者必须假设读者在阅读时对相关知识（尤其核心发现部分）的认知是空白的，面对这些一无所知的读者，作者必须建构出一个逻辑清晰、层次分明、包含精确信息的有效框架，以便观点可以借助论文框架这一渠道走进读者的脑海。

第五，论文框架缺乏必要的层次与纵深。这类论文写作者通常只是把论文的核心概念拆成几个循环论证的语词，或者用一套机械的框架自言自语，并没有触及论文的观点层次，尤其是没有将核心概念贯彻进框架，因此，这些框架是没有生命力的。正确的做法是根据论文的核心概念铺陈相关框架，下文将详述这种以终为始的框架搭建方法。

第六，论文框架前窄后宽。这种论文写作的问题在于，作者并没有把论文的所有写作要素了然于胸,就草草下笔,然后在写作的过程中不断添加要素——这些要素是他们边写边想的,到了文章接近尾声时,文章后半段的要素已经远远超过文章最初的范畴,于是就呈现出一种前窄后宽、尾大不掉的论文框架形态。其问题在于没有整体性统筹论文的观点,尤其是没有通过挖掘深层主见去做前后整合。整合有素的论文框架应该是前后一般宽窄的,在文章开始就要为后面论点的"宽幅表达"进行铺垫,然后论文的框架就会由浅入深、由此及彼,深刻有效。

第七,框架中的要素彼此脱节,内核跳跃,表达浅尝辄止。这种论文框架的核心问题在于"群龙无首",缺乏整体统筹,相关的灵感只是临时基于关键词拼装在一起的,彼此缺乏内在关联,而且由于它们之间缺乏统筹,进而导致这些表达都是浅层的,未能触及表达内核。

除了以上的问题,论文写作框架方面的问题还有很多。在这些形形色色的框架问题背后,最核心的问题是,作者没有理解什么是论文框架,更加没有建立起必要的论文框架思维。那么,究竟什么才是论文写作的框架思维?我们可以简单打个比喻:论文框架就是整篇论文的骨架,它支撑着整个身体的运动,让血肉可以附着其上,并进一步发育更高级的功能。

## 二、起承转合与"洋八股"

具体来说,学术写作就像穿珠子。论文的骨架是线索性的,是一以贯之的,可以简要分为"起承转合"四个节点,再细分,又可以表现为"八股文"的样态。具体的框架名称叫什么,无所谓,关键是要通过整个论文框架去呈现学术观点、论据材料和论证过程等。

任何论文,包括非学术论文,都是具有内在架构的。比如王安石的《读孟尝君传》,抛开论点不谈,我们仅从论文结构来看,全文短小精悍,虽然只有九十个字,却完整地包含了起、承、转、合四个部分,文脉流畅,一气呵成。

世皆称孟尝君能得士，士以故归之，而卒赖其力以脱于虎豹之秦。嗟乎！孟尝君特鸡鸣狗盗之雄耳，岂足以言得士？不然，擅齐之强，得一士焉，宜可以南面而制秦，尚何取鸡鸣狗盗之力哉？夫鸡鸣狗盗之出其门，此士之所以不至也。

我们来看《读孟尝君传》的起承转合。

起（提出问题）：世皆称孟尝君能得士，士以故归之，而卒赖其力以脱于虎豹之秦。

承（展开问题）：嗟乎！孟尝君特鸡鸣狗盗之雄耳，岂足以言得士？

转（论证问题）：不然，擅齐之强，得一士焉，宜可以南面而制秦，尚何取鸡鸣狗盗之力哉？

合（得出结论）：夫鸡鸣狗盗之出其门，此士之所以不至也。

从上文可以看出，起承转合是整篇文章的间架结构，也就是论证问题的一般步骤，包含了整篇文章的线索和布局。在起承转合的不同部分之间，实际上是有接榫的，也就是说，"承"乃是对"起"的延展，"转"又是对"承"的深化，"合"则是对"转"的括定。这四个部分是有机组合在一起的，一脉相承、一以贯之，它们共同构成了整篇文章的行文脉络。

八股文结构实际上是起承转合的扩展版而已。明清两代科举取士，统一采取八股文的形式，由破题、承题、起讲、入手、起股、中股、后股、束股八个部分构成。我们通常说反对八股，但其实，八股形式本身没有错，错就错在把八股形式作为写作的唯一形式，这就不免将表达形式固定得过于僵硬和死板了，最终肯定会阻塞写作与表达。但是反过来，也不能将八股形式一棍子打死，那就是因噎废食，走向另外一个极端了。八股形式有一个非常好的启发是：写文章必须有一个谋篇布局的意识，文章整体上是有一套稳定的框架结构的，必须意识到这个写作结构，并且有意识地进行布局。

尽管我们反对八股文，但我们还是要承认：论文写作是有一个相对固定的间架结构的，英文写作中有所谓的"洋八股"的提法，实际上也值得我们借鉴。"洋八股"一般包括：Introduction，Literature Review，Methodology，Measures，Data，Analysis，Conclusion，Discussion。也就是：引语、研究综述、方法论、测量、数据、分析、结论、讨论。根据上面的起承转合的文章脉络，"洋八股"中至少有四个是必须的：引言（作为起）、研究综述（作为承）、分析（作为转）、结论（作为合）。其他部分可以根据实际情况斟酌损益。实际上每门学科都有约定俗成的结构，需要写作者经过长时间的学习与浸淫，慢慢领悟并掌握。

在论文写作的框架调校过程中，写作者必须认真思考两个问题：一是如何让每个部分各司其职，二是如何让这些部分有机地联系起来。做到这两点，文章就会具有流畅的起承转合的行文脉络。

## （一）每个部分各司其职

由于论文的形式有很多种，不同学科的要求有所不同，我笼统地将之分为四个部分，在具体的某些部分不同文章的写法有所区别，此处先不作更详尽的讨论。

第一，引言。引言要提出研究问题，让读者进入你的研究视野，明白文章的最终研究目标是什么。这相当于前面有一番美景，然后你指着它对读者说：你看！这就是×××。然后，你要解释这篇文章要达到一个什么研究目的。

第二，研究综述。研究综述的功能在于在研究问题的基础之上，系统而完整地回顾既有的文献在这个研究问题上都有什么贡献。就比如说，在大家能够看到的视野中，都有什么房子。

第三，分析论证。这一部分主要是为了说明，在前人的研究基础之上，你想说点什么新东西。也就是说，在现有的这些房子之外，你还能盖一个什么样子的新房子。在这一部分，你要把研究的具体部分都呈现出来。

第四，结论与讨论。这一部分的功能在于回顾所有的论点，给出一个概括性的说法，并对研究进行总结、提炼和升华。

## （二）各个部分要有机联系在一起

通过"三个过渡"，可以很好地把文章的各个部分有机联系起来。

第一，从引言过渡到研究综述。这一部分主要是要提出一个目标，划定一个研究视野，提出研究的必要性——文章那么多，为什么要看你的文章呢？你为何要多此一文呢？这时候，你要把学界的大部分研究内容呈现出来，让读者知道你的研究视野何在。

第二，从研究综述过渡到分析论证。这一部分的关键在于如何提出对话点，也就是说，你如何把自己的研究嫁接到既有的研究脉络上，你的边际贡献是什么，相对于其他人的研究，你的研究有何差异。

第三，从分析论证过渡到结论。这一个过渡是从分到合，你一定要有"合"的意识，要把整篇文章的主旨在结论中体现出来，概括性地把通篇意思写出来，但不能只是简单地摘写，必须有一个提炼升华的意识。

以《数字下乡：农村扶贫中的技术治理》为例。

### 一、引论："给予型国家"的信息治理问题

这一部分重点在现实政策背景和相关文献的基础上提出研究问题：学术界尚未对21世纪以来国家基层治理中的治理信息问题进行必要的理论阐释，本文将以国家在农村中的扶贫开发为切入点，重点剖析精准扶贫中数字技术的组织学问题及其对治理转型的意义。

### 二、技术治理与国家信息能力

从韦伯、黄仁宇开始对相关的文献进行深度提炼，在技术治理和国家信息能力建设的视角下廓清了研究的对话基础：过去的研究都未能打开数字生产和国家信息治理的"黑箱"，也未能对精准扶贫进行具有理论深度的阐释以及总体性的理论检视。进而提出本文的研究目标：本文将以农村精准扶贫为例，探讨国家如何在基层社会治理过程中建构和实施数字治理技术，以及基层治理行动者如何在具体的地方情境中生产出相应的数字信息。

### 三、从国家到地方的农村扶贫开发

系统展示国家扶贫的政策历程，勾勒研究背景和理论阐释起点，为下文的数字下乡概念和相关因果机理阐释铺陈素材细节和说理基础。

### 四、数字下乡的三个维度

具体提出本文的核心概念——数字下乡，并且进一步定义、阐释、论证了数字下乡的三个纬度：数字在地化、数字系统化、数字逻辑化。

### 五、数字技术的生产体制及其问题

在上一节的基础之上，进一步阐释数字下乡背后的数字生产体制，指出体制中的发包者、转包者、承包者、知情者各方的行动逻辑，同时指出数字生产体制的问题诸如"统计加估计"等。

### 六、数字的悬浮

在解释清楚数字生产体制以后，进一步指出数字下乡的相关后果：悬浮于基层治理过程和乡村社会生活。

### 七、结论与讨论

对全文进行总结，进一步延伸出相应的讨论与展望，并探讨其他治理领域中的技术治理及其量化倾向。

## 三、论文框架搭建的结构化表达

论文框架的本质是一种结构化表达，或者说将作者系统的研究与思考成果转化为结构化的形式。很多人反映自己的写作缺乏逻辑，不会拟框架，这本质上是没有训练出结构化表达的能力。为什么要有结构化表达呢？这至少有三个方面的意义。

第一，任何表达形式最终都要走向结构化表达。比如相声表演就有"三翻四抖"的包袱结构，如果大家常听相声，就能知道好的相声其结构特别好。任何艺术形式一旦发展成熟，都会逐渐走向结构化，因为有大量的创作者会摸索出有效的结构化规律，否则艺术无法传承。学术也是如此，任何学术表达的内容都必须以特定的结构呈现出来，否则内容就会很杂乱。

第二，只有使用结构化表达，才能让读者更快地进入内容，理解作者。作者拥有读者所不知道的内容，这是所有写作的前提，那么如何才能让读者更快更好地知道这些内容呢？那就是借助结构，借助那些大家惯用的结构。这些惯用结构实际上也不是某个人刻意确立的，而是在长时间的交流互动和表达沟通中，人们约定俗成的，同时也是被集体验证过的、认定为有效的。因此，合理的内容必定先遵从合理的结构。框架是读者与作者沟通的桥梁，缺乏框架的沟通是低效乃至无效的。就像我们种花生时需要先耕垄，然后在每个垄上播种花生，这个花生垄就相当于论文的框架。如果没有逻辑严密的框架，有时候好的观点也会淹没在文字海洋之中。

第三，对于作者而言，越是使用结构化表达，越能够知道自己的内容，并且能够在自觉自理的情况下，更好地表达出自己的观点和素材。写作是一个同时向内和向外的过程，写作的过程也就是作者梳理自己观点的过程，有时候，作者在真正写完之前，自己都不知道自己的真正观点是什么。深度访谈也有类似的效应，在真正做完访谈之前，受访者有时候也未能完全理清自己的观点，访问者的结构发问与系统推动，反而是一个有效的催化剂，所以，结构感良好的作者，一定会让文章实现更好的表达效果。

那么如何才能走向结构化表达呢？答案就是精准降维。试想如何将一个正方体拆成六个平面，这个从三维立体几何降维到二维平面几何的过程，就如同一篇论文降维到论文结构层面。之所以称之为精准降维，是这六个平面必须能够互相围合、彼此规整，共同构成一个立方体，就像一张桌子的四条腿可以让桌子安稳站立。

在论文框架搭建的过程中，作者必须通过精密设计的结构将观点降维，让理论变得可理解，让材料变得可阐释，让论证变得有逻辑，让结论变得可信服。为此，一个好的框架必须至少具备如下三个条件：第一，降维（即抽象化水平）适当，能够有效传递论文的核心思想；第二，框架之间的逻辑关系是层层推进的，就像是叠罗汉，前后相继，也像是多米诺骨牌，后面一张牌要倒在前面一张牌上，以便推进文气；第三，论文框架中的各个平行层级间，逻辑是等量齐观、彼此互斥的，并且能够有效支撑上位框架，而在不同层级之间是可以有效区分出逻辑身位的，上一级框架要素必须是下一级框架要素的"爸爸"。

那么，如何才能有效地结构化表达呢？主要有如下三个方法论。

## （一）析繁为简，让"大树"生长

在上文所提及的非正式写作中，论文写作在一开始会有大量的细节转化，包括各类文字的书写。框架生成的第一个方法论就是析繁为简。所谓析繁为简，就是在大量繁复的文本和细节中抽离出简洁的要点，这些要点是能够涵盖文章意图的，或者说是能够代表相关文字内涵的。这些简洁的要点就像是整篇论文的"民意代表"，它们能够支撑起论文的基本意蕴。在抽析要点的过程中，会出现一些不合适的"代表过程"，比如文意重复、逻辑堆叠、过度代表、代表不足等问题，所以，整个析繁为简的结构化尝试过程需要不断调整，有时需要合并同类项，有时需要删减那些不必要的分支发叉。然而，不管如何，这个过程是一个结构生长的过程，而且它是伴随着观点的变化的，有时会与调研、阅读相始终，有时会出现一些倒退和反复等。

很多初学者写论文，总是幻想有一个现成的框架可以直接套用到自己的论文中。这显然是不可能的。任何框架都是自主生长出来的，而且是根据研究和表达的不同机理生发的，如同一棵大树的生长过程。也就是说，框架不是套进去的，而是长出来的。那么，究竟如何让结构生长呢？一棵大树要从苗芽长到参天高度，需要不断的阳光、水分和堆肥，对应到研究过程中，框架的生长也需要研究养分的不断滋养。

一棵大树分为六个部分：根、干、枝、叶、花、果。论文框架类似于大树的六个部分，这就是框架生长的"大树写作法"。研究问题如同大树的根，是吸收营养的最前端，根扎得越深，树长得越茂盛。在一篇论文的写作中，研究问题也是不断构造并调整框架整合的"源动力"：哪些析出的要点是能够回答研究问题的,哪些是不可以的,哪些要点是还需要补充和调整的,哪些要点是需要合并与删减的……这些工作的前提是不断回到研究问题。

研究结论如同大树的果,是大树生长的结晶,果越大越甜,也就意味着这棵大树的价值就越大。在一篇论文的写作中,研究结论是写作的终点,也是作者呈现给读者的核心要件。所有的学术写作都应该以是否提供了明确且具有创新性的观点为基准:现在的这些要点是如何服务于研究结论的?它们是阶段性的结论,还是最终的结论?这些要点是否可以共同构成一个更完整的观点?

研究素材相当于大树的叶,研究概念相当于大树的花,它们分别是调查研究的呈现与思维加工的呈现。在研究过程中,写作者需要不断提升研究素材的丰富性,并且在研究思考以后,开出美丽的花,即提出必要的研究概念,在此基础上,绿叶与红花就会相得益彰,就像研究素材与研究概念的彼此搭配。

研究框架相当于大树的干与枝。一方面,干与枝要建立在根的基础之上;另一方面,干与枝要支撑起叶与花,还要结出果实。相应的,研究框架既要建筑在研究问题的支撑之上,以研究问题的源动力为推动,也要将研究素材与研究概念生长于其上,并最终导向科学有效且有创新性的研究结论。

理解了"大树写作法",也就明白了框架的生长方法。论文的框架不是为了写而写,也不是可以随便套用的,它是基于学术研究与写作思考的自然生长。

### (二)以终为始,"看齐"论点

很多文章直接被拒稿,原因就是没有论点。缺乏足够明确的论点,文章就无法得出结论。整篇文章缺乏一个统摄全文的论点,是最致命的。论点对于论文至关重要,就像整篇文章的心脏,可以说,没有论点就没有论文。一篇好的学术论文,首先起源于一个好的研究问题,一篇文章是否值得刊发,主要看文章是否成功有效地回答了研究问题,也就是说,文章是否具有一个完整、有效且创新的结论。论文不仅要有论点,而且这个论点必须是整篇文章的核心，文章的布局、谋划和行文都要以服务中心论点作为其存在的基础。论文的框架以核心观点的传递为根本要义。这就是所谓的"以终为始，向观点看齐"。

论文框架是学术观点的具体兑现，需要向观点看齐。我们的学术写作实际上都是文心的投射，在框架搭建的过程中，必须时刻提醒自己的表达是否是以最终的学术观点为初衷的，如果不是，就要尽快调整；如果是，要思考还有没有更好的、更贴切的表达方式。有时候，行文逻辑混乱、章节关系不清晰，根源就是没有做到以终为始，即没有向最终的学术观点看齐。须知：天得一以清，地得一以宁。一个人只能有一颗心脏，一篇论文也只能有一个核心论点。如果有更多元的、不能被单一观点所容纳的素材，可以再写另外一篇论文。

具体来说，框架搭建的"以终为始"，可以从三个方面入手：达标、俯瞰、承继。

第一，达标。在开始搭建框架时，可以多做几种结构化尝试，最终则要选择一种最佳的结构化路径，并且考察这个框架是否真正将核心观点分解完毕，是否有"帽子"过大或者阐释不足的问题。框架搭建的重要指标之一是，务必让框架完整、让表达充分。一篇文章的起承转合，既是固定的、有线索的，也是有自己的表达目标和差异定位的。因此，框架搭建必须是一气呵成的、充分展露的，不能是说一半留一半，更不能含蓄不发。

第二，俯瞰。在整个框架的搭建过程中，要学会从上一级框架去俯瞰下一级框架是否足够支撑，并进一步审视其具体写作是否完整与合理。要学会站在全文中看章，在章中看节，在节中看段，在段中看句，在句中看词。这种层层俯瞰的做法，可以最大限度地保证每一层表达的合理性与有效性。整个论文框架的延伸就是文气的自然释放过程，就像是错落有致的山脉，它是层层堆叠的完整表达图景。

第三，承继。在框架的搭建过程中，务必做到每一级框架之间是有效承继的，就像是多米诺骨牌，又像是俄罗斯方块，必须是一层压一层的，前面一个框架的模块要与后面的模块互相接榫，并且能够逻辑水平一致。论文的文气必须贯通，就像沟渠一样，不能断掉，也不能随意改道。文气的贯通有赖于不同模块之间的彼此配合，它们要像击鼓传花一样，一个一个接替下去。

### （三）一以贯之，统摄材料

在框架搭建的过程中，最为常见的问题是框架虚置——写作者搭建了一个所谓的框架，但是不论是观点还是素材，都无法被这个框架充分吸纳，甚至是框架一套，行文一套。解决方法就是，学会让观点来统治框架，并且建构一个一以贯之的写作线索，用这个线索和逻辑去统筹研究素材。

写作过程是一个限制作者、服务读者的过程，也就是作者给自己戴上枷锁的过程，这个过程是伴随着痛苦的，因为它需要作者极尽所能地选举出一个表述逻辑作为"君主"，然后让这个君主去统治所有的框架，任何素材都要臣属于这个君主，通篇框架都是一以贯之的，而且要在写作过程中防止不服从总逻辑或者貌合神离的观点"造反"。具体的材料也不能是堆积，而必须有机地关联在表述逻辑上，就像树叶需要挂在枝头，而不是一堆落叶。

任何形式的写作都要有写作线索，而且写作线索是一以贯之的，也就是说，写作线索一者不能随便更换，否则就不是一篇文章、同一个主题了；二者必须从文首贯彻到文末，将全文贯穿起来。写作线索是文章成立的基础和骨干，如果写作线索不能一以贯之，这篇文章就不算作一篇完整的文章了。

写作线索就好像是一条旅游线路，作为导游的作者带着作为游客的读者，一同进行一趟从研究问题到研究结论的旅行。为了让作者顺利将读者带到终点，写作线索必须清楚、明确。论文本身是要将复杂的学术机理揭示出来，所以学术论文的写作线索最好是简洁明快的直线，所有的内容都围绕一个中心来写。

《孙子兵法·兵势》有云："激水之疾，至于漂石者，势也；鸷鸟之疾，至于毁折者，节也。故善战者，其势险，其节短。势如彉弩，节如发机。"这个气势可以用一个物理学上的比喻：想象一块山顶的巨石，如果你希望得到它的势能，那么你要有一个坡把它滚下来，而且这个坡要平滑且不间断，这样你才能顺利获得巨石的势能。巨石从山顶滚下来的连贯的线路，就是逻辑线索。写文章也是如此，你得找到一个统贯全文的写作线索，然后以它为核心，组织文章、统筹文章。具体来说，就像周敦颐所谓的"中通外直、不蔓不枝"，一次只讲一个问题，一篇文章的全部精力都集中在论述一个问题上，然后一气呵成，完整地呈现一个论点，这样的文章也会更具有气势。

所谓"不谋全局者不足以谋一域"。一篇文章要有一个总体性的格局，文章的各个组成要素，既要有自己的角色和功能，也要彼此联系。学术写作首先要有一个整体的谋篇布局意识，对于如何谋划整体的文章布局和行文轻重做到心中有数，一以贯之。

## 四、框架塑造的"独孤九剑"

在知晓了框架搭建的方法论以后，我们需要处理的问题是：如何更进一步细致地搭建框架，尤其是如何在论文写作的过程中具体塑造写作的走向和脉络。这里给出一个我在长期教学中总结出来的九字诀——竖着写、"糖葫芦"、"狮子头"，我将它戏称为"独孤九剑"。

### （一）竖着写

为什么要强调竖着写？这是因为很多论文写作通常会横着写。所谓"横着写"，是指写作过程中作者希望"全面而丰富"地呈现研究问题的方方面面，于是这些研究观点就会很笨重地像是矩阵一样，横在论文的各个模块之中。然而学术写作最大的特点是，它不是追求全面的肤浅，而是追求片面的深刻，因而在写作的过程中，"横铺矩阵"是最忌讳的，会让读者难分轩轾。而且写作逻辑是从研究问题到研究结论的线性表述，它需要将研究素材压缩进线性的、纵向的表述线索，然后再将整篇论文的逻辑竖着组织起来，并以这个竖向逻辑为中轴，衡量并建构论文框架。

以上文提到的《数字下乡》一文为例，扶贫开发的素材和线索有很多，但是全文仅挑选了数字下乡这一个线索，而且这个线索是从国家治理信息问题谈起，再到国家治理信息能力建设问题，引申到扶贫中的数字生产问题，再结合扶贫案例提出数字下乡这一概念，并且进一步论证了数字下乡背后的数字生产体制，而后论证数字下乡和数字生产体制所产生的问题与结果，最后对数字下乡的全过程研究进行总结和升华，推及其他治理领域的技术治理与量化倾向问题。从整个叙事线索来看，它是竖着写的，纵向将所有的模块和素材穿插在了一起。

竖着写的核心要义是：第一，在大量研究和思考以后遴选研究线索和叙事逻辑，并且尝试是否将这一线索贯彻到所有的文本中，判断它能否独挑大梁，作为全文的终极书写根线；第二，断定并观照全文的深层主见，汇集并增加对书写线索起到支撑的元素，必要时补充调研材料和相关论证素材，删除那些与叙事线索无关的素材和观点，并且调整这些论文模块与线索之间的关系；第三，按照既定叙事线索将论文模块逐个串联起来，就像把树叶挂在枝头，让叙事过程有逻辑，让论证效果有支撑，不断优化整个叙事的线索推进性和表达流畅感。

（二）"糖葫芦"

所谓"糖葫芦"，是指写作框架最终需要像糖葫芦一样大小均等地串在一起，这是竖着写的结果呈现。上文提到的框架前窄后宽问题就是一个反例，这是因为作者没有"糖葫芦"思维，没有将整个写作内容均匀地分摊在各个模块里。好的论文框架，必须是前后均衡的，而且前文框架会为后文的观点做适当铺垫，先陈述出相应的"无"，以便为后续的"有"做一个对张。"糖葫芦"思维与上文所述的降维思维是一致的，是要将文章的核心概念有效地均等降维，然后再对应到核心章节，以便让核心章节的表述权重、相关篇幅和逻辑位属都能够势均力敌。

以《数字下乡》一文为例，第二部分的国家治理信息问题、第三部分的农村扶贫背景性信息、第四部分的数字下乡及其内涵、第五部分的数字生产体制及其问题、第六部分的数字下乡的悬浮后果，这五个模块是整篇论文的五个糖葫芦，它们是被农村扶贫中的国家治理信息能力建设这根竹签给串起来的，而这根竹签和五个糖葫芦是在学术写作和修改过程中逐渐明确并凝练出来的。

因此，在学术论文框架的构建与修改过程中，大家务必理解并贯彻"糖葫芦"思维：第一，必须采用一个核心的写作脉络穿插整篇论文，如果有不合脉络的内容，要么删除，要么调整写作脉络，总之必须保证竹签能够一穿到底；第二，要将所有的写作内涵予以模块化，最好是分摊在3—5个（一般而言，通常不要太多或太少）大小差不多的表述范畴之中，然后尽可能地将大量的素材和内容挂在相应的范畴和模块之下，最后审视是否要对相应的范畴与模块进行重整和删改；第三，要认真审视这些糖葫芦能否很融洽地串在一起，前后能否连在一起，以及逻辑范畴是否等位，前一个糖葫芦能否成为后一个糖葫芦的讨论基础；第四，在线索与模块清晰以后，要对整个糖葫芦的表述效度进行审查，是否有必要做深度修改或技术调整。

### （三）"狮子头"

所谓"狮子头"是指，论文写作的所有模块之中，通常前面会有一个重要的理论模块，而且这个理论模块要占据大头，就像鬃毛浓密的雄狮头一样，承担理论阐释的相应模块也需要非常"宏大"。也就是说，虽然糖葫芦在实际体积上是一样大的，但是在同等意义上说，理论模块的探讨需要务虚，需要呈现较为宏大的研究视野，甚至需要将那些间接相关的文献与理论串联在一起，以便为建构本文的理论视野奠定基础。

在《数字下乡》一文中，国家治理信息问题就是这个"狮子头"，为了建构这个"狮子头"，我从韦伯和黄仁宇的理论开始讲起，然后再到技术治理，再到国家建设相关的理论，这些研究似乎和扶贫无关，但是它们与本文的主题息息相关，所以恰恰是"狮子头"的建构，让本文摆脱了单纯的扶贫领域研究，变成了一篇以扶贫为基础探讨国家治理的文章，而且其所探讨的数字下乡及其机理也同样适用于国家治理的其他领域，这样一来，数字下乡的理论意义就得到了拓展。而且后面的"糖葫芦"都是"唯狮首是瞻"——根据国家治理信息问题建构后续的阐释框架。

为此，作者在建构文章框架时，需要特别注意"狮子头"的建设。也就是说，在提出问题以后，要学会在相应的理论视野中建构更加有效的理论框架。第一，作者必须对相应的理论和文献进行必要的综述，"认祖归宗"，将一个实实在在的问题放置在务虚的层面探讨，回到学科的基础问题，回到经典的学术议题，这样就可以超越具体的甚至琐碎的领域小话题。第二，必须在文献综述的基础之上，找出自己的核心问题，并且建构出自己的理论框架，形成特定的观察视野。第三，所建构的"狮子头"必须对后续的论文模块起到引领作用，也就是形成一个持续推进表述逻辑的理论动源，最好是可以形成"总—分—总"的第一个"总"，为后续的叙事逻辑奠定一个总起点和高屋建瓴的位置。

# 第11章　调改论文模块

立意培植与框架搭建工作属于务虚的写作程序，接下来要讲的两个部分，即调改论文模块和文本修辞，属于较为务实的写作程序。需要特别指出的是，以上四个写作程序并没有办法严格区分开来，有时做完文本修辞，结果发现文章框架不匹配，甚至发现写作立意不准确，也会有推倒重来的可能；而且每篇论文的写作过程和特点都不一样，现在这样排列的四个程序是逻辑上的大致先后次序。

通常来说，论文框架搭建完成以后，论文写作就逐渐过渡到写作与修改并进的过程中了。而论文框架初步明确以后，当务之急就是如何建构各个论文模块，并通过多轮大量的修改，让各个模块各司其职，将论文的框架兑现为具体的相关模块，转化出有效的论文质料。接下来这一章，我将具体讲解如何在论文写作与修改的过程中逐步调改论文模块。

## 一、七步倒装论文模块

上述章节中曾经谈及论文框架的起承转合和"糖葫芦"，其中，起承转合是相对于框架的结构性而言的，"糖葫芦"则是相对于核心章节的区分与重整而言的。而论文模块是具体的论文各个有机组成部分，包括引言、结论和摘要等。首先，我们必须明确，每一篇论文都会包含这些基础要件，而且这些要件是在长期学术发展过程中逐渐形成的，约定俗成的，它们根植于相应的学科生态和领域，也会随着学科发展和相应规范的改变而改变。其次，这些学术论文的基础要件，是表达学术观点的载体，它们的存在和调整都是为了服务相应的学术表达。最后，在大量的表达与修辞中，我们看到论文模块的形形色色，这一方面是因为不同领域与学科的差异，另一方面是因为论文本身与表达者的大相径庭。因此，对于论文模块而言，它们本身是没有写作标准的，我们能够学习与借鉴的是，如何在这些相对确定的模块之中呈现自己的观点以及更好的修辞性价比。

在论文模块调校的过程中，需要特意强调的是，它与学术论文修改是同步进行的，或者说，论文写作、模块调整与论文修改是高度叠合、交叉进行的。很多人对于论文写作存在一个认识误区，认为学术写作是一蹴而就的。事实上，论文修改是一个过程，观点也是在写作的过程中逐渐清晰的；与此同时，论文相关模块也是在全文修改的过程中慢慢成熟的。所以，整个论文模块调校的过程，也伴随着思想的碰撞与文本的推敲。

关于论文模块的确立与搭建，我提出一个"七步倒装法"。七步倒装与上文所述的六步拆解是一对相辅相成的方法论：越是深入而详细地拆解过相应的论文，就越能理解一篇论文是如何被创造出来的，而随着研究与写作的推进，把曾经拆解过的论文构建逻辑反过来应用于自己的论文写作，就可以将论文的各个必要模块搭建起来。

| 步骤 | 用意 | 做法 | 模块对应 |
| --- | --- | --- | --- |
| 第一步 | 写作动机阐释 | 为什么要写作这篇论文？ | 引言 |
| 第二步 | 研究脉络阐释 | 就这个议题，学术界都有哪些文献积累？ | 文献综述 |
| 第三步 | 学术创新展示 | 你的文章如何对这些文献进行创新？ | 引言、文献综述和结论 |
| 第四步 | 研究中心阐释 | 你的最核心观点是什么？ | 贯穿全文，并收拢在结论 |
| 第五步 | 具体论证过程 | 你是如何论证这一观点的？ | 核心章节 |
| 第六步 | 研究论据展示 | 你的核心论据是什么？发现了什么新材料？ | 研究方法和主干章节 |
| 第七步 | 研究目标聚焦 | 你最终希望呈现给读者的是什么？ | 结论与讨论 |

七步倒装法的核心是，如何通过层层推进的文章模块呈现中心论点。而不管论文模块如何变化和调整，都是为论文的核心观点与深层叙事逻辑服务的。下面将具体讲解如何撰写文章的几个主要模块。由于核心章节因学科、领域和方法等差别极大，本书将仅讲解摘要、引言、结论、标题、关键词等模块的写法。

## 二、摘要撰写方法

从专家审稿的视角看，绝大多数评阅人都会从阅读摘要开始了解和判断论文，摘要是作者与编辑沟通的桥梁。而学术读者浏览文章也是从题目和摘要开始的。而且由于版权问题，学术文章在期刊网上一般只公开文章的标题、作者、关键词和摘要等主要信息，而其中，摘要的信息量最大。因此，摘要如同橱窗，往往决定着检索者是否进一步下载、阅读文章全文。因此，摘要和题目的淬炼对于学术论文的投稿和传播起到了关键作用。

社科期刊的格式中常有摘要与概要之分。通常来说，摘要与概要（或提要）有所不同。摘要的英文是 abstract，有提炼、萃取之意，它是指直接摘取原文精华词句，然后连缀成段，以简练的语词传达作者的核心观点。摘要最好是原文中的词句，一般不添加原文之外的附加语。由于摘要是要代替原文传情达意，客观上达到"见摘要如见全文"的效果，所以，它不会改变论述主语，论述主语一般就是原文的研究对象。而概要的英文是 summary，有总结、概括之意。概要是将整篇文章的大意、思路、主旨概括出来，其重点不是对文章进行压缩、再现，而是从第三方角度对文章进行评述，它的写法有点类似于研究综述。概要一般是第三人称的，常常使用"本文"作为主语，并且往往外在性地描述作者是如何得出这样的结论的，常常使用"通过……""发现……"，概要有时还会添加对文章的评价、概括等附加语，这些在摘要里一般是不会出现的。摘要与概要功能不同，侧重点不同：摘要是为了让读者在不必阅读全文的前提下即可获悉文章观点，而概要则是为了让读者获悉文章的总体脉络与价值。简单说，摘要是内生性的，概要是外生性的。

不过，虽然摘要与概要有所区别，但是写作原理是相通的。多数学术期刊和研究生学位论文要求的是摘要。这里主要谈一下摘要的写作方法，读者可触类旁通。

摘要的逻辑就是原文的逻辑。摘要虽小，但要能够代表全文，能够尽量展示全文的起承转合。一般来说，摘要不会超过500字。摘要最好不要超过四句：第一句引出研究问题，第二句抛出研究方法与视角，第三句阐明研究内容与论证过程，第四句明确研究结论与文章贡献。当然，这只是一种机械套路，不一定非得生搬硬套，读者可根据具体情况，斟酌损益。或者也可以使用一个公式：摘要＝脉络＋问题＋答案＋贡献。其实这个公式就是上面四句起承转合的话的浓缩，首先点出你提出问题的脉络，其次给出你的研究问题，再次给出你的答案即研究结论，最后点出研究的贡献与价值，这样摘要基本也就概括了全文主旨了。

读者是先看摘要再看全文，但是作者一般是先写全文再写摘要，因为只有文章完成后，作者才能够清楚摘取的对象是什么。写摘要不妨换位思考：假如你是阅读者，最希望从文章中汲取的营养是什么？或者说得通俗些，这篇文章的最大"卖点"是什么？在阅读前，阅读者对文章是一无所知的，摘要是除了题目之外，释放"卖点"的最佳机会。摘要之于全文，是一种按比例缩放的关系，所以，在文章进行了较大修改之后，也必须对文章的摘要进行修改。其实，文章写作是一个反反复复的过程，淬炼摘要也是文章写作的一个重要组成部分。孟子说，"贤者以其昭昭使人昭昭"，而不应"以其昏昏使人昭昭"。要想摘得好，首先必须将全文了然于胸，将研究问题、研究结论想透彻。而反过来说，能否言简意赅地写出摘要，也是检验作者是否已经真正想清楚、写透彻的一个重要标志。有时候，也可以把写摘要当成论文生产的助产士，尽量用几句话来概括全文，化繁为简，几个回合下来，文章一般会有一个质的提升。

下面以我的《缘情治理：扶贫送温暖中的情感秩序》(《中国行政管理》2018年第5期）为例。

公共管理在理解和解释行政行动时，较为侧重理性尤其是工具理性，情感维度则相对缺位，而现实政治生活中却存在大量情感与政治互相关联的现象，因此，必须重拾国家基层治理的情感维度。送温暖是中国独有的政治现象，不能用形式主义简单概括，也不只是一种情感管理或情感劳动。送温暖通过情感仪式化过程构建出国家的在场，从而建构出一套沟通国家与民众情感的渠道，以此开启治理者与民众的良性社会互动，本文谓之缘情治理。

摘要其实还有一个作用，那就是趁机凝练全文的作用。如果你即将参加答辩，可以尝试用大概摘要的篇幅来重新凝练自己的全文，如果能够很好地提炼全文的意蕴，那么你将可以胸有成竹地应对答辩。

## 三、如何写引言

很多作者不重视引言的写作，上来就说出自己的研究问题，这样的研究问题就提得不那么"场面"。真正有价值的研究问题定然是深植于学界的研究脉络之中的，也一定是"千呼万唤始出来"的，而不是"信步走出来"的。引言其实就像广告，恰如关于一个旅游目的地的介绍，你必须说服读者，吸引读者的兴趣，让读者认为那里值得去，让读者明白为什么值得去。因此，作者必须重视引言的书写。

当作者试图向读者展示自己的研究时，他首先必须告诉读者：这个研究的来龙去脉是什么，这个研究为什么值得读者花时间阅读甚至分享。也就是说，作者必须为写作和分享这篇文章提供一个"正当性的说明"。正如孔子所说"必也正乎名"。名不正，则言不顺；言不顺，则事不成。在论文写作过程中，起到正名作用的就是文章的引言。

具体来说，引言要向读者展示，这篇文章的研究主旨是什么，为什么你会选择这个主题，围绕这个研究主题的思考脉络是什么，围绕这个问题，都有哪些需要学界阐释和回答的问题，学界都有什么成果，是否有进一步研究的价值。同时，你要指出你的研究要达成什么研究目标，打算怎么开展。这里最好就是用最简洁的语言，表达自己的研究问题以及研究目标。

一般来说，引言包含三个要素：背景、张力、聚焦。首先，引言的目的在于引出实质的研究问题，为后续的研究论点做铺垫，同时引起读者的阅读兴趣。其次，要指出既有研究的空白或不足，这构成了你的研究的张力和合法性所在。换句话说，只有既有的研究有空白、有不足，才说明你的研究值得进一步开展，假如现在的研究都已经非常完备，何必再多此一举呢？最后，你必须亮出你的研究旨趣：你如何面对这个张力，又如何提出一个具体的研究问题，你将如何使用研究方法将这个问题回答清楚，这也就是你的研究切入点。

概言之，引言可以铺陈研究背景，提出研究问题，展现研究价值，描绘研究愿景。在具体的引言写作中可以从中遴选出需要的部分，不一定都要包括，相关部分可以在后续的问题提出过程中慢慢展开。然而，不管是采取故事性的写法，还是碎片化的阐释，抑或是直接从理论脉络开始讲起，作者都需要建构出一种研究的代入感，让读者尽快进入语境。当然，引言不宜过长，同时它不能和文献综述重合，引言贵在精练，贵在引人入胜。

最后需要指出的是，改完结论和核心章节以后，必须同步一下引言，就像拍完电视剧的大结局以后，再次剪辑第一集。要知道，第一集如果不好看，大结局再精彩，都可能会变得无人问津。

## 四、如何撰写结论

研究结论是文章最后的组成部分，可以说，没有研究结论，文章就没有存在的必要了。研究结论是文章的终点，是对研究问题的最后回答。文章最后肯定要百川归海，与前文的研究问题形成呼应。

结论一定要有实质性，要言之有物。结论一般是以阐释主要论点作为开始，也可以从研究问题简单串起。一般来说，结论是在重述前文的主要观点，但是这个重复要更加系统、完整，且以整篇文章作为立足点。需要特别指出的是，研究结论要用最为凝练的方式呈现，不要从研究起点开始说起，而是俯瞰般地将核心概念精准概括出来。

关于结论的详细写法，可以参考这个公式：结论＝做法＋观点＋贡献＋展望。具体来说，第一，作者可以从研究问题出发，简单阐释自己的研究过程与思考历程，检思理论视野与研究方法等，也可以勾勒自己的思维全景，总之这个部分可以是关于自己怎么做的。第二，简要阐释本篇文章的核心结论。用最精练的话语说清楚自己的研究观点，越是自己思考清楚、提炼到位了，这个概括就会越清楚。这个部分是研究问题的终极答案，所以它必须是清晰而直接的观点。第三，简要说明本文的边际贡献，以及可能的不足。要将自己的研究放在学术语境下，确立本研究的边际位置，确立你的研究与前人研究的联系及其贡献与推进，也就是所谓的边际学术贡献。同时，你要说清楚你的研究的不足与教训。很多定量研究通常会在文末说明自己的数据存在哪些不足，这些不足值得进一步修订、推进。第四，基于存在的不足，将来这方面的研究如何推进等系列探讨。这些讨论可以给同行和后来者一个接力点，便于学术延续、传承下去。

## 五、如何凝练标题

一篇学术文章，不论其他组成部分如何变化，题目最先出现在读者面前。文章标题的好坏往往决定着读者是否会从泛读转向精读，乃至引用。很多作者不太了解拟标题的重要性，给文章简单起个差不多的标题就发表了。文章一旦发表，便进入公共视野，一般读者所能接触到的文章信息，除了作者之外，主要是标题、摘要和关键词。如果你起了一个标题，读者只有通过看懂全文才能看懂它，那就说明这个标题很失败，这和没起名字又有什么区别？还不如叫"某某写的文章"。在陌生的学术市场中，只有好的标题，才能为文章带来有效的学术竞争力，也才更有利于学术文章的交流与传播。因此，好的学术文章需要一个与它般配的标题。

不仅学术作品需要一个传神的标题，艺术作品也是如此。比如《四郎探母》，又名《北天门》，很显然，前者远比后者更加传神，它不仅把剧中的核心人物关系交代了，还向观众传递了该剧的中心思想。这个"探"字就更妙了——既不是"看"母，也不是"见"母，而是"探"母——这"探"字，既铺陈了两军对垒、四郎欲见母亲而不得的紧张感，又呈现了四郎为与母亲团聚而冲破重重阻碍的动态感，还暗合了四郎与母亲刚刚相见又马上别离的短暂感。这个标题精妙绝伦，起得既科学又艺术，令人拍案。

戏有戏眼，文有文眼。文章标题，恰如戏眼。文章标题要像眼睛一般，能够传神，向读者传递文章内部的深层信息。眼睛是心灵的门户，标题如正文的橱窗。标题应该能够向读者反映出内文的信息、论点及创新，反映文章的主要内涵，就像商店的橱窗可以吸引过往的路人驻足甚至进店购买。所以，标题必须具有一定程度的吸引力。

让标题更加吸引人，并不意味着鼓励作者做一个"标题党"，而是要让文题相符。学术读者，不同于大众读者，他们更渴望在阅读中被学理打动，而不是单纯被一个概念、标题所感染，他们更期待那些文题相符的高质量作品。因此，一方面，最好不要让读者产生"标题党"的怀疑，避免"头小帽子大"。如果标题过高过大，而行文却干瘪枯燥，尽管可以增加一时的下载率、阅读率，但是绝不会增加有效的引用率，反而会让作者的口碑大打折扣；另一方面，标题也不要过于含蓄，不要试图卒章显志，因为学术阅读主要是为了增加知识，因而学术读者更希望作者开门见山，以便双方可以尽快就学术论点交流探讨。所以，尽量不要试图吊学术读者的胃口。反过来说，学术读者本来就少，作者应该珍惜标题这个传播机会，如果文章标题不能准确有效地传递出内文的学术信息，那么这篇文章便很有可能明珠暗投，淹没在日益庞杂的学术海洋之中。因此，为文章起一个恰如其分的标题，就像给你的孩子戴上一顶合适的帽子。

标题得当，必有画龙点睛之妙！那么画龙如何点睛？要想文章标题得当，建议少用"浅议""刍议"这样的字眼。这些字词实际上不是有效的传播语词，它们并没有负载传播内容，反而影响了标题的传播性价比。这类标题源自新文化运动时期的文章标题，尤其是报纸标题。民国时期是白话文的开创期，遇到新的时代议题，也产生了新的学术表达方式，所以出现了很多开创性的大师，但是他们在草创时期的文章也有很多毛病，比如拟标题。这些学术文章往往面向大众，不自觉地带有启蒙色彩，而文章议题又是新时代的，往往"前无古人"，所以，纵然"浅议"一下也无妨。但是时至今日，每个议题几乎都已经有较多文献积累，或者至少西方学术界也已经有比较成熟的文献积累，已经不适合浅议、刍议了。而且，使用"浅议"作为标题，貌似自谦，但也可能让人觉得作者没有做好相关议题的研究综述。因此浅议类的文章在学术分工明确、学术产品暴增的今天，实际上已经没有太大价值。只有深议、长议的文章，才有可能加大学理的深度，值得进一步传播与传承。

学术论文写作要有读者意识。学术论文的读者以专业人士为主，或者至少也是愿意学习专业知识的学术爱好者。这些读者并不追求华而不实的辞藻和概念，他们更希望通过文章，与作者进行一次愉快而有收获的学术探讨。所以，读经典的学术著作，仿佛听遥隔千古的大师坐在对面娓娓道来。

作者永远要明白一个道理，那就是读者对你的研究是不知情的，这也是文章存在的价值。所以，标题必须能够有效传递出文章的核心信息。为了沟通顺畅，让来往的读者愿意坐到对面，标题必须至少传递出两个信息：文章的研究对象和核心论点。首先，标题要表明这篇文章是研究哪个专业领域的，它的研究对象是什么，这样才便于那些要写研究综述、与你进行学理探讨的索引者定位到你。其次，标题需要展示文章的核心观点或核心概念，让那些泛读的专业人士能够尽快获知文章的核心旨趣，以便说服他们进一步精读。

文章标题一方面要简练，另一方面要准确。一定要恰如其分地概括你的全文，既要来源于全文，又能够代表全文，所以，要高度凝练，尽量避免那些含混的、容易引发歧义的语词。

为了确保标题的准确性，有时标题也不妨拟得长一些，为此，有时需要同时使用主标题和副标题。古代论文写作，可以取类似"师说""过秦论""六国论"这样的标题，但是今天的学术生产与传统时代已经大为不同，一则学术生产已经按照学科高度分化，二则学术作品的数量已经成倍递增。如果再取这样的标题，便缺乏足够的精准度，一方面，这样的标题很难精准概括文章的论点与论题；另一方面，这样的标题也为读者识别文章增加了难度。相对来说，主副标题的写法，能够提供更多的学术信息和文章标识度，也更加有利于学术文章的传播。当然，这不是说，写学术论文就必须使用双标题，如果单标题就足够传递必要的学术信息，那更好。

主副标题各有侧重。一般来说，主标题往往要承担传递核心论点或核心概念的功能，起到吸引注意力、暗示主要论点、突出研究贡献、点出理论性概念或命题的作用；副标题则承担限定研究范围、学科范围，廓清研究对象，标识文章性质等功能。需要特别指出的是，主标题最好具备一定的标识度，为此甚至可以牺牲一定的完整性。

例如《数字下乡：农村精准扶贫中的技术治理》一文，主标题"数字下乡"是文章的核心概念与结论，而副标题中的"精准扶贫"是研究对象和领域，"技术治理"则是文章的理论范畴。

好的标题言简意赅，直指文章核心，包含了必要的关键词，读者即使不看原文，也能够通过标题洞悉文章要旨。其中，主标题中的词语都是文章的核心观点、中心结论，也都是文章的创新点，而副标题则明确概括了研究对象、研究范围、学科范围等。这样的标题能够明确传递出学术论文的深度信息、研究精华，自然更有助于文章传播。

主标题是如此，文中各级标题的凝练，同样需要遵循类似的原则，同时更加需要注重如下几个原则。第一，很多标题就是本节的中心思想，在本节之中，它和总标题之于全文的权重是一致的。第二，本级标题必须在逻辑上从属于上一级标题,并且各级标题之间必须逻辑等位。所谓逻辑等位,就是各个标题是在一个理论或抽象层面上谈问题。第三,各个标题之间在逻辑上必须环环相扣,上一节标题和下一节标题之间必须是具有逻辑递进的关系,不能过分跳跃,更不能彼此脱钩。第四,标题之间是层层推进的,尤其是上级标题和下级标题之间,必须是涵盖性关系。

拟标题也是一个精炼文章的过程,通过提炼标题,可以去芜存菁,把那些希望传递给读者的学术观点、学术信息,以短小精悍和精准优美的方式展现出来。好的文章或专著可以浓缩为一句话,而这句话往往与标题高度相关。有时,不妨找几个学术同仁头脑风暴一番,看看他们是不是认可你的文题。你会发现,如果文题相符,那么你会更容易说服同行;如果文题不符,你会更容易听到反对意见。文题不符很有可能意味着你的文章提炼不够,标题与内文都需要进一步深化、提炼与概括。这个过程可能很长,但是欲速则不达,提炼标题与锤炼文章,都需要耐心的细细打磨,只有这样,才能提炼出高纯度的学术精品。

## 六、如何写关键词

很多作者可能并没有认真思考过如何写关键词这个问题,因为关键词看上去很容易写。于是,有些作者不加斟酌,随便拿几个正文中的高频词组放上去,就作为关键词了。这种做法有时候也不是不可以,但是不免"暴殄天物":作为文章的一个有机部分,关键词具有不可替代的学术功能,在传达学术信息、传播学术观点上都有非常重要的作用,作者应该物尽其用,全力发挥好关键词应有的学术功用。

从期刊索引的视角来看学术生产,我们实际上处在一个浩瀚的学术海洋之中,每天都有大量的学术产品出炉,据说中国学术界的科研产出数量已经高出美国了。那么,检索者如何在爆炸性的知识系统中定位你的文章,阅读你的文章,甚至引用你的文章呢?

当文章被放到学术期刊网上后，除了标题和摘要之外，关键词是一个非常重要的信息，它能够让读者尽快知晓全文的要点，便于检索者找到"知音"。关键词是一组标签，一种分类，因为人类无法同时处理太复杂的信息，必须将这些复杂的、丰富的信息进行合理压缩、有效整合，关键词就是这样一种浓缩之后的学术符号和信息载体。作为浓缩后的信息，关键词更加容易传播。

关键词既要有继承性，又要有创新性。一方面，关键词是文章与学术脉络的最大公约数。在所有的关键词中，最好有1—2个与学术脉络相连的关键词，这些关键词往往就是文章的研究问题域，比如项目制、行政管理、科层制，这些词能够帮助你把文章链接到学术脉络、学科话语体系之中，便于后来者检索、引用，这其实和研究综述的某些方面有些类似。有的文章是开创性的扎根研究，这样的文章有时会全部使用独创性关键词，这样做也可以，只是会有无人问津的风险，除非文章特别棒。

另一方面，关键词要服务于文章的核心观点的传播，所以，关键词也要具有创新性，学术观点创新在题目、摘要和关键词之中都要有所体现。最好有一两个词是你文章的创新性关键词，至少也要小幅度创新，不然全部都是学人熟知的论点和关键词，你这篇文章存在的价值何在呢？一篇有价值的学术文章至少要陈述一个别人没有讲过的论点，那么，一篇有价值的文章至少要有一个本文专属的关键词。

关键词，英文是keyword，也就是说，它们是文章的关键点，具体地说，是全文论述主线的关键点。凡是行文，必有主线，层层推进，而作为行文主线的关键点，关键词一般就是行文主线的次中心。

打个比方，写文章就像竹子生长，它不是一根到顶的，而是一节一节的。关键词就像是竹节之间的连接点。因此，关键词应该与文章的各段标题之间具有一定程度的呼应性。不仅如此，一篇文章是一个有机整体，如果论点明确、论证清晰，它的各个有机部分——关键词、标题、摘要等，相互之间都会具有不同程度的呼应性。关键词越是与标题、摘要具有呼应性，就越说明这篇文章已经锤炼清楚、处理到位了。

写文章就像打铁，要打得锋利如刀。鲁迅的杂文为何像投枪、如匕首？那是因为它们都是高度锤炼过的。提炼关键词也是一个锤炼文章的过程，假如你能够用关键词统摄全文，就说明你的文章基本写清楚了；否则，就说明你的论点论证都欠火候。关键词不是强抠硬凑的，而是生长出来的，就像竹子的关节。关键词是学术文章的自然节点，把观点锤炼清楚、思路打磨明晰，它们就自然而然地长出来了。

# 第12章　整体修校文本

文本修辞的重要性是不言而喻的。文本表达的准确性是论文的底层支撑，也是论文的核心竞争力。学术观点必须要有清晰、明确、到位的文本作为具体呈现，要能够通过饱满有力的词汇将观点具体落实。在论文模块逐渐清晰以后，文本修辞工作就变成最为重要的工作。尽管文本修辞在论文写作之初就开始进行，但是在前面的工序中由于思考重心更多地放在了论文的立意和框架搭建上，所以只有经过了前面的写作环节以后，才能在这个阶段着重修辞文本。本章将详细阐述这一过程。

## 一、学术写作的修辞自觉

修辞就是在使用语言的过程中，尽可能地利用多种语言手段达成表达目标的过程。学术修辞的意思是，在学术写作的过程中，尽可能地利用素材和语词达成表述学术内容的目标。修辞需要不断训练，要将那些修辞的规则内化为自动或至少半自动的写作习惯。

贾岛诗曰：两句三年得，一吟双泪流。其中的推敲功夫即是修辞。如果你写了一句话，却没有让读者看明白，那这话实际上等于没说。文章是写给别人看的，不是自娱自乐，你把自己说得怡然自得，那不算成功，因为你本来就知道你所了解的事实，你只是帮自己理顺了思路而已。学术论文的真正目的在于帮助读者求知、解惑，说到底，文章不是让那些原本就懂的人再看一遍，而是要让本来不懂的读者认识到相关结论。所以，这个时候，你得考虑一个问题：如何修辞自己的文章。

就像其他的生产一样，学术产品的生产也遵循生产规律，打造优质学术产品必然有其科学合理的学术流程。简单说，学术生产是一种输出，要保证学术输出，必须有优质的学术输入。陆游说：功夫在诗外。这话的意思实际上是：单单学人家写诗，是学不来的。因为写诗是综合素质的体现，你只看到五言绝句的二十个字，却没有看到诗人在诗词之外读了多少书，经历了多少人生变化，游览了多少名山大川。

学术写作也是如此。学术输入主要有三个方面：第一是阅读，这是学术写作最基本的输入，阅读文献不仅可以铺陈写作的基本素材，也可以帮助形成写作的语言风格和学术气质等；第二是研究，研究不仅包括查阅相应的文献资料，也包括进行必要的实证调研，这些研究过程是整个学术写作的间架结构和基础要件；第三是思考，学术论文是思考的结晶，包含了作者原创的学术见解，而原创一定源于思考。

学术写作一定要有修辞的自觉，要有意识地提高学术表达的准确性、可理解性和丰富性，尽可能地让学术表达符合表述初衷，综合考量文章的谋篇布局和遣词用句等，让学术表达更适当、得体和到位。凡是那些有助于表述核心论点的文字都应该好好阐述，凡是与核心论点无关的表述都应该自觉删除；同时，也要思量保留下来的学术论述如何才能更好地服务于核心论点的阐释。比如，很多人试图在内文中使用概念图，但是我经常建议我的作者：请你重新判断，这个概念图是否有助于表述文章观点？假如没有这个概念图，是不是别人就不理解（或者不那么容易理解）你的原文？假如这个概念图使用后不仅没有让读者更理解你的意思，反而看糊涂了，或者单纯忽略过去了，就说明你这个图不够成功，你必须思考是否需要保留这个概念图；如果保留，那么必须思考如何改善这个图，以便它可以更好地服务于整篇文章的论点阐释。从学术表达的角度看，文字如果不能服务于观点的说明，那么，这就是无效的表达。很多作者不愿意优化自己的文章篇幅和文字，单纯觉得篇幅长更好，但其实从学术传播的角度看，传播效度的性价比更重要，如果篇幅长，表达又不到位，还不如篇幅短。

写作不是一个人的事情，多数写作的主要目的是给他人阅读、欣赏，把自己的思想经由作品传递给读者，将自己的思考结果延展开来，最终影响读者、帮助读者，进而获得他人的理解与认可。所以，写作者不能像写日记一样写论文，自说自话，而必须心有读者，从读者的角度来构建写作方式。

为此，作者首先要端正自己的角色。有些作者把自己的学生身份带入写作过程中，经常将自己视为读者的学生，尤其是很多硕士生、博士生在答辩的时候，更是如此。其实恰恰相反，作者才是老师，读者就是学生。如果作者想在论文里分享的，读者都知道，那还要作者干什么呢？作者要撰写一篇文章，就说明他一定有新的信息或道理提供给读者。

作者与读者的信息是高度不对称的——正是因为不对称，作者才有必要写这篇文章，否则，又何必多此一文？在确定了作者与读者的关系后，作者应该进一步明确自己的写作价值：到底能够通过自己的作品为读者带来什么？能够解决读者的什么问题？能给读者带来哪些知识和信息？作者所知道的恰是读者所希望知道的，而写作就是一个用作者已知去说服读者未知的过程，为此，作者就必须尽可能地把自己的观点写清楚，避免歧义，让读者最大可能地获取信息和观点。作者要像老师一样，循循善诱，细致耐心地将自己的研究娓娓道来，既要尊重读者，又要清楚自己作为知识提供者的角色，有意识地将自己所知的事实或道理准确地传递给读者。

写作的终极价值是彼此理解，不是为了让你更加理解自己，而是为了让读者更加理解自己。真正的写作，应该以读者期待的方式，以社会认可的标准和价值来书写自己的想法，因为只有通过这种方式写作，你才能更加理解自身写作的价值，并理解自身的想法。这是一个不断对自己的作品进行对象化的过程。

既然写作是为了让作者与读者达成共识，那么写作者就应该尽可能地让自己的表述符合规范，尽量使用准确、明晰和符合逻辑的文字来组织文章，规避歧义，获得与读者共识的最大公约数。大致来说，写作规范至少包括如下三个方面。

第一，文字规范。有些作者写文章喜欢用一些"新颖"的辞藻，甚至发明一些新词，但是从写作规范的角度看，这未必是一件好事。孔子曰："辞达而已矣。"辞令、词语的最重要作用在于传情达意，而最忌讳"以辞害意"。每个词语实际上都有它的固定用法，有它的传统与范畴，有针对它的约定俗成的用法。既然如此，最好就不要一意孤行，掺杂太多个人的臆断和私意。

第二，格式规范。有些作者可能对写作格式不太在乎，觉得文章贵在内容，格式无所谓。其实不然。打个比方，文章内容就如同信纸，而文章的格式就如同信封。作者不要总是觉得信纸比信封重要，千万别忘了，读者是先见信封，后拆信纸，有时候还不拆信封呢。

比如说，有的文章只有两个关键词，有的文章整篇不分节，有的文章前半段使用"21世纪"，后面则使用"二十一世纪"，等等。单看其中一点，好像都是一些小问题、小毛病，但是它们却综合地反映了作者的治学态度、期刊的编辑水平。

第三，注释规范。注释既包括对文章某些内容的注解，也包括参考文献等信息。注释应遵循学术规范，要让读者准确地了解其辅助信息、参考信息，便于读者进一步索引、阅读和使用。

有些作者对于注释规范不太讲究，甚至将注释信息搞混、弄错；有的文章的参考文献既采取了文中注，又采取了文后注，等等。这些不仅是写作习惯问题，更涉及文章的学术品质，不仅影响阅读，还会造成歧义。假如一篇文章连注释都搞错了，那么读者就可能对整篇文章的可靠性打上一个问号。

因此，作者一定要自觉地按照规范将注释做得清楚、正确和完整。写文章，要自觉。不管是大文章还是小文章，如果自觉地把这些方面都做到位了，文章就会越来越地道，也会越来越有腔调。其实话说回来，这也是写作过程中最值得玩味的地方。

## 二、文心文气文脉

初入学术写作之门者，通常不免心中畏惧。事实上，学术写作是一项刻意练习的"行活"，写作虽然有赖于天赋，但是经过学历筛选的人多半都具备这种天赋，只是很多人不熟悉学术写作的"门道"，不知道如何激活这项天赋。

### （一）文心

首先，把观点种进读者心田，与把苹果放在读者口袋，是两码事。我们必须明白，写作是以神相通。文字的终极目的是通神，写作是一项整体表达，同时凝练了作者的世界观和人生观。所以，写作的本质就是"神识"的文字化。凡是模仿和抄袭，都不是写作的正途，每个人都要尝试激发、挖掘并传递属于自己的"神识"，让它们通过文字自然地流淌出来。

其次，任何学术论文，都必须以至诚之心书写。治学，务必抱有敬意；为文，当需保持诚心。写作亦要将心比心，只有所写发自内心，也就是所谓的"走心"，才有可能点燃文本，触动读者。

再次，写作虽然是文字功夫，但是归根到底是通过文字改变世界、服务世界，所以，学术写作务必心存利他之心。在如今这个时代，更多的学人需要为了学位答辩、学术晋升、研究结项而写作，但是即便如此，我们不能只是为了写作而写作。不管时代如何变迁，学术终究是为了服务社会。写作只是一个出口，只是学者表达自己学术观点的一个工具和渠道。你要毕业，你要评职称，你要结项，那是你的事情，这些并不构成写作的根本动力。学术写作的根本动力在于：向学界、向社会呈现新的学术观点和研究成果。学者的存在价值在于通过知识分享给这个世界带来更多的美好和光明。

以上三点可以归结为一个词：文心。论文写作必须时时刻刻保持一颗积极向上的文心。只有时刻以文心统筹学术写作，才可以调遣语词语料，将那些日常交流中的肤浅、琐碎与无序转化为深刻的文字、观点与思想。在这一点上，写一篇学术论文，与拍一部电影、画一幅画、作一首诗，都是没有区别的，所有的表达质料都是服务于文心的。

文心贵在得一。老子说，"天得一以清，地得一以宁"。一个人只能有一颗心脏，一篇文章也就只有一个核心概念。很多写作者无法清晰表达自己的观点，根源在于同时想表达的内容太多了，不够专一。事实上，在一个相对有限的篇幅之内，只能表达一项内容，有时也就是一个要点。而且行文中的所有穿插都遵循同样的叙事线索，是前后一以贯之的；如果有更好的观点和素材，就可以再写一篇新的文章，用一个新的线索去审视和统筹这些素材。

## （二）文气

为什么有些文章读起来死气沉沉，有些文章读来却让人血脉偾张，或者泪流满面？《出师表》和《陈情表》何以动人？除了文章词句背后作者的拳拳之心以外，作者具体表达观点和情感的文气也很重要。所谓文气，就是文字背后的"气"，那一股想要表达、有方向的动能，既是文心的释放，也是学术表达的本初动力。

文气贵在连贯，不能断。所以，起承转合必须贯通，必须有逻辑性。有些文章写起来"高开低走"了，原因就是它的写作模块不在一个层次上，前后的文词没有落在一条线上，从而让文气无法贯通一致。就像是河道一般，必须上下贯通，方可让水自然流淌。所以，在论文写作的过程中，每一次下笔都要思考：前后相关的模块是否在一个水平线上，它们之间是否可以有机联系在一起，是否可以更好地传递文心。如果大家还不理解文气贯通，可以在脑海中想象一下击鼓传花的画面。

文气不能脱离文心，就像心脏要将血液泵到每一条血管里。所以，在前期写作时可以"倒豆子"，尽情释放所有的写作灵感，甚至不需要领会相关的逻辑与思路。但是到了后期的成文阶段，就不能东一下西一下了，务必从文心出发，而且全文贯通一气，这样整篇文章才可以连成一体，读者读起来才可以心领神会，与作者更快更好地达成共识。

如何才能更好地调整文气呢？一般来说，有三条基本原则。第一，学术写作的行文必须按照框架的设定主题来写作。每一章的核心主张是一致的，这一章的中心思想既是这一章的写作主题，也是这一章文字的文气所在，不能脱离这个主题文气。甚至要让这个文气从章初保持到章尾，所以有时做一些章小结是有效的文气保持策略。每一章中的各节，每一节中的各段，都是如此。

第二，每一部分的行文逻辑是一条线，就像火车一样，一节接一节，首尾相连，每一节车厢及车厢之间的关系是：承上、归中、启下。承上、启下容易理解，就是让每个部分能够首尾相连；归中就是指本节内容一定要立足自身，从本节的中心思想去发掘和表述问题。因此，每一部分都可以做前后两个小的总括性表述，以便及时衔接不同的"车厢"。

第三，文气贵在贯通和一致，不能写那些不相干的废话。就算是有营养、有价值的重要观点，放在不相连贯的地方，也是不正确的，甚至会互相抵消文意。因此，同样的文字需要放在一起，不要分散说，更不要反复说同一个意思，而必须"中通外直，不蔓不枝"。

## （三）文脉

所谓文脉，是指随着文气的不断释放，最后会形成一个完整的表达脉络与轮廓，最终就像群山连绵一般，整体性地构成文章的表达效应。文脉所强调的是，文章的写作必须是完整的，完成度要很高，不能随便"跳戏"，也不能随便中断，就像一支乐队表演完成以后，会通过个性化的动作、向观众丢拨片等方式确立表演终点，在此之前的所有表演都是强调整体完成度的。因此，学术修辞必须到位，不能写一半留一半，更不能含蓄而不发，要把整个表达一气呵成，充分展露。

在文脉建构的过程中，必须牢记的是，学术写作的最终形态是一种论证型文体，因此，所有的论文写作都是服务于观点论证的。一篇文章应该如何聚焦到自己的核心观点上，这些观点又如何拆分为小论点，以及这些小论点又如何对应到研究论据上,这些论证的具体呈现方式都有哪些,等等,都是学术写作者必须不断学习并掌握的基础文脉构建议题。

为此,文脉搭建方式需要符合一个口诀:"一统、二嵌、三联、四还"。

所谓"一统",是指文章的写作主题和内涵要素必须是统一的,就像魔方的每一面只能是一个颜色,文本修辞的最终目标就是让特定文脉的表达整体上有效统一,即在一个相对明确的表述空间中,只能有一个中心思想。

所谓"二嵌",是指文字的上下文是一种互相接榫的结构,就像积木搭造一样,不仅每个部分具备条块的基本功能,还有一些接榫处,所以,在文章写作时要学会构造"榫卯词",比如"如此一来""综上所述""总而言之"等,这些嵌套方法可以让文词的脉络更加清晰,让上下文的叙述更加流畅。

所谓"三联",是指文词的前后穿插是串在论文的叙事要素之上的,就像一串葡萄共享一个梗,一段文词必须有一个核心的表述线索。在相声艺术中,所谓抖包袱、埋梗,也就是这个意思。最理想的学术写作状态是,通过思考和叙述,文字是长在一起的,承上启下,共同构成一个贯穿全局的表达整体。

所谓"四还",是指就像细胞可以克隆一样,具体可以还原到一般,所有的文字都是整体性的,携带文心的可复制基因,能够还原到文章整体立论上。有些文章看上去浑然一体,每一个词语都在指向同一个核心思想,这就是文章整体性表述的具体体现。

同时,学术文脉的写作语言必须具备如下七个标准。第一,如实。所写即所见,即便读者没有看见,也可以理解作者所写观点。第二,易懂。这强调所写文字必须是读者易于吸收和消化的。第三,到位。相关的文字表述必须达到一定的颗粒度,以便让读者看清,就如同相机的像素达到一定的程度,才可以让成像足够清晰。第四,简约。学术写作通常不使用过多的修饰,最重要的是通过朴素的文字直达内心。第五,通透。这强调作者的观点是立体的、清晰的、可传递的,所写的文字是为了沟通,而不是为了故弄玄虚。第六,规范。通常作者的用词和用语都是符合相应的学术学理规范的,而不是自创的甚至是臆想的。第七,雅致。这是学术写作的高级标准,要求的是在清晰表达的基础之上能够温润如玉，让读者感受到作者深厚的学养。

关于文脉的具体写作单位——段落写作，我在这里可以分享一个学术写作的万能句式：1+N+1。其中，第一个"1"是指概括全段核心思想的中心句，"N"则是指用来展开论证的表述句、论据的呈现部分或者其他中层部分，而第二个"1"是指在分开阐释以后再进行概括、总结或升华，也就是"总—分—总"的写法。由于学术写作的核心任务是呈现观点，因此"1+N+1"是最有效的写作方式，而且它还有"1+N"或"N+1"两种变式，大家可以根据需要自行调整。需要特别指出的是，这个公式中必须有一个"1"，也就是中心句，这是因为学术写作必须以核心观点表达为目标。

除此以外，大家还可以采取"A+B+C"和"1+2+3"这两种写作公式。前者是指在没有明确逻辑递进和发展的情况，进行一种有序的罗列，就像文献综述中的不同作者的观点衔接写作；后者则是指前后句子之间存在一种渐次推进的逻辑，每一句都是建立在前一句写作的基础之上。具体的写作方式大家可以自行体会。

### 三、修改文章的方法论

好的论文都是改出来的，而初稿是绝对不能直接发表的。很多学生写论文的水平始终得不到提升，原因就在于他们始终没有意识到修改论文的重要性。在那些高水平发表的学者那里，多次反复修改一篇论文，是家常便饭，而且更高水平的期刊也会在多轮反复修改的过程中提升文章的层次与质量。因此，那些不能挺过修改流程的论文，实际上也就没有投稿的必要了，投了也基本不中，中了说不定更糟糕：损害作者的学术声誉。

事实上，学术论文的修改是一项贯穿于学术发表整个过程的工作，只要文章没有发表，文章就仍然是未完成的作品。学术论文一经发表，便成为公共物品，供他人阅读、使用。而不经修改的作品，或多或少都存在不正确、不准确、不周延的观点和表述，一般是无法直接面世的，即使勉强发表，也很难符合写作初衷。反复修改的必要性，至少有如下三个原因。

首先，想清楚与写清楚是两码事。词不达意是写作中常犯的错误，修改文章就是为了让文章的论述符合表达初衷。文本与言语是两种不同的表述形态，文本是为了将作者的思想和旨趣保存下来，便于跨越时间和空间进行深度传播，而且文本是一种更加正式、更加自觉的表述形态，因此，与言语不同的是，文本需要深度、反复的打磨，也就是修改。一篇文章，只有经过反复修改，才能让文字符合表述初衷，达到表达意图。

其次，自己想的和大家想的也是两码事。有时候作者对于事情的观察和判断往往会掺杂一部分个人的主观臆断，这样一来，文章就与实际情况有所出入，因此就有必要将文章先给同行阅读、批评，这是同行交流的重要内容之一，多一双眼睛，多一个视角，就会对文章有更客观的审视。

再次，文章最后必然要通过期刊发表出来，而每一个期刊对于其所刊载的文章都有规范、格式和体例等方面的要求，因此，编辑部一般也会提出相应的修改意见。文章的修改分为两个阶段：一个是作者在未投稿前的内向修改，另一个则是作者在投稿之后的外向修改。内向修改主要是基于作者自己对文章的斟酌和考量，而外向修改则主要是针对编辑部、外审专家、同行的意见而进行的修改。

因此，作者必须端正心态，修改文章是再正常不过的了，不要排斥修改文章，而应该将修改视为学术写作中必不可少的环节。尤其是对于编辑部提出的修改意见，作者更应该尽可能地配合修改，毕竟这些意见都是出于完善文章的目标而提出来的，毕竟最终文章署名是作者，修改后受益的也是作者。退一步说，假如编辑囿于知识范围、学科立场等原因，可能提出一些建设性不足的修改建议，作者也完全可以不卑不亢地指出来。这些都是正常的学术交流，文章也正是在这些来来回回的学术讨论中精益求精的。

很多人写论文都希望追求效率。我当初写论文的时候，也是希望一蹴而就。后来我发现，就算我写作能力提升了以后，那些"笨功夫"还是要下的。事实上，好多功夫是根本省不了的，一旦"省了功夫"，其后果要么是文章质量上不去，要么就是得后补。这说明，写文章根本无法投机取巧。如果你想节省时间，迅速写成研究综述，从技术上可以实现，但是，这样写成的文章，一般都是"文字堆积"，意义不大，从整篇文章的行文上看，更显得"拙劣"。

作者在写作的过程中，心中想的主要是如何尽快把文章写完，但是一旦写完文章，作者就应该想着如何把文章改好。换句话说，作者在修改文章的过程中，应该树立一个中心思想：论文的核心目标在于阐述清楚论点，因此，所有对文章的修改都应该服务于这个核心目标，凡是与阐述论点有关的、有助于阐述论点的部分，统统保留，并进一步深化、提升，而凡是与阐述论点无关的部分都应该删除。

有时候编辑部希望作者删除部分篇幅，有的作者可能抱有抵触情绪。实际上，删减篇幅也是一个挤水分的过程，很多看起来非写不可的东西并不一定非得保留，有些内容虽然在收集材料、研写过程中花费了很大的力气，但是假如它与中心论点无关，或者写得过分冗余，那么作者必须认真修改。从论文的性价比上考虑，假如能用一千字讲清楚的内容，作者却用了一万字，这并非好事，反而会大大降低文章的传播效度。

至于如何具体修改，一般来说，文章至少要有四遍修改。第一遍，看文章的阐述是否完整，也就是说，是不是把需要讲述的论点、需要引用的材料、需要使用的图表等论述过程都写完整了。第二遍，看文章的表述是否清楚了，也就是说，在完整表述的基础上，查看这些表述是否清楚明了，是否符合事实，有没有做到实事求是。第三遍，看文章的表达是否到位，也就是说，在表述清楚的情况下，再看文章的段落、句子是否把原本希望表达的意思都表达到位了，有没有说得过分或不足的地方，是否足够精准、恰当。第四遍，看文章的格式、注释是否规范，是否符合相关期刊的要求。当然，不一定要机械地按照上面的四遍修改步骤来进行，但是至少也要达到这四层修改目标，只有把这些修改到位了，文章才会在发表的过程中顺风顺水。

作者在修改论文的过程中，应该遵循"四个回归"。第一，回归选题：是否符合研究选题的初衷,是否如实陈述了研究发现?第二,回归立意:本文的研究问题是什么?答案是什么?创新是什么?第三,回归框架:所写、所调用的文字是否符合框架,框架是否涵盖论据?第四,回归读者:本文的写作能否如实陈述并打动读者?在这四个层面的回归过程中,文章就会日渐成熟,学术修辞的准确性也会日益提升。

值得一提的是,修改文章最好进行整体性修改,也就是说,进行我所谓的"一遍一遍"的修改,对文章自始至终、上上下下地进行整体性修改,而不要单单进行局部性修改。只进行局部性的小修小补,文章就会像是打了补丁的衣服,扎眼、突兀不说,也未必符合修改初衷,甚至出现上下文冲突的情况。

在这里要特意讲解如何应对匿名评审的意见。第一,正向理解编辑部意见。编辑部反馈的修改意见是为了完善文章,而不是刁难作者。作者务必正向解读所有的修改意见,就算你感觉到匿名评审专家可能是有意刁难,也要正向回应。第二,换位思考,从编辑部的角度来理解和看待你的文章。有些文章能否发表是要综合来看的,并非某个编辑能单独决定的,编辑也要综合各方意见予以权衡,所以务必给编辑留有必要的决策余地。第三,从批评者的角度来审视自己的文章,"消灭漏洞"。文章只要是人写的,就不会完美,就有修改空间,多一双眼睛就多一分审慎,在论文发表之前,提前消灭文章漏洞,这是再好不过的事情。第四,自己的正确意见也要敢于坚持。有些时候,评审人也未必完全理解作者的立场和研究过程,甚至评审人很忙,没有时间详细辨析内情,因此就算是针对专家的否定意见,如果作者有理有据地回应,编辑部是会统筹看待的,故而作者们也要不卑不亢,适时坚持自己的正确立场和有效判断。第五,要判断文章的修改类型,是大修,还是小修?要理解期刊编辑部对这篇文章的整体判断,到底毛病在哪里,是有重大缺陷还是只是结构性问题,以及自己能否修改出来,如果不能及时修改出来,也要及时告知。第六,修改要有针对性,对症下药,并且提供修改痕迹及相关说明,让编辑部和匿名评审都能迅速知晓修改过程与机理,并且在这个沟通过程中感受到作者的态度、学养与素质。

## 四、如何校对文章

写完论文还不算结束，还必须好好校对论文。因为文章说到底是要给人看的，给人看的文字首先要准确无误，至少不会误导人。因此，文章必须经过严格校对，才能够确保它的信度。期刊付梓前编辑会进行多次校对，但是作者自己也要认真校对，因为很多信息只有作者才能校对出来；而且将文章校对好，既是一种优秀的学术品格，也是一种良好的写作习惯。

很多读者以为，校对就是改改错别字，没什么大不了的。其实恰恰相反，校对工作是学术出版工作中最为重要的工作之一，是出版水准的重要保障。如果文章不能保证准确、可靠，其他一切都将免谈。

"为山九仞，功亏一篑"，用以形容校对工作再合适不过了。百分之九十九的正确率与百分之百的正确率，虽然差之毫厘，却失之千里。阅读中冒出一处错漏，就像白饭中夹了一粒沙子，即使米饭再香，你都不能放心享受了，因为你不免担心还会不会冒出第二粒、第三粒沙子。一粒沙子便让整锅白饭蒙受质疑，一处错漏也会让整篇文章的可信度画上问号。文章校对，能不慎乎？

认真校对，是一种负责任的学术态度，是对文章质量负责，对出版者负责，更是对读者负责。校对不严谨，很可能误导读者。当然，校对工作需要编辑认真负责，也需要作者通力配合。那么，到底如何校对，又具体校对什么呢？一般来说，除文章评审、编辑审稿等前期流程之外，文章排版后还要经过三次校对流程：初校、再校和三校。文章正式付梓前，还要主编审读、签发，合称"三校一读"。三校一读是自古以来的校对惯例，也符合现代学术出版规律。隋唐时期在翻译、誊写佛经时，就已经提出三次校对加住持审定的制度。这是三校一读可考的历史雏形。

校对不仅仅是技术性工作，它本身也是一门学问。春秋战国，百家争鸣，嬴政焚书，付之一炬。有汉一代，学术研究的首要任务就是校对原典，把重新收集、整理的经典校实、对准，进而才能在此基础之上从事学术研究、教书育人。《四库全书》浩如烟海，为了保证出版质量，设置了分校、总校两级共183名校官。千万不要小看这183人，其中有128名进士、8名举人，其官职多数是翰林院编修、检讨、庶吉士、修撰、内阁中书、内阁侍读、中书科中书等。即便如此，乾隆在阅读总校样时，仍然发现了不少错别字，于是大发雷霆。为此，又在分校官与总校官之间设立了复校官。全书誊录后，乾隆又让陆锡熊详校全书，又校对出很多错漏。由此可见，三校一读是必不可少的，而且三校一读只是底线，为了保证出版质量，很多期刊、出版社还会增加审校流程。

总的来说，校对内容主要有如下八类：

第一类，文字错漏。包括错字、别字、多字、漏字等。通常我们说的错别字其实是错字和别字的合称。错字是完全写错了的字，比如因为输入法问题，将"九"写成"丸"；而别字是指所写字词与正确字词相近，但意思不同，属于词不达意。举几个常见的别字：

安装，而不是按装；

安详，而不是安祥；

表率，而不是表帅；

艾滋病，而不是爱滋病；

辩证法，而不是辨证法；

笑眯眯，而不是笑咪咪；

备受欢迎，而不是倍受欢迎；

长年累月，而不是常年累月；

共商国是，而不是共商国事。

第二类，词语错误。常见的词语错误有错用成语、褒贬不分、生造词语等。比如"首当其冲"这个词，意思是"首先受到冲击的"，但是常被理解为"首先冲锋陷阵的"。又如"危言危行"这个词的意思是"正直的言行"，而不是"危险的言行"。

第三类,语法错误。这其中既包括词法错误,也包括句法错误。常见的词法错误有:(1)名词、动词、形容词使用不当;(2)数量表达混乱;(3)指代不明;(4)副词、介词、连词使用不当。常见的句法错误有:(1)搭配不当;(2)成分多余或残缺;(3)语序不当;(4)句式杂糅;(5)歧义;(6)不合事理。

第四类,数字用法错误。国家对数字规格使用有专门的规定,详见《出版物上数字用法》(GB/T 15835—2011)。很多数字的格式在不同的期刊上可能有所区别,但是必须局部统一,例如,若上文使用"20世纪",下文就不能使用"二十世纪"。

第五类,标点错误。标点符号包括顿号、逗号、分号、冒号、句号、问号、感叹号7种点号,引号、括号、破折号、省略号、书名号、着重号、间隔号、连接号、专名号、分隔号10种标号。国家对标点符号使用有专门的《标点符号用法》(GB/T 15834—2011)。比如说,不能在省略号的前面使用句号,不能在缺乏并列关系的句子之间使用分号,等等。

第六类,事实错误。事实错误常见类型包括时间错误、数据错误、人物信息错误、地理错误、历史知识错误、科学知识错误等。

第七类,体例错误。常见的有:(1)规格体例不统一;(2)相关项目不一致;(3)文图、文表不衔接、不配套;(4)各种附件与正文排版格式不规范。就学术论文而言,最常见的错误是参考文献的格式不统一、不完整,图表、标题等的体例错误。

第八类,政治错误。出版物中最常见的政治错误体现在用词、标点、导向等方面,比如中国台湾地区领导人的相关职务必须加引号,"港台"不能与中国并列,等等。

校对工作有时是和人类的本性作斗争。人类大脑有强大的完形能力,对数据的识别与解读是整体性的,有时候会自动"脑补"。脑补是一种有效的信息处理技术,但在校对过程中,有时也成为一种局限,它会让校对者自动忽略一些错漏，这也就是为什么文章需要多人校对、反复校对的原因。

"如果你细仔读阅，便会现发这句话的有些语词是倒颠的。"你发现这句话的问题了吗？但是，这并不影响你整体性地理解这句话。

为此，我常常建议作者，把文章的校对稿打印出来，在纸版上逐字逐句校对。而且最好是朗读校对，边读边改，通过调动多种感官来交叉核实信息，以保证准确性。

大部分期刊社、出版社为了保证出版质量，都有比较系统的校对制度，比如，凡是引用马列原著的，必须查实原典，不仅要核实版期、年份，而且要核实字词、页码。再如，大多数期刊校对都要求逐项核实参考文献。

很多作者可能不了解，在编校过程中，编辑、校对与编务是分开的。有些期刊人手不足，编辑与校对可能合二为一（一般需要互校），但排版者一般是专职的（通常是专门的企业单位），而排版者往往并不熟悉文章，甚至不具备相关的专业知识，他们只是依样画葫芦，严格遵照编辑和校对的意见，修改对应的排版内容。

所以，每一次编辑和校对之后，首要的工作就是对红。新的校对稿下来后，首先要核对排版者是否遵照上一次校对样修改到位。编辑和校对一般使用红笔，故称为对红。作者收到期刊的校对样，其实已经过编辑和校对的初步处理，和自己当初的原稿已经出入很大，这时，如果有需要修改的地方，也不能直接在原稿上修改，否则，编辑还得重复一次编辑处理。正确的做法是：将校对稿打印出来，在纸质版上校对、修改，并且使用正确的校对符号，让编辑明确知晓修改痕迹，以便确定这样修改是否妥当，并把应该修改的部分转录到自己的编辑校对样上，以便让排版者明确知道如何在排版系统上依样修改。一旦付梓，木便成舟。所以，印刷前的对红尤其需要全神贯注，不能有一丝马虎和懈怠。

作者校对需要注意几个原则：

第一，重新核实关键信息。标题、作者信息、参考文献、注释、数据等信息非常关键，一旦出错，会让文章质量大打折扣。这些信息必须重新查实、校准。要准确标注你的参考文献,包括国籍、作者(或编者)、标题、出版地、出版社或出版期刊、卷期、出版日期,文章或章节的页数。

第二,重点校对那些编辑不容易校对出来的地方。比如,作者信息、注释、数据、图表、参考文献等。

第三,要在纸稿上通读校对,边校边读。

第四,一定要准确标示出自己的修改痕迹。

校对无小事。在投稿前,建议作者先将文章校对准确,这不仅可以提高文章评审的命中率,还可以提高文章的学术水准,省却很多麻烦。

# 第13章　聚焦学术市场

学术发表可以说是学者安身立命的基础，其重要性对于学者不言而喻。接下来的章节，我将着重阐释学术发表的相关方法论。在理解期刊文章具体编审过程之前，本章将聚焦于学术市场理论。为什么要先介绍学术市场理论？这是因为，很多学术写作初学者通常把学术发表理解得支离破碎，总是特别机械地理解学术发表的相关问题，而且很多初学者将学术发表理解得过于自我，并没有将自己的学术作品放在整个学术市场的结构中予以考察，结果不仅事倍功半，而且会误入歧途，越努力反而越糟糕。为此，我们需要正本清源，从学术市场的理论开始讲起。

## 一、学术市场及其价值规律

在我当年做期刊编辑时，曾经有一些作者找到我们的办公室，现场向我们推销自己的文章。对于这类情况，我们作为编辑通常不会直接拒绝，但是有些作者的文章实在是没有办法读下去。找我们毛遂自荐者有可能已经年过半百了，但是他们对于我们期刊究竟要发表什么类型的文章，实际上是没有做过功课的。看着这些年长的作者们在向我们认认真真地介绍自己的文章，我们又不知如何回应，场景真是非常尴尬。而且，就算我们接受了这些不合要求的文章，到了主编那里，文章也发不出去，归根到底，是这些作者没有写出让学术市场满意的文章，而不是编辑在为难他们。编辑也不过是学术市场的把门人而已，真正起到作用的是隐藏其中的学术市场及其价值规律。

我把这个画面呈现给诸君，是希望各位明白：学术研究的本质是向学术市场提供必要的知识供给，而在选题、研究和写作之前，作者务必对学术市场有所了解，以便在学术市场中准确定位自己的研究，在投稿时可以轻松自如，甚至可以写出让学术市场主动约稿的文章。

很多作者将学术写作视为一种个体行为，是一个人闭门造车的工作。其实不然。学术写作尽管主要由作者自己完成，然后投稿、修改、发表，但是如果将学术写作与发表放置在整个学术场域中考察，我们会发现，写作与发表实际上是一个井然有序的学术市场。在学术市场中，学者相当于生产者，而读者相当于消费者，学术论文就是产品。学术作品到底好与不好，要靠学术市场来检验：它有没有满足学术消费者的知识需求，有没有说服读者。只不过，与其他市场不同的是，学术市场提供的是知识供给、知识的生产与消费，与其他市场行为的不同在于：学术产品的分配权力不在消费者，而在于专业的学术机构，因为学术消费者既是消费者，又是被教育者；也就是说，学术市场不是扁平的，而是有学术梯级的。因此，判断学术产品是否优良的权责不能完全交给消费者，而必须交给专业的学术机构，由那些更具有学术资质的机构及其学者来判断、检验、交换和发表学术作品，这就是学术发表机构的主要工作。

很多学者可能会不太认可学术市场的理念，他们觉得学术是"神圣的"，是不能够被交易的，不能当成一笔买卖。但是实际上，学术产品一直以来就是学术市场的产物，没有学术市场，就没有学术作品。畅销的不一定都是好的学术作品，但是好的学术作品一定是畅销的，甚至是洛阳纸贵的。还有一种观点认为，学术是"坐冷板凳"，是阳春白雪的营生，这种观点也不全面。有些学术作品只是为了满足某一类学术市场的需求，尽管它很小，但是它很重要，这些作品自然有国家和其他社会主体来承担消费者的角色和购买义务，然而，这并不能否定学术市场的客观规律。

既然学术作品存在于学术市场中，那么，学术写作就要遵循学术市场的价值规律和交换法则。和其他类型的市场一样，学术市场也遵循价值规律，学术作品必须具有含金量，必须提供某一种知识类型，否则，它就会被学术市场拒斥，即使能够通过一些短时的手段（比如强力的营销手段）暂时掩盖、扭曲价值规律，但是从更长的时段看，学术市场对于作品价值的判断是比较可靠的。所以，学术生产者必须对自己的研究进行对象化：自己的研究到底有无学术市场。

学术写作的最终目标是学术发表，只有进入发表阶段，学术写作才告一段落，也才真正成为公共物品，成为学术成果。学术发表指的是从学术写作到文章最终刊发在正式出版物上的过程。学术文章能够发表的前提是深度、有效的学术写作，而学术写作的基础则是扎实、可靠的学术研究，而学术发表也有其自身的特质与逻辑。从宽泛意义上说，学术发表必须符合学术市场的价值规律，即文章必须是有一定学术价值的，但同时它也必须遵循学术发表自身的规律，必须适应学术出版的生态环境，遵循学术出版的周期与规律，否则也会事倍功半，甚至功败垂成。

落实好学术发表这件事，最好是换位思考：既要从学术产品本身的属性来进行学术写作，也要从学术出版的角度来思考学术写作。最佳的状态是将学术发表与学术写作有效地整合在一起：在学术写作时有学术发表的意识，在学术发表的过程中进行学术再写作，这样才能更加合理有效地利用学术出版平台，增加学术作品的传播力和认受度。

学术发表需要遵循学术市场的价值规律。很多作者可能不太了解，学术期刊都有一个比较系统的发稿机制。期刊越是专业，其发稿流程就越是成熟。即使再好的文章，也要经过期刊发稿会。在发稿会上，编辑需要向主编及其他同仁推介这篇文章，阐述这篇文章值得刊发的价值所在，这个价值并非责任编辑信口而出，而必须是"货真价实"的。

主编及编辑也要对学术界有个交代：为什么要刊发这篇文章？它的学术价值何在？编辑部的意见是什么？匿名评审的意见是什么？如果编辑部不顾学术公意而一意孤行，不负责任地大量刊发乏善可陈甚至突破底线的文章，那么这个期刊的学术品牌也就差不多可以谢幕了。树立一个品牌，需要无数篇好文章，而毁掉一个品牌，有时候一篇文章就够了。

作者在投稿前，也应该对象化自己的文章：假如我是编辑，我凭什么向同仁推介这篇文章？它的学术价值何在？只有高价值含量的文章才能经得住考验，经过层层筛选，最终通过期刊的发稿程序，走向读者。

### 二、价值重构的三部曲

鉴于学术市场的价值规律，学术发表的最重要工作实际上是把文章自身的学术价值挖掘出来，然后在文章中清晰呈现。在上文中我谈到了研究综述的写法，并提出了"穿针引线打结"的方法，在这里我们再用价值重构的视角去看待相关文献的写法。

一篇论文的层次高低首先取决于学术提问的高度、层级和底蕴，而一篇论文的研究问题并不是一个简单的问句，它是一个整体性、过程性的发问，也是作者通过引言和文献述评去不断建构论文的提问必要性，以及说服读者与自己建立研究与写作共识的过程。而作者与读者的共识之核心是：本篇论文的价值是足够坚实的，是建立在相关学科基础之上的，是具有独创性的。这也就是说，作者在研究结论形成并开始写作以后，需要对本文的研究价值进行重新构建，并且在行文尤其是引言和文献述评中将其逐渐传递给读者，并最终在研究结论的部分予以确认和总结。

具体来说，整个价值重构工作可分为三个步骤：价值破土、理论拔高、对话创新。

第一，价值破土。所谓价值破土，是指论文写作需要将研究问题从无到有地提出来。研究问题并不是天生就值得提出的，整个研究问题也不是不言自明的，作者不能假定读者必然知道相关背景与细节，而应该从一个必要的提问依据出发，让研究问题的价值破土而出。通常来说，价值破土需要作者将相关（现实、生活等）问题逐渐转化为学术问题，并且在有关政策价值、社会价值和学理价值等的基础之上，抛出学术形态的研究问题。

第二，理论拔高。所谓理论拔高，是指论文写作中，在研究问题逐渐提出以后，作者需要将研究问题置于一个理论脉络之中，在文献视野中将研究问题提升到必要的理论高度，通过大量的文献铺垫，将本研究的价值逐渐垫高，最终将研究问题推升到必要的理论视域中。这是提升论文档次的重要一环，很多作者不懂得这个原理，不知道如何垫高论文的理论高度，导致很多非常精彩的学术灵感流于庸俗的学术写作层次。

第三，对话创新。在研究问题被垫高到相应的水平线以后，作者就站在了前人的肩膀上，可以开展与前人研究的平等对话了。所谓对话必然是相对平等的，因此对话的基础也就是上文的理论拔高工作。在将自己的研究结论与前人文献进行对话的过程中，作者必然可以找到本研究的相对贡献或曰边际贡献，也就是本研究的独创性价值。

接下来我将使用我发表在《行政论坛》2018年第5期上的《项目入户：农村精准扶贫中项目制运作新趋向》一文（节选）详细解释价值重构的三部曲。

## 一、引言

党的十九大报告提出，要坚决打赢脱贫攻坚战，确保到2020年我国现行标准下农村贫困人口实现脱贫，贫困县全部摘帽，解决区域性整体贫困，做到脱真贫、真脱贫。国家于1986年成立扶贫开发领导小组办公室（简称"扶贫办"），设立贫困县，将扶贫开发确立为国家发展战略。30多年来，国家扶贫开发取得巨大的历史性成就：解决了农村贫困人口的温饱问题，改善了贫困地区的生产生活水平，提升了贫困地区的社会保障能力。与此同时，为了解决扶贫的深层次问题，国家扶贫政策的实施单位逐步下沉、细化，由最初的区域扶贫，到后来的县域扶贫、村域扶贫，甚至到户域扶贫，国家扶贫开发的实施政策日益精细化、精准化，最终确立了精准扶贫的治理原则。2015年年底，在北京召开的中央扶贫工作会议及其出台的《中共中央 国务院关于打赢脱贫攻坚战的决定》提出，"坚持精准扶贫，提高扶贫成效。扶贫开发贵在精准，重在精准，必须解决好扶持谁、谁来扶、怎么扶的问题，做到扶真贫、真扶贫、真脱贫，切实提高扶贫成果可持续性，让贫困人口有更多的获得感"[1]。

批注：通过党的十九大报告和中央扶贫工作会议及其出台的相关决定，从政策与现实的基础出发，夯实本文的相关研究价值。

不断提升治理精度是国家治理现代化的题中应有之义，精准扶贫所采用的精准化的项目制实际上普遍存在于当下国家基层社会治理和其他领域。精准扶贫在治理精度上大为推进，这要求基层治理必须有配套的体制，以保障精准扶贫的治理初衷。扶贫开发能否精准，至少包括两个层面的含义：一是"瞄得准"，即通过建档立卡等治理技术，将真正的贫困户甄选出来[2]；二是"给得准"，即通过项目制的形式将扶贫资源输送至贫困户，促使贫困户尽快发展，脱贫致富。然而，精准扶贫这一目标在基层实际过程中面临诸多挑战，其瞄准精度和输送精度在不同地区和实施单位中面临较大挑战。因此，本文试图从精准扶贫的精准化机制问题入手，来探讨这一实践问题背后的国家治理现代化问题。扶贫项目精准到村入户，已然从行政体制深入到社会空间，其中的"精准"，要求治理者对治理对象形成一套系统而完整的认识与判断，再经由扶贫办、驻村干部、村干部等执行者严格落实。它将项目制推展到极致，要求项目与目标群体以及个人严格对接，从而解决以往项目制所带来的问题。事实上，任何治理的精准化都是一个不断提升和改进的发展过程，相比于之前的扶贫开发，精准扶贫已经大幅提升了治理精度，但是与国家的治理精度目标相比，精准扶贫还有很大的提升和改进空间。为此，有必要确立新的理论框架和研究范畴，仔细探究项目制的精准化所面临的基层困境，以便为今后提升国家基层治理的精准化做好理论准备。因此，本研究力图通过实证研究，展示在精准入户过程中国家基层治理遭遇的社会反应，阐释项目制精准化新趋势对基层治理方式的后续影响，并提出改善精准扶贫治理效度的机制性对策,从而在理论上拓展国家基层社会治理的相关理论。

批注:将现实问题逐渐转化为学术问题,并且抛出"项目制精准化"这一学术概念及其对应的学术问题,完成价值破土,并自然引出下文的理论拔高。

## 二、项目制"精准化"新趋向

国家在基层的治理方式与其在基层的治理目标密不可分,中华人民共和国成立以来,国家建立了高度政治集权与计划经济相结合的经济社会体制,对农村基层的治理能力相对于以往历史时期有所增强,具体表现之一是根治了历代国家政权未能解决的偷税漏税难题。国家通过对农村经济剩余的统一调度和支配,支援了国家的工业化建设。改革开放以来,尽管随着计划经济体制的消解和家庭联产承包责任制的推行,国家已不再直接干预农村的生产生活,农村基层开始施行一定程度的村庄自治,但直至20世纪末期,国家对农村依然保持着一定水平的资源汲取,真正令国家与基层和农民关系发生改变的是国家税费改革。2002年以来,中央不断降低农村税费负担,至2006年年初,中央彻底取消农业税费,这彻底改变了汲取型的国家与农民关系[3],国家与农村的关系发生实质性转型,国家不仅不再汲取农村资源,反而试图通过低保政策、扶贫开发等治理手段向农村输送资源,国家转变为给予型的治理角色,项目制成为国家向基层输送资源的重要实现方式。

批注:将扶贫问题放置于国家与农民关系中予以考察,先做第一层铺垫。

项目制的形成根植于转型时期国家经济体制改革。中国的改革是在保持原有体制下的另辟蹊径的双轨制改革[4],随着分税制改革及技术治理取向的强化,大量中央财政资金通过项目制的形式下放到地方社会。分税制改革让中央拥有更多的财税实力和再分配能力,从而消除财政上的"诸侯割据"和"藏富于企业"等老问题。这一体制下财权层层上收[5],而事权则层层下沉,这时地方财政的巨大缺口以及财权与事权的不相匹配，需要中央通过以专项资金为主的方式向地方转移支付[6]。集约化的中央管控和自上而下的再分配财税体系为项目制的实施奠定了财税基础。体现中央决策意向的专项资金和项目资金越来越成为财税体制的主要组成部分，而原本一直依赖汲取农村资源维持运转的基层政府也越来越依靠上级的转移支付[7]。项目制的运作方式源于市场的效率理念，然而，单纯注重效率无法实现公共物品的供给，也无法按照国家意志实现民生领域的公平公正，而过分依赖原有治理体系又无法实现治理绩效，于是创生了能够代表国家意志又具有竞争性运作的项目制。项目制作为超越项目本身的治理方式，是指项目在运作过程中已超出单个项目所具有的事本主义特性，成为整个国家社会体制联动运行的机制[8]。项目制改变了国家的基层治理方式。相对于传统科层制，项目制赋予上级更高效的财权、事权和动员渠道，便于上级达成更多的治理目标[9]，并最大限度地保障专款专用。项目制的组织运作不同于常规的科层制，其行动框架不是垂直地向下输导，而是就某些特定领域和公共事项，进行科层制之外的竞争性授权，从而形成一种自下而上的市场化竞争，以便与自上而下的分权原则相结合，进而形成"条线"之外的分级运作体系[10]。

**批注：将扶贫问题置于项目制的理论脉络中予以考察，将"给得准"问题拔高到项目制运作的理论高度，并且在项目制的后续研究中逐渐铺垫，渐次拉升对这个问题的讨论深度。**

项目制在运行中也出现了治理预期与实际执行之间的偏差。在科层制的治理架构下，高度分化的科层结构产生了政策与科层组织之间的摩擦，降低了政策的执行力并导致政策走样[11]。学术界通常使用变通[12]、共谋等概念和理论来解释政策偏差问题。由于自上而下的上级决策与自下而上的基层自主性诉求之间存在结构性矛盾，国家政策很难充分贯彻[13]，当决策权力以及资源向政府上层组织集中时，经过漫长的行政链条，基层政府愈发需要灵活执行，这为共谋行为提供了组织基础和制度环境[14]。因此，即便出现所谓的"上有政策、下有对策"[15]，应星研究发现，基层干部常将国家政策和上级指示进行变通，以便化解基层的冲突[16]。在项目制的治理架构下，也存在项目执行走样的现象。地方政府和部门在"抓包"过程中，掺入自身意图：既要在立项、结项过程中完全符合项目要求的各种形式要件，严格遵循项目预算，又要本着自己的实际情况出发"打包"项目，对项目基金进行重新配置，实现自己的融资需要；既要实现项目本身的目标，又要通过"项目经济"来实现地方发展目标，将自己的"产业"做大做强[8]。荀丽丽和包智明通过对内蒙古某旗生态移民项目的研究，揭示了政府作为谋利性政权经营者，在项目中有着独立的利益诉求和广阔的逐利空间，这项旨在将生态移民、技术引进、基础设施建设、产业开发和资本市场结合起来的生态治理项目，最终使移民保护区变成"开发区"，不仅使草原生态继续遭到破坏，还迫使大量牧民纷纷外迁外移，致使当地基层最基本的生态单位最终瓦解[17]。

**批注**：在到达必要理论高度以后，通过对类似问题的探讨与溯源，建立本文与过去研究的联系与对话，寻找本研究的创新之可能。

为此，决策者试图通过精准化的项目制设计来减少乃至规避项目在基层执行中走样。精准扶贫典型体现了这一精准化特征：精准扶贫要求项目不但要到村，而且要入户，进村与入户一步之遥，却从行政体制跨入社会空间，落实单位从村庄进一步细化为农户，为了让项目精准入户，在扶贫项目实施前，就要对治理过程形成一整套完整而清晰的认识和判断，并进一步形成相对完备的项目落实程序。项目制的精准化表明，一方面，项目制成为一种深入基层的制度思维，已从财政转移支付领域扩展到地方政府治理辖区的各个领域，通过各种项目国家行政机构重又影响并控制着乡村社会，并由此建构出新的治理乡村的国家意识；另一方面，这也是改革以来技术治理不断发展和演进的结果，技术治理为项目制配置了日益细密而繁复的量化指标、综合档案、电子政务和评比考核等治理手段，以便项目设计者可以对项目的执行与落实进行过程监督和结果控制，避免项目经过漫长的科层体制后出现折损与变通。

批注：在层层铺垫与理论拔高以后，找到本研究与相关文献之间的接榫点和创新之处：现有研究进行到"项目进村"，而本研究则进一步聚焦到"项目入户"，精准化程度进一步提升，与之相应的项目制运作方式也需要进一步考察，这就形成了本文的最终创新点，也是文章的主标题，研究创新在此闭环，研究价值的重构就此完成，三部曲成功会师。

那么，精准化的项目制在具体执行与落实过程中，将会面临哪些社会境况与挑战？最后又如何化解？为回答上述问题，笔者于2014年11月至2015年6月对南省丘县珠村进行为期8个月的田野调查，南省位于华南地区，是经济较为发达的省份。收集资料的方法包括参与观察、深度访谈和半结构访谈。珠村被确立为2013—2015年南省第二轮扶贫帮扶重点村，由省社会局对口帮扶。

批注：将研究目标进一步具象化和细节化，衔接并引出下文，交代研究素材和背景信息。

## 三、厚积薄发

如果大家明白了学术论文的价值重构三部曲，也就进而懂得学术发表不是为了写而写，它是一种学术价值的承载，只有那些对学术界知识有所创新的论文，才会真正成为推动学术发展与前进的动力。而且学术发表只是整个学术研究环节中的一部分，它必须被放置在整个学术价值生产的链条中予以有效考察。

因此，真正的学术发表必然是厚积薄发。所谓厚积，分为三个层面：第一，自身研究素材的积累，这是所有研究和发表的基础。越是深厚的素材累积，越是可以取得深厚的写作成果，也为后续的发表奠定基础。优秀的学者都是长期深耕一个领域的，因为他们的积累可以持续推进，甚至自动开展。第二，对学术界研究历史与现状的积累。好的学者通常对自己的领域如数家珍，他们不仅知道自己在做什么，也知道江湖上各门各派都在研究什么，这些研究的进展如何，方法如何，等等，这些积累是后续建构研究价值、开启研究创新的重要出发点。第三，对于学科共有方法和通行话题的把握。这一积累通常是针对整个学科的缄默知识，如果理解并掌握了这些缄默知识，学术发表就会如虎添翼；如果违背了这些缄默知识及相应规则，学术发表就会戛然而止或者陷入停滞。只有三个层面的厚积达到一定程度，才可以对相应的学术价值有所判断，并且能够建构出相应的发表价值。

所谓薄发，也可以分为三个层面：第一，在所有的研究素材中，只有一小部分是创新的、值得与学术界分享的，因此，发表者要优中选优，将最精华的研究成果单独凝练概括出来，作为后续理论提炼和研究创新的构建基础。最终能够发表的研究成果，在所有的研究成果中的比例，不超过5%。第二，一名学者能够在学术界有所建树并且确立相应学术声誉的领域，是非常有限的，最优的做法是聚焦于某一个选题，然后持续同题材输出，这样可以保证自己的输出相对专业且深入，最终形成必要的学术发表品牌，也可以保证学术界对这种学术输出的集中解读与持续传播。第三，学术发表的最终对话性成果是小切口的，是针对学术界现在所没有深厚积累的薄弱部分。也就是说，在铺垫了深厚的学术成果与研究脉络以后，学术发表的成果是针对某些特定研究空白的直接回应，这些回应的切口是很聚焦的，这个切口会让研究问题呈现出一种锐度很高的状态，也会让学术观点脱颖而出。

因此，厚积与薄发可以说是相辅相成的两个环节：对待学术积累，要做加法，越厚越好；对待学术发表，要做减法，越薄越好。

具体来看，在厚积薄发的方法论指导之下，我们又可以建立学术发表的四项基本原则。

第一，惊喜原则。所谓惊喜原则，就是站在编辑和读者的视角，作者所写和投递的内容，最理想的状态应该是让人惊喜的。也就是说，作者所提供的研究价值是超出读者预期的。如果作者每次发表的作品水平都能够在所刊发期刊的平均线以上，那么，这种次次惊喜的状态就会为作者积攒起极好的学术口碑，不仅会让后续的学术发表愈加顺利，而且会让发表后的学术传播如虎添翼。值得一提的是，有的作者会沉浸在自己的世界里自说自话，甚至自我陶醉，这样的文章是无法给读者带来惊喜的。真正的惊喜一定源于作者换位思考，设身处地为读者考虑，为读者带来实实在在的学术价值。这种设身处地的换位思考，也应该延伸至全文的写作过程中，比如简洁有效的文字，可以让读者顺利阅读并知悉作者意图，言简意赅的摘要可以让读者不用阅读全文就提前知晓相关结论，甚至让那些不需要的读者可以迅速跳过。所有对读者产生了认知价值和"情绪价值"的努力，都会反过来形成对作者的正反馈。

第二，独创原则。所谓独创原则，是指一篇论文必须具备独有的创新价值，这种独创有时需要与众不同，甚至是和很多通行观点有所出入——当然不能是刻意而为的哗众取宠。只有一篇文章具备独创性，它才可以在众多文章中脱颖而出，获得大量的阅读、传播和讨论。有些初学者总是担心自己的文章没有前例，缺乏"必要的依据"，导致他们不敢独创，或者说总是希望在别人的背后亦步亦趋，这种想法实际上是完全与创新相违背了。对于这种情况，初学者需要研读并掌握前人开展独创性的方法与先例，再从自己的研究中摸索出"类似的独创性"。因此，学术发表者应该经常关注那些学术前沿，理解哪些议题是尚未解决的，哪些是稀缺的，哪些是可以不用理会的，哪些是可以与自己的研究相结合的，最终挖掘出必要的独创性贡献。

第三，配对原则。所谓配对原则，是指一篇论文的学术价值是相对的，而不是绝对的，因为不同的学术期刊也存在巨大差异，这些发表平台的刊发需求也是多元的、复杂的，甚至有些是相反的、倒置的，因此，学术发表需要将自己的论文配对到合适的平台上，或者根据相关发表平台的需求调整自己的发表成果，甚至做定制式改写。很多作者以为被高层次期刊拒绝的论文可以"下嫁"给低层次的期刊，这种想法有时是可行的，有时是会闹笑话的，因为不同期刊之间只是存在一种模糊的、外部化的层级之分，每个期刊都有自己的选题范畴，有些论文在低层次的期刊上发表不了，有时却可能发表到高层次期刊上，这本质上是因为它成功配对了高水平期刊的选稿要求。这中间其实不是严格的一一对应关系，学术发表者要仔细研究相关期刊的选稿范畴，然后再与自己的学术作品形成两相对照，在学术研究之初就确立相应的匹配性。

　　第四，才貌原则。所谓才貌原则，是指学术论文不仅要具备内在的学术价值，还要具备良好的精神面貌，就像一个人，不仅要有内在美，也要有外在美，最好的状态一定是内外兼修的。学术发表除了要遵循价值规律之外，还有其他特质。具体而言，每一个学术期刊都有它独特的选题要求、发稿方向、学科范畴、用稿风格、篇幅字数、格式体例等，而且学术期刊的编辑部及其学术编辑的工作也有不同的生态与周期，学术发表只有充分考虑到这些方面，才能事半功倍。最好的写作状态是提前了解所要投稿的期刊的文章风格，在写作之初就明白将来自己的文章需要长成什么样子，以及它最好具备什么精神品格，这样将来在发表时就会畅通无阻。这又回到了本书最初所讲的文献拆解方法论。学术写作的尽头是阅读，学术阅读的起点是写作。会写才会读，会读也才会写，最终读写就会形成深度闭环。

# 第14章 熟悉期刊运作

我有个学生给某核心期刊投稿,结果三个月以后才发现她投稿的邮箱是错误的,白白耽误了三个月的时间。我以前做编辑时也经常发现,很多读者对于期刊的认识与理解是非常简单粗暴的,比如他们甚至不知道每篇期刊论文在刊发前需要经过多轮审校,投稿过于滞后,没有为审稿、编辑等工作留出必要的时间。还有一些作者从来没有翻阅过相关期刊,就盲目投稿,或者海投很多期刊,结果当然是无的放矢,也就毫无胜算可言了。这一章我将详述如何认知并熟悉一些期刊的运作方式。

## 一、社科学术期刊的基本信息

### (一)社科类学术期刊的四种类别

国内社科类学术期刊大致可以分为四类:专业期刊、综合期刊、高校学报、党政报刊。

第一,专业期刊。专业期刊是以学科专业作为期刊的选题、选稿标准,通常带有很强的学科性,甚至以学科建设为己任。以社会学为例,社会学包括人口学、民族学等分支学科。由于社会学学科建设曾停滞过,加上其他原因,社会学专业期刊的起步实际上比其他文史哲类刊物要晚很多,比如《社会学研究》1986年才创刊,而其他专业期刊比如《历史研究》,1954年就创刊了。当然，起步晚也有一个好处，没有太多历史包袱，可以更快地进行革新。

专业刊物尽管数量少，但是受众比较同质化，都是社会学界的业内人士，因此，建议年轻的作者最好首先尝试投稿到专业期刊。一方面，专业期刊是所在学科学术生态的反映，一般也代表了该学科的最高水平，这些专业期刊一般都有比较专业（学科背景等）的编辑队伍，其学术选题、对文章的判断等通常能反映该学科的业内看法，加上很多专业期刊都有专门的匿名评审人，通过给专业刊物投稿，可以迅速提升专业文章的写作能力。另一方面，在专业期刊上发文章，好比是刷脸、挂号，可以让更多的业内人士了解你、认识你，是一个迅速积累专业口碑的好方法。同时，专业刊物的读者也包括其他刊物的编辑，先在专业刊物上发表文章，获得专业口碑，再向其他综合刊物投稿，也会有更强的认受性。

每本专业刊物都有自己独特的专业取向和文章定位，建议作者认真浏览往期文章，最好在平时、写作初期就有意识地阅读这些专业刊物。

第二，综合期刊。综合期刊是一种非常具有中国特色的刊物类型，它们是属地治理的产物。综合期刊数量庞大，基本上每个省份至少有两本比较好的综合期刊，而且多半由省社科院与省社科联分别主办。综合期刊多半历史悠久，比如《学术月刊》1957年创刊，《江海学刊》1958年创刊，《学术研究》1958年创刊。

综合期刊，顾名思义，就是整本刊物按照学科分为若干栏目，每门学科相对独立，但又被统筹在整本期刊里。综合期刊编辑多数是专职的，尽管社科院系统的编辑也做研究，但是大多以编辑为主业。一个栏目往往由一到两位责任编辑负责，相对来说，综合期刊编辑的工作量要大很多。

以社会学为例，在综合期刊中，社会学只是整本刊物中的一个栏目，有的综合期刊的社会学甚至与政治学、法学、公共管理等专业统筹在一个栏目里，因此，向综合期刊的社会学栏目投稿，分工过于明确、只对学科建设有价值的研究问题，很有可能不太容易获得青睐。

相比于专业期刊，综合刊物的选题策划是一大亮点，这些选题策划有多重考虑：第一是时政考量，第二是社会热点，第三是学科视角。因此，建议投稿者主动了解这些刊物的选稿方向，以便确定自己的研究与之相关的程度。

第三，高校学报。高校学报主要是由全国各地高等院校主办的，其发展往往与本校学科发展生态有很大关系，多数是依托本校的优长学科，主编和编辑也一般双肩挑，一边做科研，一边做刊物，多数学报主编本身就是优秀的学者。

由于高校学报主要依托本校优长学科，一般来说，所刊发的主题与该校的研究兴趣接近，而且现在很多高校都采用了匿名审稿制度，审稿人多数是校内学者，因此从某种程度上说，学报基本也反映了这所高校的研究方向与学术兴趣。建议通过学术会议等多方途径了解这些学术信息，以判断自己的文章是否与之相符。

第四，党政报刊。党政报刊一般是由党校、行政学院主办，它们更多地关注社会科学的应用层面，强调文章的"决策参考"价值。所以，向这些刊物投稿，纯粹理论性的、过于强调学科性的文章不太容易受到青睐，而社会热点、难点问题等社会治理视角的文章更符合他们的选题思路。

相对来说，党政报刊的学术味道没有那么浓，务虚少一些，务实多一些，但党政报刊广泛链接政界、学界、工商企业界，是学术成果转化的重要平台。对于那些研究成果相对成熟的文章，建议可以考虑多投向党政报刊，这有助于扩大作者的学术影响力，不过前提是这些学者最好先积累一定的专业口碑。

### （二）核心期刊

任何一个行业都有一个荣誉系统，或者称之为评价系统，尤其像学术研究工作，在很大程度上比较依赖职业评价系统，因为如果没有评价系统，就没有办法对研究工作进行认定、考核，尤其是在学科分工比较细化的今天，大有隔行如隔山的态势，如果不通过一定的评价机制，很多不同领域的学者基本无法横向比较。

对期刊来说，也是如此。学术期刊的评价指标有很多条，但主要是以文章为核心指标，主要有两个：引用率和转载率。引用率是指所刊发文章被引用的数量和比率，而转载率则是指所刊发文章被《新华文摘》《中国社会科学文摘》《中国人民大学复印报刊资料》《高等学校文科学术文摘》等转载的数量和比率。

相对来说，引用率是一个比较与国际接轨的指标，也是一个比较公认的有效评价指标，它比下载、阅读和复制更有甄别效力。当然，引用率也有其自身问题，比如对于小众学科以及那些不太注重引用的学科来说，引用率的甄别能力就不是那么强，甚至有可能起到相反的作用。但总体来说，引用率是一个更被人接受的指标。

转载率在目前的科研体系下更被看重，其中一个重要原因是，它比引用率更加容易"计工分"。转载就像首次刊发一样，也是按照年度出版，每年《中国人民大学复印报刊资料》等机构也会对期刊的文章转载率进行综合排名。因此，这个指标更容易在年度内甄别，在目前强调绩效考核的学术体系下，转载率更加有时间效度。

还有更加稳定的指标评价系统，那就是核心期刊评价。核心期刊体系实际上是现代社会进入海量文献时代以后的必然应对产物，因为在海量文献时代，文献工作者和文献使用者都需要有效甄别期刊。目前，比较被学界接受的主要有三个评价方式：一是中文社会科学引文索引（CSSCI，Chinese Social Sciences Citation Index），由南京大学发布；二是全国中文核心期刊，由北京大学图书馆发布；三是中国人文社会科学核心期刊，由中国社会科学院文献信息中心发布。从2012年开始，国家社科基金开始资助一部分优秀期刊，是否被国家社科基金资助也是期刊评价的重要指标之一。在这些评价指标中，CSSCI越来越受到重视，也就是所谓的"C刊"。

其中，《中文核心期刊要目总览》是由北京大学图书馆主持并联合其他高校出版社等多家单位共同制作的，自1992年至今已出版10版，主要是为图书情报部门对中文学术期刊的评估与订购、为读者导读提供参考依据。其研究方法是定量和定性相结合的分学科评价方法。定量评价采用被摘量（全文、摘要）、被摘率（全文、摘要）、被引量、他引量、影响因子、他引影响因子、5年影响因子、5年他引影响因子、特征因子、论文影响分值、论文被引指数、互引指数、获奖或被重要检索工具收录、基金论文比（国家级、省部级）、Web下载量、Web下载率等评价指标；在定量评价的基础上，再进行专家定性评审。经过定量筛选和专家定性评审，从全国正式出版的中文期刊中评选出核心期刊。

（三）如何正确识别刊物

很多期刊的编辑部经常收到遭到诈骗的投诉电话，那是因为很多作者不明真相，将冒充的期刊误认为正牌的期刊，还支付了版面费。这种情况很多，实际上，如果熟悉期刊知识的话，这种情况是可以避免的。

首先，每个刊物都有主管单位，比如《社会学研究》是中国社会科学院社会学研究所主管的，《××大学学报》是由××大学主管的，所以，如果想查询真实的投稿地址、联系电话和官方网站，最好不要直接通过搜索引擎搜索，而是先进入其上级主管单位的网站，比如先进入高校网站，高校网站一般很难假冒，再从高校网站的子菜单中进入相应的学报编辑部。有些编辑部可能信息不完善，但是会有联系电话，如果需要发表和刊物的话，可以通过电话确认。

其次，每个刊物都有一个正式的刊号，这些刊物的版权信息是可以在中国知网等网站上查询到的，而一些假冒的、没有正式刊号的刊物是没有办法查询出来的。当然，也有些刊物存在特殊情况。

再次，期刊负责与作者联系的通常是责任编辑，他们主要是与作者就文章本身进行沟通，沟通目的非常明确，比如文章修改、文章校对等具体事务，而不会只谈是否发表等非常简短的信息。

## 二、期刊编发流程

很多作者不太了解编辑部的具体运作流程,往往在发表过程中事倍功半,比如,很多作者不了解发稿流程和周期,结果因为文章不能及时发出来而导致无法毕业或晋升等。因此,作者有必要仔细了解编辑部的编发流程。

### (一)筛审流程

筛审流程实际上对应着两部分的工作:形式筛查和初步审阅。由于期刊的审稿人员的精力有限,而接收到的稿件又五花八门,有相当一部分来稿是没有刊录价值的,对此,很多期刊都会设置一道形式审查,或者分稿机制,把那些形式上就不符合刊用标准的来稿过滤掉,只把值得审阅的来稿转到相应的责任编辑手上。责任编辑则对这些来稿进行初步审阅,如果符合期刊的相关选题需求等,再进行下一步的处理。

过去线上办公系统尚不发达,有些期刊的编辑部会设置一个编务岗位来负责筛查和分稿,有些编辑部的筛查人员则同时负责初步甄别的工作。需要注意的是,编务可能并不是来稿即分的,而是将一定时间(短的为一周,长的为一个月)内累计的稿件一次性分给编辑,所以,这里会有一个分稿周期。也就是说,从你投出纸质稿件的那一天起,也许一个月之后,编辑才开始阅读你的文章。现在,绝大部分期刊开始采用网上投稿系统,这简化了分稿流程,文章会直接转给相应的编辑。像《社会学研究》这样的专业期刊,甚至按照社会学分支,分别对应着不同的责任编辑。

初审也可以称为粗审。初审一般是了解文章的大致方向、专业和风格等,然后确认这篇文章是否符合期刊自身的定位,符合的就留下来,不符合的则直接退稿。初审的周期视期刊自身情况而定,由于如今期刊发表供大于求,实际上造成了投稿文章大量积压的情况,编辑们往往不能及时处理投稿,所以,不同程度上存在着不能及时初审并答复作者的情况。因此,建议作者最好在投稿后一段时间后,打电话向编辑部咨询审稿进度,看是否通过初审,通过了则继续等待,如果没有通过,则可以另行处理了。

## (二)责任编辑审稿

熟悉期刊发表的作者都知道,每一篇文章的最后都有责任编辑的署名。责任编辑对文章的编辑、校对和刊发都负有直接的责任。一个编辑部最重要的成员便是责任编辑,因为他们是编辑部的核心生产力。经过初审后的文章主要由责任编辑负责审阅、处理。通常来说,责任编辑多数是常任的,熟悉期刊的风格、选题和规格等,需要对整本期刊负责,他们也往往有固定刊发的版面和文章数,需要承担期刊的考核任务(比如所编文章的转载率、引用率等)。

责任编辑就像是守门人,他们是文章通向发表流程的第一个重要关卡,而说服责任编辑,关键在于文章质量。基本上,责任编辑这一关过了,文章发表就有很大希望了,也就说明文章符合期刊的要求,文章可以进入后续编发流程。

## (三)匿名评审

闻道有先后,术业有专攻。责任编辑的知识面毕竟有限,采用匿名评审可以显著提升审稿质量。可以这么说,那些严格采取匿名评审制度的期刊一般都是较为优秀的期刊。所谓匿名评审制度,就是编辑部将投稿文章进行匿名化处理后,交给相关领域的专家进行审阅;与此同时,作者也不知道评审专家是谁,即双向匿名。随着刊物的专业化发展和期刊资助力度的增大,越来越多的刊物采取匿名评审制度。顶级的专业刊物一般都已经采取匿名评审制度,部分综合刊物也不同程度地采取了匿名评审制度。

首先,匿名评审制度可以提高审稿的专业化水平。责任编辑虽然长期浸淫于相关学术领域,但是一双眼睛、一个视角,难免有局限性,有些时候涉及较为专业的学术问题,也难免力不从心,而专家审稿可以顺利补位。而由于双向匿名性，评审专家也可以避免受到文章之外因素的干扰，就文论文。

其次，尽管有匿名审稿意见，编辑部也并非完全按照意见办理，而是酌情采纳，毕竟评审专家只是单纯对文章进行判断，而缺乏编辑出版的视角。评审意见对于编辑部准确判断文章、形成对文章的专业判断是很有帮助的，但是值不值得刊发、如何刊发，最终还是取决于编辑部。

在责任编辑吃不准文章、无法准确判断文章总体质量的情况下，尤其需要相应的评审专家帮助。匿名评审专家一般来自期刊的作者队伍，往往是比较优秀的作者，在相应的领域都有比较深厚的学术积累，所以，他们本着对期刊负责的态度，都能提出优秀且充分的审稿意见。对于这些意见，责任编辑未必完全采纳，但是它们能为编辑部客观评价文章提供很大帮助。编辑部会根据评审意见决定是否录用文章，如果录用，会让作者根据评审意见修改文章，这些专业的评审意见有助于作者修改文章，提升文章总体质量。

实际上，匿名评审对编辑部还有另外一个客观作用：帮助编辑合法合理地拒绝低质量的"关系稿"。越是好的期刊，实际上越容易有各种各样的"关系稿"，当然这并不是说"关系稿"就不好，有些老作者推荐的好文章其实也是"关系稿"，但是这些文章是优秀的"关系稿"，是编辑部求之不得的。然而，也有些时候，编辑部会收到不好直接拒绝又不符合期刊发表要求的"关系稿"，这时候，使用匿名评审专家的客观意见，就有充分的理由拒绝低质量的文章。

匿名评审对于文章的修改非常重要，它可以帮助作者查漏补缺，甄别出有效的学术创新，从而推动学术共同体意义上的学术进步。匿名评审时，评审专家一般会填写匿名审稿表。通常来说，一张匿名审稿表主要有以下四个基本要素：文章的学术价值、有何问题与不足、修改意见、是否具有发表价值。这四条基本也就代表了编辑部主要的审稿参考点。

要想通过匿名评审，最重要的是文章达到期刊的平均发表水准。这是大前提，除此之外，还有两点很重要。第一，要端正心态，认识到匿名审稿意见对于提升文章学术水平的重要性。第二，要尊重匿名评审人，心平气和地与匿名评审人进行对话，对合理的批评意见，要认真吸收、改进，而如果认为对方提出了不合理的、不适宜修改的意见，也可以指出来。匿名评审专家看问题的视角也不可能尽善尽美，有盲点也是正常的。匿名评审过程是一种正常的学术交流，要用平常心对待。

### （四）发稿会

在通过责任编辑初审和匿名评审之后，最重要的编发流程是发稿会。在发稿会上，责任编辑、分管的副主编和主编都会出席，他们在认真阅读文章和评审意见之后，会深入细致地探讨这篇文章到底是否适宜刊发，一般来说，通过发稿会的文章，多半就会顺利发表出来。

在发稿会上，由责任编辑来陈述他拟刊发的文章情况。陈述的内容主要包括文章的选题、文章的创新与贡献、文章的作者与研究履历、作者的单位和职称信息、文章的其他信息等。发稿会就相当于项目论证会，其核心是责任编辑说服编辑部其他同仁自己所提议的文章是值得刊发的。

发稿会的存在是编辑部交流编辑意见、分析讨论文章的机会，是编辑部最重要的会议。责任编辑通常会根据期刊和文章进行通盘考虑，通常来说，只有到了这个环节，责任编辑才敢于告诉作者文章有希望被录用了。未经过发稿会检验的文章，往往还存在着较大的变数。这就是为什么我在本书前面几章中反复提及：文章必须具有切实可靠的学术贡献，只有如此，才能经得住责任编辑和编辑部的发稿会讨论。

需要指出的是，发稿会相较于最终出版时间至少提前两个月，因为还要预留出编辑、校对的时间。比如，《学术研究》是月刊，提前三个月发稿，所以，2017年第1期的文章在2016年11月就已经上发稿会讨论了。所以，作者投稿必须打好时间提前量。

### （五）主编审定

在发稿会之后，通常还会有主编审定流程。广义上的主编审定包括分管的副主编审定。不同的编辑部，其审稿流程有所不同，有些副主编审定会在发稿会之前，有些则在发稿会之后，有些文章在经过发稿会之后，仍然有可能在主编审定过程中被否定。这是因为，有些期刊的发稿会讨论往往还不够充分，或者主编、副主编并没有看到或充分阅读成文，而主要是听责任编辑现场陈述，等全文提交之后，主编、副主编还会有一些进一步的权衡、调整。

在主编审定环节，那些优秀的文章一般不会有问题，而那些在发稿会讨论中存疑的、质量不过硬等情况的文章，往往会面临再一次筛选。还有一些期刊会要求责任编辑在发稿会上提交的文章数量多于正式刊发的文章数，然后再由主编或副主编在发稿会之后进行差额甄选。

总之，主编审定环节是编辑部最后一个编发流程，文章在通过这个环节之后，就可以进入以刊印为目标的编校流程，如果没有其他意外情况发生的话，文章会如期见刊。

### （六）编辑校对

编校流程是文章正式刊发前的最后一个环节，是文章质量的重要保障。通常来说，编校流程由责任编辑主导，一般要经过三次编辑和校对。校对工作一般是由专人负责，有些编辑部缺乏人力，则互相校对，以便减少错漏的概率。在三次编校之后，主编或总编会进行最后审读，也就是所谓的"三校一读"，最后由主编签字后，即可付梓。

编校流程主要是对文章进行微调，提升文章的整体质量，将文章的观点表述到位，修正错别字、错漏字，规范文章的格式和参考文献等。编校流程虽然做的都是细节性工作，但是同样非常重要，严格认真的编校工作是期刊工作水准的重要屏障。作者应该全力配合编辑部的编校流程，以免错漏。

# 第15章　换位理解期刊

学术发表是学者视角，而站在期刊视角去理解问题，很多学术发表的问题就迎刃而解了。比如，很多博士生认为大多数期刊不喜欢发表博士生的论文，而更愿意发表资深学者的论文。这是站在作者立场上思考问题，换过来思考的话，博士生的论文究竟可以为期刊带来什么？什么样的期刊可以不落俗套呢？有些期刊特别需要高质量的长文章，他们可能会愿意发表博士生的长篇大作；有些期刊则设置了博士生论坛，专门鼓励博士生发表；有些专业期刊不歧视任何职称的作者，在作者信息部分不公开职称，只公布作者的单位信息，这样的话，就只是论文水平之间的竞争。因此，一旦换位思考，很多问题就不再是作者视角的简单抱怨，而且还需要在深度了解学术期刊现状的基础之上具体期刊具体分析。因此，每一名优秀的学术发表者都需要首先具备换位理解期刊的本领，这也是我过去训练学员的常用方法，非常奏效。

## 一、换位思考期刊的生存与发展

学术期刊的经营活动较为抽象，它的目标在于提升相关领域的专业影响力。因为期刊是一个非常重要的思想理论阵地，可以实现学术资源的高度整合与战略调配，因而办刊对于很多学术单位来说，是一种非常好的专业建设手段，那些拥有重要期刊阵地的单位总是可以更轻松地链接相关学术资源，通过期刊编委会、选题会、共同举办学术会议等方式，可以更加自如地邀请到很多知名学者，等等。

期刊的生存资料来源于四个方面：组织资源、财政资源、符号资源、作者资源。第一，组织资源。我国的学术期刊生存方式是体制化的，而且由于刊号限制，大部分期刊都是有编制的体制身份，或者依托于体制化的学术研究单位，因此，它们的生存是需要借助体制化组织的，这样的生存方式和国外学术期刊截然不同。国外的学术期刊更像是一个松散的社交网络，但拥有格式化的评审程序，而我国的期刊本身的组织化程度较高，评审程序却各不相同，每个期刊都有自己独特的发稿生态。同时，在这种组织化较高的情况下，期刊面对围绕在其周围的行政组织，往往拥有较小的拒绝权，甚至会被相关的组织规则所左右，这是很多学术期刊不能发展壮大的重要原因。

第二，财政资源。国内学术期刊现如今的财政状况相比于过去几十年，已经提高很多了，但是仍然有很多期刊是财政资源紧张的。大致来说，期刊的资金来源有国家财政拨款、上级主管部门拨款、国家社科基金等财政资助、自筹经费等，不同类型的资金来源，会影响学术期刊的内部运作方式。那些更依赖财政资源的期刊会相对超然一些，而需要自筹经费的期刊则更加进取一些，不过所有的学术期刊和社会的交往普遍较少，更多的还是在学术界内循环，甚至局部循环。

第三，符号资源。现在学术期刊普遍比较注重资深的期刊评价级别，最为突出的就是所谓的核心期刊认证，包括北京大学图书馆主持编制的《中文核心期刊要目总览》和南京大学中国社会科学研究评价中心编制的《中文社会科学引文索引》（CSSCI）等。进入这些评价体系意味着可以成为学术评价的重要阵地，也是作者愿意投稿的重要基础，因此现如今绝大多数学术期刊都把进入或保持在核心期刊评价体系视为期刊发展的重要目标，为此也就衍生出了各式各样的办刊方法与策略手段。

第四，作者资源。一本学术期刊的高水平，主要依靠作者队伍的强大，因为期刊本身就是一个影响力平台，没有优质作者的加盟，就意味着没有人气，后续的学术声誉及其评价能力都无从谈起，所以，每家期刊社都在极力争取优秀的作者资源，甚至不惜重金邀约知名学者。当然，期刊的这些品牌建设活动，也在无形中压缩了年轻学者尤其是初出茅庐者的生存与发表空间。

通过对特定期刊的生存与发展境况的理解，可以更好地看出这本期刊到底是在哪个频道上活动，以及它会如何看待各类文章，进而自己投稿的命中率也就逐渐清晰了。

## 二、理解期刊的分类与平均发表水平

期刊和作者的互动是一个对望的过程：都在评价对方，也都在进行各种分类。这种分类有时候还带有鄙视链的性质，比如那些等级低的期刊，往往被大部分作者无视，而大部分作者又会被核心期刊无视；核心期刊如果等级不够，又会被知名学者无视；知名学者如果相关指标不到位，又会被顶级期刊无视。通常，各类期刊都有一个对作者和论文的分类与分级方法，当然这个方法不会公开说，但是在内部办公与分稿中通常会有一个相对明确的潜在标准。

每个期刊根据自己的情况和发展目标，分类分级方式各不相同，很难一概而论，但是我在这里可以简单勾勒，让大家有一个初步的印象。比如说，某个综合期刊，它的文章分类可以是五个层面。第一，自然投稿。这类文章通常是四面八方的单位与学者的投稿，通常这类自然投稿在那些级别较高的期刊中，很难获得青睐，更何况其他类型的文章过多，就会挤占自然投稿的发稿比例；更有甚者，有些期刊基本不会刊发自然投稿。第二，活动采稿。这类文章通常是基于某些期刊自己主办或者参与的相关学术会议，这类文章刊发的比例是很高的，因为它们多数是定向的，通常作者队伍也比较优秀。有些学术机构会定时邀请编辑参加学术会议，也是促进编辑与作者双向互动的良好方法；有些期刊定期举办征稿活动，也有不错的正向影响力。第三，作者荐稿。作者荐稿是学术期刊交往的常见场景，而且通常这类荐稿的录用比例极高，当然这有赖于作者的文章水平以及推荐者的地位。随着编辑生涯的推进，这类荐稿的比例会逐年上升，而且它们会占据期刊编辑选稿的大多数名额。当然处理这些荐稿，也消耗编辑的很多时间与精力，尤其是荐稿不符合自己用稿需求时。第四，策划稿件。通常来说，很多期刊都会定期策划一些专栏或者固定邀约相应的文章，优质的期刊更是会主动建构发表范畴。策划稿件的信息会通过期刊及其举办的学术会议宣发出去，因此，发表者有必要及时跟进并消化吸收这些策划信息，并寻找自己可能投稿的区间与位置。第五，定向约稿。针对学术期刊的重要作者，或者是某个领域的知名专家，一般期刊都会要求自己的编辑定期邀约重要文章，这些文章是期刊的压舱石，也是提升期刊品质的重要手段。由于知名作者本身就少，他们的作品也属于稀缺资源，所以各期刊针对这类文章的竞争是很激烈的，甚至会出现"抢稿""截稿"的现象。

这种分类只是我的简单描述，并不能全面概括，而且也会因刊而异，这样做的目的是让大家站在期刊的立场思考自己的文章究竟处在何种类型中，并且根据这些分类逐渐提升投稿命中率。

如果你想向某本期刊投稿，最好是去大量地拆解这本期刊上的论文，把引用量最高的论文找出来，然后再寻找一些"平常的论文"，这样做的目的是，熟悉这本期刊最好的论文，并知悉这本期刊的平均发表水平，然后让你的文章达到"70分"，也就是超过平均发表水平一小截即可。当然你最好每次都比期刊平均水平高一截，这样的话，你就可以不断进步，以后你就会成为约稿对象，而不是一直停留在投稿作者的层次。

对于那些有志向的作者来说，最好是跟踪期刊，在日常阅读时就把目标期刊的论文看透、摸熟，如数家珍，将来在写作、投稿时，就可以信手拈来、收放自如，不然写作就会无的放矢，还会事倍功半，甚至功亏一篑。

同时，我们要知道，"取乎其上，得乎其中"。我们不能在学习时直接模仿60分的论文，因为将来自己写作时还有一个衰减效应，因此最好的做法是，把那些期刊中引用量中等偏上的论文找出来进行拆解，最好是分布在各个相关领域——而非仅仅拆解你自己关注的领域，而且数量最好达到两位数。一开始你拆解这些论文可能比较慢，但一旦跃过了门槛，并且达到一定数量以后，你就会发现这些论文会有大量相似之处，你也就进而找到了自己的论文和它们之间的差距，并思考如何学习它们、改进自己的论文。这里需要注意的是，拆解期刊论文，不要过分纠结于文章细节，而是要寻找不同论文之间的共性，以及期刊如何理解并定位这些论文，体会为什么这本期刊会发表这些论文，它们又如何会有这样的下载量和阅读量，在宏观上把握这些论文，而不要过分纠结于单篇论文。

### 三、你能为期刊带来什么

很多作者都是带着考试的心态去投稿，总是渴望获得期刊的认可与接纳，甚至还有等待期刊"施舍"的心态，这是非常有害的。优质的作者是可以赋能期刊的，作为发表者，我们要有志气，要做期刊的赋能者，而且你一旦接受了这种设定，你就会变成期刊的真朋友。期刊和编辑本身也都有自己的立场与诉求，我们不要因为自己需要发表就为难期刊和编辑，相反的，要帮助他们、成就他们。我的学术发表之路之所以顺畅，除了学术作品过硬之外，还有一点重要的原因，那就是我总是站在期刊的立场思考问题：我能否为期刊的提升做些贡献？期刊论文发表以后，才是论文生命的真正开始，那些数据良好的论文，会给期刊、责任编辑和推荐者等都带来良好的口碑与回馈。

因此，我建议各位读者要认真理解目标期刊的生存处境与发展目标，并且对于自己的角色有一个清晰认识与准确把握。尤其是在投稿之前，要将这些问题了然于胸。学术期刊既然是学术发表的遴选者，一定代表了学术界的基础性看法，而且很多看法和倾向都是客观的、有相应机理的。如果一时投稿不利，不要急于发泄情绪，也不要急于否定期刊，更不要自暴自弃，学术发表只是一个知识匹配过程而已，如果你暂时不能匹配，你只需要下一步增加自己的匹配力或者写出更具匹配优势的文章即可。

对于期刊而言，一名作者可以赋能的层级包括但不限于如下四条。第一，传播效果。优质的文章可以提升期刊的相关数据，任何时刻，论文质量都是王道，这是毋庸置疑的，大部分作者没有把自己的论文质量提高到让期刊敬佩的程度，当然这很难，但是如果做到了，你的格局与层次就截然不同了。第二，选题应时。每本期刊都需要回应学术与社会需求，甚至要追踪热点，让自己的选题更加科学、多元甚至时髦一些，以便提升期刊的传播效力，因此有时也许这篇论文的观点还有待提升与商榷，但因其选题应时而特别值得刊发。第三，符号加持。有些期刊会希望自己的稿源多元化，尤其是那些平台较高的期刊，会希望作者队伍来自更广泛的学术群体，并青睐一些知名学术组织的作者。当然知名作者本身就是符号加持，所以，如何调度自己身上所拥有的符号资源，也是发表者需要深思的问题。第四，社会转化。有些论文也许本身不具备充分的学术前沿性，但是它可能会有较好的政治、经济与社会效应，甚至是某些思想潮流的转捩点，各类学术期刊基于自身的立场与需求，也会特别注重这类论文的刊发，甚至为此需要布局一些特定的作者队伍。

### 四、期刊的三项审稿标准

不管期刊的专业、定位、风格有何不同，都有一个相对明确的发表门槛，过了这个门槛的文章，走起流程来特别快；反之，则磕磕绊绊，甚至会让编辑和作者都苦不堪言。而编辑的首要功夫就是判断文章到底有没有过这个门槛。资深的编辑基本上通过看标题、摘要就能够判断出这篇文章到底写到了什么程度，并且进一步判断这篇文章如果能发的话，属于什么层次，需要作者如何修改以及编辑做何处理。

大多数作者没做过编辑，不了解编辑的角色、视角和处境，很多人以为编辑只是收收稿子、编编稿子、校校稿子，其实不然。编辑的左边是作者，右边是读者，上边还有主编，大家都有很高的专业鉴赏力，不是三言两语就能随便应付的，所以，好编辑得"以理服人"——为什么这篇文章值得或不值得发，同时要向作者提供令人信服的结论与依据。对于学术期刊的匿名评审而言，即使一篇文章特别不好，也最好不要把评审意见写得太简单、潦草，而必须说服作者为什么匿名评审会拒稿,而且作者明白了自己的文章还差什么功夫,今后也知道怎么去提升。

一篇文章好不好,不能只你一个人判断,这里有一个潜在的"说服链":作者必须说服编辑它为什么值得推介,编辑再说服主编为什么这篇文章值得发稿,主编再说服读者为什么这篇文章值得推荐。

学术发表与期刊文章是一般与具体的关系,所谓的学术发表实际上也就体现为一篇一篇的期刊文章。学术发表有一个一般意义上的规律,而具体落实到某一本期刊、某一篇文章时,又各有不同的生态与情势,这需要具体而论。就一个编辑部而言,它一方面大体上要遵守一定的学术出版规则,另一方面有其独特的出版生态和发表情实。归结起来,编辑部的审稿标准主要有三个方面,它们分别是选题倾向、学术贡献、行文表述。

### (一)选题倾向

每一个期刊都有一个稳定的学科属性、选题范围和发稿方向作为其立刊的基础,越是好的刊物,越具有专业化的发稿倾向。比如,《学术研究》等综合期刊一般都有固定的学科分类:哲学、政法社会学、经济管理学、历史学、文学,在这些门类之外的其他文章也偶有涉及,但是发稿主要是以这些学科为主,并且形成了基于相关学科、高校科研院所、作者队伍的固定发表生态;反过来说,《学术研究》作为广东省的高端学术出版平台,它也直观反映了广东乃至全国的学术研究生态。

每一个期刊实际上都选取了固定的选题角度作为立刊基础,这样做一方面是为了便于工作开展,实现专业化的发展方向,整天什么选题都发、毫无章法可言的期刊断然难于成为高端出版平台;另一方面,固定的发稿方向也便于读者、转载机构识别,这一点相当重要,只有形成了固定的发稿方向,才能形成固定的读者群体,让学术市场予以明确地辨识。

因此,作者在投稿之前,最好对期刊的选题方向有一个明确的了解和判断,然后判断自己所投文章是否符合对方的选题方向。比如《学术研究》有时会收到专业的艺术学方面的文章，但是由于没有设立这一栏目，即使文章很优秀，仍然不能发表——期刊不可能因为这一篇文章而增设一个栏目。在学科分类之外，每个期刊也有相对固定的文章要求，比如研究范式、研究方法等等，比如很多综合期刊不太愿意发表定量研究的文章。这些选题倾向，有些反映在期刊的征稿启事中，有些反映在期刊的历史发表文章中。

打个比方，一个期刊就像是一个捕捞队，每期都有固定的打捞半径和捕捞周期，这就是期刊的选题范围和发稿倾向。投稿之前最好知晓其打捞半径和捕捞周期，以便"守鱼待网"。

### （二）学术贡献

接着上面的比喻说，当一篇文章进入期刊的打捞半径和捕捞周期时，这篇文章还必须是一条值得打捞的鱼，打捞者才愿意将其装箱运回，也就是说，文章必须有学术价值。说到底，责任编辑不过是学术代理人，就像捕鱼人，他们不养鱼，只是大海的搬运工。从他们的角度看，肯定是哪条鱼大，就捞哪条。

对于期刊来说，作者向编辑部投稿，责任编辑向编辑部同仁、主编推介，期刊向读者推广，其背后必然有一个大家都接受的公约数：这篇文章具有一定的学理价值，值得期刊花费学术资源予以反映和支持。具体来说，判断一篇文章是否值得刊发，最重要的标准就是它是否具有一个扎实、可靠和创新的学术观点，这个学术观点对于目前的学术界是否有推介的意义。

关于学术贡献问题，可以参考本书上文的相关论述，这里不再赘言。作者在投稿时，要想着自己如何说服责任编辑这篇文章是有价值的。以前我在做编辑时，遇到作者向我推介文章，我一般会请他们简要说明自己的文章到底有什么学术贡献，对于什么研究问题、什么研究范畴，做出了什么样的学术推进。事实上，在编辑部的发稿会上，责任编辑也不过是将这些研究贡献再次陈述给编辑部同仁而已。因此，作者在投稿时，不妨也简单陈述自己的学术贡献，以供编辑参考。

## （三）行文表述

对于一篇文章而言，仅有学术贡献还不够，还必须是一篇表述到位、行文规范的文章，具体而言，这篇文章的表述要论据充分、论证合理、行文顺畅、文词准确。

从编辑部的角度来看，学术期刊需要的是一篇成熟的文章，而不是初稿或半成品。想象一下，一条鱼从海里打捞上来，肯定不能未经加工而直接上桌，这中间必须有一个加工过程。对于学术文章来说，这个加工过程就是修辞过程，作者行文表述必须有一个修辞的自觉。也就是说，作者必须将论证合理、论据充分和表述到位的文章呈现给期刊，因为期刊需要的是能够直接转呈给读者阅读的文章。

除了上面的介绍之外，这里再谈一下行文的修辞自觉。一篇论文，行文表述要中庸，忠实、客观地阐释自己的研究发现。也就是说，行文要实事求是，一分事实，讲一分话，要忠于自己的研究、思想，既不要夸大自己的研究，高估自己文章的研究价值，把自己的研究捧上天，而把别人的研究说得一文不值，也不要过分谦虚，低估自己的研究和文章。

同时，锤炼、推敲文字是学术的基本功，务必把文章写到位。锤炼文字的第一步是，把逻辑理清楚。整篇文章是有研究脉络的，文字必须服从于文章的逻辑建构。文字就像树叶，活的树叶一定是有条理地生长在枝干上的，而死的树叶则是堆积在那里，没有生气。树叶是服从于树干的，所以，是否放置文字、如何放置文字，都必须服从于整篇文章的逻辑线索。否则，行文就变成随意堆砌，而随意堆砌的就不是文章了，而只是一堆字。一段字和一堆字是有区别的：一段字，其内在是有机的，彼此勾连，共同服务于论文的表述目标，能够把读者给说明白了；相反，一堆字只是缺乏表述自觉的文字堆积，缺乏必要的有机联系，最后只会把读者给说糊涂了。

# 第16章　提升发表质效

在理解了学术期刊的运作机制以后，本章将详细阐释如何提升发表质效。所谓发表质效，是指发表既要具有一定的质量，又要具备相应的效率。发表是一项"符号生产工作"，它的象征性意蕴极大，因此，学术发表的质量是第一位的，发表一篇顶级期刊的意义，与发表无数篇不入流期刊的意义，是无法相提并论的，学术发表不是数量可以弥补质量的。另外，发表本身也要追求效率，发表的过程和发表的结果都是如此，相对于研究成果而言，发表最好运用"低损耗"的方式，获得较为高质量的学术传播。

## 一、学术发表的创造、分享与认受

在今天的学术界，发表极为重要。尤其是21世纪以来，随着高校与科研院所等学术机构的发展进入绩效导向优先的模式，发表更加成为学术人的"核心生产资料"。学术声誉是建筑在学术发表的基础之上的，学者最引以为傲的事情就是发表，甚至在某些情况下发表是唯一的生产资料。因此，发表的重要性，对于学术人来说再怎么强调都不为过。

不过，在现如今学术发表已经被充分强调的情况下，我也要指出，对于高校老师来说，教学也是极为重要的，也可以说科研与教学是两手抓、两手都要硬。那些只有发表而没有教学的老师，在高校中生存也是不平衡的，毕竟高校的立校之本就是教学。不过，教学的效果在短时间内看不到，而且由于它无法量化，同时学生又是"弱势群体""话语被垄断者"，教学口碑的传播和转化是相对缓慢的，但是这并不是说教学不重要，恰恰相反，那些专心耕耘教学的老师，最终都会收获良好的回报。而且，教学的生命反馈是极大的，用心耕耘教学的老师，是不会被学生辜负的，而且一名优秀的教师肯定是科研与教学都可以做好。

在理解学术发表之前，我们必须摆脱一些错误的学术发表观。比如说，学术发表的数量越多越好。实际上，每门学科都有自己的"学者平均学术产量"，一名学者的学术发表有多少产量，大家会有一个相对确定的评估，所以，如果学术发表产量远高于平均水平，就可能被认为有注水成分。尤其对于还没有形成自己学术风格的博士生来说，往往出于各种目标而盲目扩大学术发表产量，这样做的结果很可能是得不偿失的，一旦在学术界形成不良口碑，未来可能就很难再修正了，将来再想提升质量、实现层级跃迁，往往就会面临重重阻碍。因此，在学术素养尚未稳定提升之前，最好的办法是谨慎发表，甚至是不发表——如果客观条件允许的话。

再比如，有些人将发表成果过分与本单位的科研标准挂钩，这也是有害的。每个单位都会有一个针对本地任务的科研标准，这些所谓的科研评价标准，无一例外都是具有本单位的科研发展意图的，而且不可避免地夹杂很多标准制定者的个人意图，或者说无形之中包含本地化的各种倾向，无论如何，这和整个大生态中筛选出来的科研评价标准是不可同日而语的。换句话说，"江湖口碑"才能够全面代表学术市场的价值导向，因此，个人要在单位标准与"江湖口碑"之间寻求一种平衡。

还有一些人认为学术发表就是在学术期刊上发表，这也是片面的。学术发表是学者观点的整体性表达，包括各类出版形式，甚至短视频也可以是一种发表，当然它未必会被单位正式认受，然而发表的综合结果也不能仅仅是为了获得某个组织的认受。

发表对于学者而言，具有三项功能，分别是创造、分享、认受。

## （一）创造

发表有且只能有一个底层功能，那就是为学术界创造新的知识。学者必须认识到现在学术界的知识需求何在，也就是找准学术界的问题域，正如上文在立意审查中所提及的需求侧、供给侧和仓储侧分析，其本质就是为了确立研究本身相对于学术界的创造性之所在。

聚焦学术发表的创造性，发表者就会特别谨慎，甚至如履薄冰：究竟自己准备发表的作品是不是"文字垃圾"？它有没有为这个领域带来新的知识推进？这种知识创造是在什么意义上的？如何进行表述和论证？创造性的表述既是学术论文的重要内容，也是作者向编辑转述时的重要内核，也是未来学术界评价该作品的最重要标准。

如果拥有创造性，就算所发表的期刊等级相对较低，它也有可能脱颖而出；如果没有创造性，就算发表在顶级期刊上，依然不会被读者接受与认可。所以，在学术发表的序列中有一个二次转载，如果文章好，二次转载还会再次确认与呈现。这些都是学术论文创造性价值重估的过程。因此，学术发表的创造性是最需要考量和构造的，也是支撑发表走到最后的核心动力。

## （二）分享

学术发表的第二项功能是分享知识。创造知识是相对于知识和研究本身而言的，分享功能则是相对于学术界和学术圈而言的。学术发表的分享意义，是相对于学术读者而言的，任何学术作品都需要受众，发表的过程就是把自己的知识分享给学术界的过程，同时它是一个从投稿就开始的分享过程，这个过程就像是"推己及人"，而且期刊编辑本身就是这个作品的第一个读者，所以任何学术发表都具有分享与对话属性。

牢记学术发表的分享属性，就不会把论文写成自说自话的日记，也不会写成毫无对话感的作业，更不会写成资料堆砌的组合。学术论文的分享属性就是作者真诚地将文章内容分享给那些需要答案的读者，分享给那些需要知识哺育的对象，帮助他们认识研究对象。

分享属性也是一种纯粹的学术趣味，不仅是为了外在的"学术工分"，更是一种同行之间的高效交流。学术发表是一种平行交流，这与教学、课题申报都不同。教学对象是处于下位的，因此教学必须是上位者的降维灌输，教学者必须是层级更高的人，需要整体性地掌控学生的学习状态，而且不可以随意降低身价。这不是教学者更为尊贵，而是水往低处流，老师的受尊重度会决定教学过程的展开，故而中国自古以来讲究尊师重道，这首先是为了便于学生的学习。课题申报的读者则是学术地位更高的评委，因此课题申报的行文最好是向上说服式的，因为评委们决定着申请者是否入围。而学术写作主要是平行沟通，学术分享的姿态是最佳的，是一种平等对话与娓娓道来。大家可以自行阅读大师们的文笔，体会一番这种对话姿态。同时，也希望大家平时学术生活中多与优质的读者、学者对话，在日常思考与讨论中就形成这样的分享属性，让将来的学术写作自带对话成分，学术发表自然水到渠成。

### （三）认受

学术发表的第三个功能，就是让相关单位和学术同行认受。我使用"认受"这个概念，是希望强调学术发表在现代社会中的符号建构属性。学术生产工作如今已成为一个高度档案化的职业，而且随着高校和科研单位的发展日益"内卷"，学术发表成为一种基础性的评价方式，甚至在某些时刻成为唯一指标。随着学术分工日益细化，学术发表也在日益走向结构化和标准化。如何让本单位和学术同行认可并接受自己的学术能力及学术作品，是每个学者都要持续思考的问题。

因此，在学术发表的阶梯中，我们必须认真思考如何建构出更加高效的"学术发表符号"，认真思考学术发表的层级、期刊属性和发表时机等。比如，在博士毕业求职时，科研单位会更看重申请人是否拥有第一作者甚至独作，是否在本专业的核心期刊上有所发表，学术发表的数量与质量之间的关系，等等。

学术发表的认受属性在有些时候是非常重要的，因为我们生活在一个日益档案化的社会,我们的社会交往、流动与升迁以档案符号为基础,所以我们需要更高级别的符号来建构并夯实档案身份。我们既要量力而为,更要敢想敢发,尽快在长期的研究与积累基础上,建构出属于本阶段的优质学术声誉。

## 二、学术发表的方法论

很多人将学术发表视为一种任务,或者是被动的事项,这种发表观只会让发表之路越走越窄。高效的学术发表,应该是进取的、开拓的,甚至可以建构出一个开阔的学术新局面,或者说是划定学术疆域,成就学术口碑。接下来,我将分享五个学术发表的方法论。

第一,将学术发表视为一种品牌塑造过程。在学术界的发表地图中,任何作品都会被贴上各种标签,所以,一个优质的学术发表标签,可以让读者和学术同行更好地认可作者。发表者需要做的是,认真选择一个有效而新颖的学术标签,然后不断通过学术作品建构这个标签与品牌,让学术界接受发表者的学术贡献,并据此形成学术声誉与相关口碑。

以我自己为例,我在2016年博士毕业以后,总共发表了9篇扶贫相关的论文,这些作品无一例外都打上了"扶贫研究"的标签,甚至副标题大多都涉及"精准扶贫"这个关键词,而且它们分别发表在《社会学研究》《政治学研究》《管理世界》《中国行政管理》《公共行政评论》等各类期刊,这些作品基于相同主题,最终奠定了我在扶贫研究这个领域的学术声誉,随后我陆续收到来自相关期刊的约稿。成系列的论文是非常有利于学术品牌建构与传播的,希望博士毕业后的学者们不要轻易更换自己的发表主题,更加不要轻易贬损自己的成果,最好的办法是尽快通过系列论文发表出来,否则搁置一定时间以后,自己也就彻底不想发表了。

第二,为自己的学术作品划定有效的传播赛道。任何作品的价值都是相对的,而且必须在特定的价值区隔内才能成立,比如有些人文学科的学者转行到社科领域中,会发现很多学术规则突然就不起作用了。任何学术场都有自己的规则与能量，都有相应的行事法则。比如，我的博士学位是在社会学专业获取的，但是我就职是在公共管理学科，因此我在选择发表期刊的时候，除了第一篇是《社会学研究》，后面的期刊分别是《中国行政管理》《国家行政学院学报》《公共行政评论》《政治学研究》《行政论坛》《管理世界》等，这些期刊是公共管理学科认可的专业期刊，也是当时我所在单位学术评价体系认可的重点期刊。我后来之所以可以破格晋升教授，和这些期刊的学界分量与专业权重密不可分，当然，也和文章本身的学术与社会效应很强分不开。

为此，学术发表者都要在学界口碑、专业权重、单位评价等系列权重之中，寻求一个最优解。

第三，学术发表是一个精准匹配的说服过程。很多人会对作品有一个绝对价值的误解，其实一篇文章质量的高与低是一个相对明晰的事情，可以说它是一个大致的分布区间，在区间之内，大家的意见基本趋于一致；在此之外，不同的期刊和编辑，不同的评审专家，都会有较为分歧的看法。当然这不是说论文的价值是虚无主义的，而是说要把论文放置在一个多边关系中考察，而且它是一个不断说服的过程，有时候一篇论文到了终审被"毙"掉，有时候被"毙"掉的论文也会起死回生，甚至在更好的期刊发表。这些都是正常的，发表者要正视这一问题，很多资深学者也被期刊编辑和匿名评审"折磨"过，尤其是那些学科相对无法达成一致意见的领域。

为此，发表者需要精准考量期刊发表领域与自己文章可达区域之间的匹配性，尽可能让自己的作品进入最有效的发表区域。同时，要将学术发表视为一种不断说服读者和编辑的过程，尤其不要一刀切，一下子就盖棺论定，就算编辑拒绝了自己，那也要分情况去理解，也许其他期刊适合，或者说只是这篇文章的某些成分让编辑不满意，在充分尊重并理解期刊与编辑的情况下，发表者仍然要继续开启说服之路，而且可以在说服的过程中继续寻找彼此的匹配点。

第四，站在期刊的立场上评估自己论文的价值。很多作者总是只考虑自己的发表需求，忘记了期刊和编辑的需求。比如，很多期刊希望得到更多的教授职称的论文，需要名家稿，这是为了给自己的期刊增加学术分量；同时，他们也需要储备青年学者队伍，所以也会适当发表一些高质量的中青年学者的文章。此外，他们还会组织相关的专栏，比如学科专业期刊会对本专业共同关注和持续聚焦的选题开设专栏等。期刊在如今的内卷时代也有自己的生存压力，比如国家社科工作会对资助期刊进行考核，而且相关的期刊评价系统也对期刊数据有一定要求，比如，很多期刊为了提升引用率，会大幅度降低发文数量，在期刊数量不变、科研从业者猛增的情况下，只会加剧发表者的激烈竞争。

站在期刊的立场思考发表问题，需要发表者"拆解期刊"，就像拆解论文一般，透彻理解这个期刊的选题范围、学科分布、作者分布、行文风格、专栏内容、发文数量、注释体例等。比如，向那些没有教育学栏目的综合期刊投稿教育学论文，肯定是不可能发表的，或者只可能做一些交叉学科的发表，但是这一切都是建立在知彼知己的情况下。所谓拆解期刊，就是完完整整地理解整个期刊的内涵与外延，彻底看清整个期刊的边边角角，然后举一反三，很多投稿问题就会迎刃而解，而且在投稿之前甚至下笔之前知晓期刊的发表范畴，会事半功倍。

第五，从自身的学术历程出发建构发表策略。任何学术发表都需要考量发表者自身的学术发展历程以及阶段性需求及其变化。比如，在学术原始积累阶段，青年学者最需要的是建构属于自己的学术声誉，因此最好可以在专业期刊独立发表论文，这样的发表可以"刷脸"，建立职业声誉和同行口碑，成为"江湖上被人知道的人物"，出去开会、交流都可以有一张"学术名片"。

同时，从学术晋升的角度来看，一名青年学者需要综合考量自己的学术发表质效，比如最好不要随便发表，最好能够将苦心孤诣的作品转化为学术原始积累，最好是保证江湖口碑和单位评价一致。当然，如何具体地分析并选择相关的学术发表策略，需要因人而异，也需要因地制宜，最好是具体问题具体分析，在整体性和动态性的环境中寻求最优解。

## 三、青年学者的发表提升策略

对于青年学者来说,如何获取学术发表的"第一桶金",特别重要。如果在博士毕业以后五年之内毫无作为的话,通常这个博士极有可能就慢慢失去了与学术界的正常链接;假如再错过学术晋升的黄金窗口,这类博士通常也就慢慢泯然于众,很大概率就慢慢躺平了。因此,青年学者特别需要珍惜并抓住时机,建构出属于自己的发表空间,尽快完成学术的原始积累。

### (一)融入发表圈层

学术研究是一个小众职业,而且往往根据专业和领域高度聚合。这一特性决定了学术一定会形成相对固定的圈层,而且圈内与圈外截然不同。这一点不是中国人的特例,也不要上升到民族特性与人情社会的陈旧论调之中,国外学术界也是如此。优秀的人互相欣赏,定期扎堆,也有礼有节地交往,这是精英的行事风格。青年学者尤其需要注意的是,不要把学术研究干成了个体户,因为在学术圈内,很多学术信息和发表资源等有时真的只是一句话的事。因此,一定要"同道而谋",定期外出,适当开展学术交往,寻找你与学术界链接并形成有序价值互动的结合点。

需要特别指出的是,不要过度进行学术交往,如果某些圈层不适合自己,也不要硬着头皮"干融",学术交往还是要找到一些能够彼此欣赏的学术同道,找到一些能够互相扶持的学术网络支持。如果汲汲于利益交换甚至是投机取巧,会让自己的学术交往越走越窄,甚至陷入死胡同。

博士生毕业后的三到五年,最为重要,这里特别针对他们而言。首先,对于博士生来说,最为重要的事情,是在现有学术发表生态中寻找到一个有效的发表入口,也就是说现在同样在做类似研究的人、同样发表的论文,在采取什么话语和概念,以及相应的圈层都在如何操作这些话题和论题。找到这些同行,就是找到了榜样。

其次，要将博士论文成果转化为一系列的专业发表成果，尽快完成从学生到学者身份的转换。"小学生做作业"的心态是最有害的，因为它会让当事人陷入一种自我矮化的境地，慢慢的自己的研究也就不入流了，也就脱离学术圈层了。

最后，一定要进入或建立必要的外部学术生活圈层——千万不要内循环，只和自己的原生学习圈互动，最好让自己的学术生活有机地、自然地链接到外部学术发表环节，这样的话，就可以自然获得相关学术滋养，进而积累必要的学术发表资质。比如帮助一些期刊审稿、组织论坛等，这些学术组织工作虽然占据一定的时间，但也是进入学术圈层的有效方式。

### （二）构建学术品牌

对于青年学者而言，学术界对其的认识和理解是陌生的。我们要把学术界认识和理解一名学者视为一个长时段的过程，而且青年学者对此是没有太多发言权的，所以，如何尽快抓住一个有效的"学术发表风口"，尽快建立起学术界对自己的认知乃至认可，这是最为重要的。还有一点需要特别指出，你究竟做什么选题、发表什么议题，对于学术界的一般读者来说，区别没有那么大，更加没有发表者所认为的那样大，也不需要过分纠结，但是一旦做起来以后，就要一直做下去，直到这个学术符号成为一个有效的标签，为人所熟知，这样也就意味着学术品牌建立起来了。

在学术品牌建立起来以后，如果青年学者还需要继续进步，那么他需要再撕掉这个标签，重新建立更新的、更大的标签。当然我所谓的"撕标签"，不是说让发表者毁掉自己——其实他的发表成果已经变成公众行文了，也不会随便被毁掉；而是说，作者不要一直沉浸在对过去学术品牌的迷恋之中，也不要一直停留在过去那个研究层次的发表趣味中，而是要积极进取，在更高的层面上挑战自己，成就自己。随着水平跃迁，金字塔越来越尖，能够指导自己、敦促自己的人只会越来越少，所以，这种自我蜕变与继续挑战就更加重要了。

构建学术品牌是一件苦心孤诣的事情，它是对自我的重大挑战。关于学术品牌构建，上文中已经提及很多次了，比如如何选择发表平台，如何确立发表期刊的属性，如何选择发表文章的形态，如何确立相应的发表序列等。在这些技术问题之外，更为重要的是，学术发表者务必存有一颗坚定不移的"品牌锚定心"：发表者必须在尚未发表之前，拥有对未来学术品位的敏锐嗅觉，还要看到哪类发表是可以喷薄欲出的，还要克服自己的惰性，抵制不愿意反复修改的逃避、退却心态，同时坚定不移、有条不紊地把自己的学术成果分批次、有秩序地投送到学术发表阵地之中，并且通过"前线胜利"的消息，不断激励自己和其他相关者，步步为营，直到学术品牌彻底树立并巩固。

（三）做学术发表乘法

青年学者没有很多牌可以出，尤其是现时代的青年学者，不管是时代机遇还是同行竞争，都非常不利于自身的脱颖而出。在这里，我要奉劝各位青年学者：不要过分模仿前辈学者的经验，他们那个时代的机遇是你们所不能想象的，比如"50后""60初"学者，不管是上大学还是找工作，几乎都能享受到时代红利，最为重要的是，这批学者在积累学术原始资本时，是没有"学术婆婆"的，他们不需要熬资历，没有学术危机感，也没有经历过惨烈的同辈竞争，因为当年的学术地盘空旷无人，因此他们当年的做法放在今天，是无法奏效的。当然，我们明白这些，并不是为了"羡慕嫉妒恨"，也不是为了制造对立、自我内耗，而是要冷静而清醒地认识到这一现实，从而建构出有效的自我学术发展策略。

在学术内卷的今天，青年学者的最佳策略是"做乘法"。所谓"做乘法"，就是深度而持续地聚焦一个有效且稀缺的学术议题，通过多方渠道和发表路径，逐步扩大对这个议题的"发表规模优势"，最终形成对这个议题的深度话语权。对于精准扶贫研究，我就是这样做的。前文有述，我在《社会学研究》《政治学研究》《管理世界》这三本头部期刊发表了精准扶贫的学术论文，表明社会学、政治学和管理学这三门学科都接受并认可了我的精准扶贫研究，同时我还在这些公共管理学科（当时我在公共管理学院任教，职称评定也是以公共管理学为基础）的专业期刊上集中且持续地发表学术论文，有高度和质量，也有宽度和数量，因此学术界在阅读和理解我的系列扶贫研究作品时，就能建立起一个完整的学术品牌认知。这就是我的"学术发表乘法"。

## 四、有效投稿的方法

很多作者认为，文章写得好，就能发得好。这种观点不免有些片面，文章能够发表的基础固然是文章本身写得好，但是好的发表不仅依靠好的写作，还需要作者钻研投稿的过程与门道。熟练者事半功倍，生疏者事倍功半。有些学者研究做得很好，可是由于投稿不得要领，导致研究成果被埋没，还有一些不明就里的作者被网上鱼龙混杂的投稿方式蒙蔽，上当受骗。所以，投稿一事不能马虎，而必须谨慎对待，并且刻意训练、逐渐提升。

### （一）有的放矢

学术期刊相当于学术市场，作者相当于卖家，读者相当于买家。因此，如何让自己的学问更加符合读者和学术市场需求，是一个非常值得思考的问题。所谓投稿，就是实现学术发表，将自己的学术产品投放到学术市场中。实际上，投稿就是推销自己的学术产品，把文章顺利"卖出去"，而且要"卖个好价钱"。很多学者不愿意将文章视为产品，觉得学术是神圣的，但是说到底，学问必须有市场，有人的地方就有市场，不管这种市场以何种形式存在。

首先，投稿者要明确自己的发表目标。发表目标有两种：一是为了传播学术观点；二是为了发表本身，比如为了毕业、职称晋升。前者是目的性的，后者则是工具性的。对于前者，最好发表在人气较旺、知名度较高的期刊上，以便学术观点可以被更为广泛地传播；对于后者，最好发表在排名较为靠前的期刊上，比如很多高校所划定的高层次刊物上。当然，这两者在某种程度上有所重合，但也有不重合之处，作者在投稿前必须明确自己的发表诉求，然后以此确立一个发表的目标刊物。

其次，投稿者在经过甄别、确立了目标刊物之后，最好对其有一个深入的了解。投稿者最好深入阅读目标刊物，知晓它们的"套路"——选题的方向和角度、研究方法和文章性质、文章的写法等，如此一来，投稿才能有的放矢。

### （二）定制式写作

每一本期刊都有其独特的发稿倾向和文章风格，这是由它长期的出版生态形成的，并不是某位编辑或作者决定的，所以，向其投稿，最好能够事先综合考虑它的选题、风格、取向、篇幅、体例等，让所写文章符合它的要求，甚至要在写作的时候有意识地向这些期刊靠拢，量体裁衣，定制式地写作。

定制式写作就是将投稿意识融合到写作之中，一般来说，向什么刊物投稿，在论文写作之前就已经明确，所以在写作的过程中可以向这个刊物靠拢，甚至在选题时就加以考虑。文章选题要符合所投刊物的办刊宗旨、选题风格和定位，比如给《国家行政学院学报》投稿前，我会认真看一下它以前的文章，自觉反思文章整体是否与其相符。

要系统阅读并跟踪目标期刊，了解它的投稿要求、刊物风格、选题要求、选题宗旨、内容范围、发稿方向、出版周期、选稿周期、读者对象、发稿篇幅等，由此决定自己论文撰写的格式、内容和篇幅，等等。

一方面，论文写作建基于平时的非正式写作（包括读书笔记、田野笔记、思想随笔等），也就是说，正式发表的论文是以非正式写作为基础的；另一方面，非正式写作也最好以正式的论文发表为导向，平时写作时就把文字写到位，甚至直接就能拿出手发表。

换句话说，非正式写作虽然是零碎的，但是也要把它当作正式发表来写，要当成有一群正式的读者作为写作对象，这样的话，平时的写作就会有针对性，会以将问题说明白作为行为初衷。具体来说，第一，平时写作就尽可能把事情写清楚、完整、明确，争取让陌生人也能读懂，而不要试图省事，写成只有当事人才能看懂的随笔。第二，平时写作也要注意写作格式，尽可能把参考、注释等辅助性信息都一次性做完善，参考文献最好在一开始就按照发表格式写上去，这样一来，等将来写论文时，直接就可以复制粘贴，也就省得事后再作补充的麻烦；而且，当时写作肯定记录得更为准确、完善，也更为省事，后来补充不仅费时费力，而且容易出错。

当然，非正式写作时，不一定非得有一个现成明确的框架，而是可以边写边搭框架。写作顺序也不一定按照正式发表的逻辑结构来。比如在撰写实证研究时，通常可以先写中间的实证材料部分，因为这部分是干货，不容易改变，而且是全文的核心部分，往往结论和引言甚至文献都要以实证基础作为裁剪的依据。等写好了实体部分，再写引言、研究综述（研究综述可以先写，等后续论证部分写好了，再重新组织一次），这样的文字会更有针对性。

### （三）投稿前的自查

在投稿前要进行自查，以便预先将问题消灭掉，避免投稿受阻。具体的预先自查可以包括如下方面。

第一，选题是否具有创新性，是否处于学术前沿，能否反映学术研究的现状、新动向和新趋势？还是一个老掉牙的选题？

第二，研究观点是否扎实、可靠，研究结论是否有实质性的推动？

第三，观点是否已经表述清楚，自己能否用简单几句话概括出论文的主要观点和创新之处？观点是否鲜明、突出，是否有新意，是否站得住脚？

第四，论文的材料、数据和图表是否准确、简明和完备？语言是否规范？是否条理清楚、层次明确、逻辑完备？有无错别字、表达不到位的地方？

第五，注释格式和参考文献是否到位？注释和参考文献的著录格式是否规范，反映了作者治学的态度是否严谨，从文献的数量看作者的阅读量，从参考文献的质量看作者的科研水平和能力。注意索引文献的权威性和期刊档次，要多引用专业刊物的文章、高级别刊物的文章，尽量引用专著和研究性论文，而尽量少引用教科书，否则说明作者的阅读量和知识面都比较有限。

第六，作者信息是否完备？是否提供了电话、邮箱、作者单位和职称等必要信息？要把联系方式写上去，有的作者在投稿时都不写联系方式，这样的话，编辑都难以直接联系得上。

第七，有无涉嫌剽窃。保证文章原创是期刊的底线，一旦出现剽窃问题，不仅会使作者声誉受损，也会让期刊声誉遭受打击。不管是有意的抄袭，还是无意的重复，作者一定要注意这个问题，否则，一旦被认定为剽窃，将会进入期刊的"黑名单"，影响今后的学术发表。值得注意的是，不仅不能剽窃他人的文章，也不能自我剽窃，也就是同样的文章不能重复发表。

## （四）推介自己的文章

投稿就像推销，投稿者必须学会推销自己的文章。当然，这里并不是说要做虚假宣传，而是要想方设法向学术期刊正确地释放信号，以便期刊及其编辑更好地从众多的投稿中发现、识别乃至录用自己的文章。

其实向编辑推介自己的文章，不仅是推销自己，也是方便编辑，有助于编辑向主编及其他编辑部同仁推介你的文章，因此，推介文章是一个很重要的事情。一般推介自己的文章既可以打电话，也可以在投稿邮件中说明，相对来说，在投稿邮件中说明比较顺当。

首先，要向编辑证明自己的研究选题是有价值的、值得推介的。要让编辑看到，作者通过研究，希望达到一个什么研究目标，从什么角度进行切入，相关研究做到什么程度了，这篇文章做到什么程度了。

其次，作者要尽可能简约地陈述自己的研究贡献。实际上，越是能够用简洁的文字说明自己的研究，就越是证明文章写到位了。很多作者打电话给编辑，但是效果不是很明显，当编辑问他的时候，他答不上来，或者说得不够清楚，这说明文章还没有写到位。其实，编辑的问题很简单：投稿文章那么多，为什么我要发你的文章，给我一个理由！

再次，把摘要和关键词等关键性的信息都做完整。编辑在看到一篇文章的时候，首先看到的是文章的标题，其次就是文章的摘要。从文章的编排上，尽可能地给人一种这是完成稿而不是初稿的感觉。参考文献最好按照所投刊物的格式重新编辑一次。

最后，编辑部还会关心作者的履历、学科，研究的范围，主持的项目，近些年都关心哪些学术问题，如果作者已经有了比较好、比较多的学术发表成果，一定可以增强编辑的信心。

推介的关键是真实地彰显作者的研究水平，便于审稿者了解作者及其文章。注意不要过分夸大自己，也不必过于自谦，而是要中庸——恰如其分地呈现自己的实力和研究结果。

### （五）七条建议

第一，正视投稿。对于年轻作者来说，投稿、改稿也是一个提高自身学术表达水平的过程。因此，不要把投稿视为研究的剩余物，而要把投稿视为学术生活的一个重要组成部分，认真研究如何投稿。

第二，熟悉期刊。很多作者不了解学术出版的一般特征和刊发流程，由此往往在学术晋升生涯中因小失大。建议作者平时多了解出版周期、刊发流程等期刊基本情况。这样一来，一旦有了急需，才不会手忙脚乱，也不会引起误会，同时也可以避免上当受骗。

第三，固定阅读。每一本期刊都有自己的历史、风格，通过固定阅读，可以知晓这些刊物的学术取向和选稿要求，做到知己知彼、心中有数。有了必要的阅读积累，再与期刊编辑沟通，便有了更多的共同话题，也会更加顺畅。

第四，订阅纸版。尽管现在数字出版已经很发达，但是我仍然建议作者去图书馆认真读一读纸质版期刊；有条件的，最好可以订阅一些自己中意的期刊。每一篇文章的出炉都蕴含了作者和编辑的心血，只有从纸质版上，你才能感觉到字里行间的学术诚意。闻着墨香，摸着纸页，欣赏着封面、插图，也是学术生活的一部分。

第五，不要海投。很多期刊都严禁一稿多投，而且无的放矢的海投也绝非良策。最好平时就有意识地阅读一些学术刊物，从研究阶段就了解这些刊物，最后成文、投稿就会更加自然、顺畅。

第六，经常开会。很多时候，学术期刊约稿不是"看人"，而是"看文"，学刊编辑经常旁听会议，如果你的文章很棒，又恰好符合在场学刊的选题需求的话，他们会主动来找你约稿的。在学术会议上结识，是作者与编辑最恰当的邂逅方式，编辑就像花海中的蜜蜂，你若盛开，蜜蜂自来。

第七，多方核实。现在很多刊物都有经费支持，甚至还有国家社科基金资助，一般来说，多数刊物不收版面费。对于网络上的约稿信息，一定要辨明真假。一般来说，那些带有不规律的数字的邮箱、域名多半是假的。如果你觉得不放心，最好从其主办单位的网页进入学术期刊的官网，或者打个电话到编辑部。总之，要多方核实，不要上当。